中国消费与传媒市场趋势

The Changing Consumer And Communication Market Trends 2014–2015

陈若愚 田涛 主编

中信出版社 · CHINACITICPRESS · 北京 ·

目录 CONTENTS

序

当今中国的传媒和消费市场正在经历一场前所未有的变革，变革之深、之快，超出了我们的想象。这场变革卷入了所有的企业，也影响到所有的个人，没有任何人能够置之度外。传统的传播方式和营销模式都将发生颠覆式的改变，但是，我们在认识这种颠覆性变化时，不能忽视了传承，更不能忽视了人。正是人的本质发现成为变革的推动力，也使人成为变革的受益者。

互联网把整个世界连接成一个“地球村”，人的连接也成为互联网思维和大数据的核心内容。在人类历史上，个人只有通过与其他人的关系才能表现和发展自己的人格，社会不过是个体关系网络与他人关系网络的共同基础而已，社会只能存在于个人的活动中，个人也只能存在于社会中。因此，在网络时代对传播和消费市场的洞察必将深入到对人的理解上。可以说，这是一个需要更深入更精准地把握个人和群体行为的时代。

这个时代对以数据为基础的市场研究公司提出了更高的要求，市场研究说到底就是对人的认识。为了适应时代变迁的要求，我们不仅继续完善着19年来对中国市场连续跟踪所建立起来的连续数据库，而且新建了网络调查数据库，以全面洞察网络时代网民的行为，从而更深刻地印证中国消费和传媒市场变革的根源。

《中国消费与传媒市场趋势2014》是CTR（央视市场研究）在过去一年中对中国消费和传媒市场洞察的精粹，或许由于某些局限性使我们的研究并不完美，但我们仍然把它作为礼物奉献给这个变革的时代。

2014年7月

前　言

人类文明进入互联网时代之后，信息传递从本质到形态都发生了变化。对于媒介来说，单向的信息传递变为双向的信息交互，信息孤岛逐渐成为一个陌生词。

在信息多元化的时代，以往只为用户提供产品或服务的企业，面临着来自技术、业务、渠道、用户等不同层面的挑战。如何应对新时代给企业带来的挑战？CTR认为实时动态的研究和具有洞察力的分析，是处于新商业时代的企业进行决策的出发点。

当前，消费者的价值观快速变化，推动着整个社会形态发生变化。不论从外部情况，还是内部变化来看，影响都已显现出来。全球化的压力逐步渗透到行业内部，通过传媒发挥作用。在这一背景下，我们更需要一种和谐的传媒生态，加强多元互动，促进新商业价值观的传递。

在可见的未来，互联网成为主流工具将会毫不逊色于其他传播平台，但是成为品牌传播平台还有很长的路要走。互联网的某些强势，在电视一方看来，仍然很弱势。互联网作为一个品牌传播平台，仍有一定距离。虽说互联网“针尖对麦芒”的精准传播，技术水平很高，但是否能够在准确对接的前提下，保证覆盖完全，尤其是三、四线城市及广大农村地区，而这些地区是传统电视的一大主力市场。

首先，互联网与电视相比，电视的规模仍然占据优势，互联网需要谨慎一些。对于互联网来说，品牌主有些疑问：我投的广告去哪儿了？怎么连我自己都没看见过？效果怎么验证？这些问题，源自互联网上普遍存在的散、乱、完全碎片化等劣势，这是它之所以达不到品牌规模化效应的原因。

另外，业界公认、通行的监测标准，在互联网上仍然缺失，跨平台、跨终端的标准就更谈不上了。对于品牌企业主来说，投资回报率，即ROI也无法完全保证。

在新商业时代，各种媒体与企业之间都是共荣共生的，而不是谁消灭谁的零和博弈。对于互联网来说，原创内容的制作仍然是短板。尽管已经有一些探索，但是从量上看，与电视仍然无法相比。

互联网对产业的贡献在于，它打破了原先的平衡。以往的营销活动，大多都是研究广告主自身的传播诉求而触达消费者；互联网出现之后，消费者的话语权分量加重。以往只有传统品牌主才能获得的主动权，现在消费者也一样具有，这是快速变化的价值观带来的。

消费者价值观的变化，不仅体现在传播上，还体现在生活形态上。在互联网的作用下，消费者的注意力从电视转移到PC（个人计算机）端，现在又从PC端转移到移动端。但是移动端在兑现广告流量上还存在问题，与工具平台的普及程度不相称，所以说移动端作为品牌传播平台的能力还较弱。如何在移动端兑现流量价值，需要深入研究。

CTR的研究表明，未来多屏之间的融合互动将成为主流。移动端的形态属性，将逐渐变得模糊，数字化的营销形态将不再局限于一种终端。在即将到来的新商业时代，企业不仅要能够为用户提供产品，而且要能够感受和理解用户，从精神层面去尊重和关怀用户。这种人性化的理念，必须建立在对历史和现实的深刻洞察基础上。

未来，不论传统行业还是互联网行业，都需要在不同层面上进行相互补充，在良性的互动融合中，各自不断完善自身。唯有如此，才能有机会洞察到新商业时代的曙光。

目前，CTR正在转换自身角色，发挥企业、媒体和研究公司各方的聚合优势，从传统的营销研究机构转变为为企业提供整合资源支持的服务商。CTR需要“换一种活法”，这也是我们自身突破发展瓶颈的一种方式。《中国消费与传媒市场趋势2014》在内容上的变化，就体现了CTR正在与商业时代一起转变。

2014年7月1日

第一章 Chapter

中国消费市场趋势

01

1.1 中国快消品市场趋势及展望

2013年中国整体经济运行仍处于缓增长阶段，全年国民生产总值增长了7.7%。受整体经济增长放缓的影响，中国快速消费品市场（以下简称“快消品市场”）增长也处于疲软阶段。据凯度消费者指数（Kantar Worldpanel）对全国4万户城市家庭购买行为连续性监测数据表明，快消品市场2013年全年销售额只增长了7.4%。面对大环境下的压力和国家政策的影响，2013年快消品市场各品类与渠道的表现也大同小异。

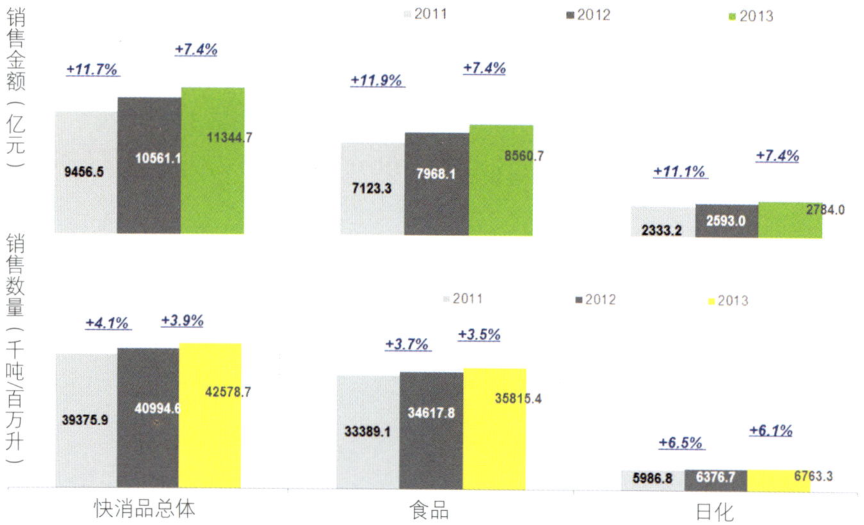

图1 2013年快消品的整体发展

数据来源：Kantar Worldpanel China

一、消费者购物篮扩大成为2013年快消品市场品类增长的主要因素之一

在2013年快消品整体市场的增长中，除价格增长因素驱动品类增长外，消费者购物篮（即户均购买量）的扩大也是拉动快消品市场品类增长的主要因素。其在食品类增长中贡献了36.5%，而在日化品类增长中的贡献则高达60%。这主要归功于现代渠道不断往下线城市深入扩大其足迹的效应。帮助生活在二、三线城市的消费人群所接触到的品类越来越丰富和多元化，催化这类城市的消费群体成为扩大购物篮的主力军。生活在县城的消费家庭的食品购物篮扩大尤为突出，年食品户均消费量增长了5.1%，高于全国食品户均量4.2个百分点。而生活在县级市的消费家庭日化购物篮的扩大最明显，年日化户均消费量增长6.0%，高于全国日化户均量2.6个百分点。

凯度消费者指数所覆盖的16个省城市消费家庭购买行为数据研究指出，消费者购物篮的大小在这16个省也有所变化。除辽宁省、黑龙江省和广东省的消费者购物篮有所缩减外，其他省的购物篮都有不同程度的增长。其中，增长最快的为福建省，其消费者购物篮增长了9%。食品品类和日化品类分别增长了8.6%和8.9%。其中，冷冻食品购物篮增长明显，户均购买量增长了22%。同时，该品类的购买人群也增加了15万多城市家庭。

（一）新兴品类受欢迎

由于受国家政策的影响，福利发送渠道增长下滑，2013年一些大品类受此影响，下滑比较严重。这些品类主要包括白酒、香烟、茶和食用油。与此相反，一些新兴品类增长仍然强劲。在食品类中，功能性饮料（即饮茶）和冷冻食品年销售额增长率超过12%；在日化品类中，洗衣液和湿纸巾的销售额增长率超过20%。这些品类虽然消费者规模不是很大，但其快速的增长也反映出消

费者对于很多日常用品还是有非常旺盛的消费趋势的。

随着中国中产阶级人群的扩大，更多消费者愿意投资于自己的健康。很多食品和饮料品牌为满足消费者在这方面的需求增加了健康功能的产品。在牛奶等对品质要求更高的产品上，消费者愿意支付更高的价格。此外，由于渠道的多元化，尤其是电商渠道的独特性，促使消费者能方便购买到更多优质产品。

（二）产品高端化趋势持续

随着生活水平的提升，中国消费者对生活质量、产品安全和产品功效的诉求越来越明显，消费高端化逐渐成为中国市场的重要议题之一。在2013年，尽管整体销售增长趋缓，但消费高端化的趋势仍然持续，并成为推动快消品未来成长的主要动力之一。主要表现有：

1. 产品高端化非小众现象

消费高端化不再是小众现象，凯度消费者指数通过对中国城市家庭连续的消费行为研究数据显示，高端化仍向各品类蔓延，并不断渗透到各级城市。以高端护发素产品（每公升100元以上）为例，市场份额从2011年的30%增加至2013年的35%，两年间增长了5个百分点。而渗透率接近百分之百的常温奶，其高端产品（每公升16元以上）的销售额从2011年的26%跃升至2013年的38%。同时，高端化的趋势不仅仅在生活水平较高的一、二线城市发生，许多高端产品在下线城市的市场份额并不逊于一、二线城市。如洗发水市场，高端洗发水在县级市的占比甚至高于一、二线城市。因此，制造商们应积极准备好下线城市的产品布局来应对消费者对高端化的追求。

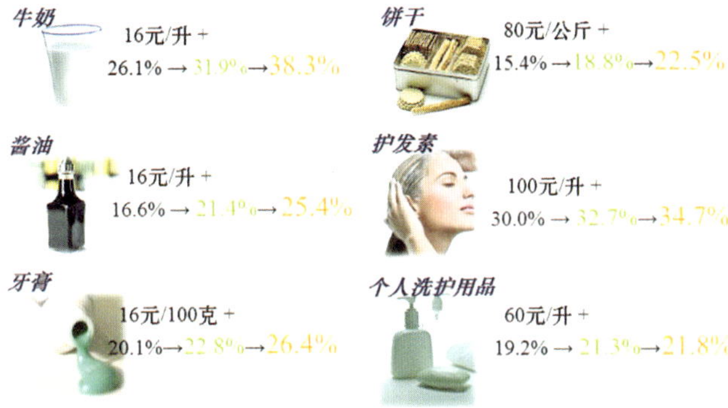

各品类高端产品金额占比变化

图2 高端产品在各品类表现突出

数据来源：Kantar Worldpanel China

2. 产品细分推动消费升级

高端化带来的不仅仅是更高的产品定价，也提供了更细致的市场分割，催生出新的市场需求。随着消费水平的提升，消费者对产品的需求也越发多元化。凯度消费者指数研究表明，中国女性消费者不再满足于基础皮肤护理。2013年，中国主要城市（北京、上海、广州、成都）20%的女性消费者已使用精华与防晒产品来保养、呵护她们的肌肤。然而，这个数字若与邻近的韩国相比仍是远远不及，韩国有61%的女性在使用精华，50%的女性会使用防晒产品。但这也显示出品类细分、高端产品在中国上线城市仍有很大的发展空间。在美妆品类中，了解消费者针对细分子类的使用方式，或以邻近已开发市场作为擘画的借鉴，如以韩国作为北方一、二线城市，中国台湾作为南方一、二线城市的参考，也是拟定高端化发展的可行方向。

3. 高端产品带来新的消费者

除了美妆品划分渐趋细化外，消费品也通过推出新产品进军高端市场，带进原先对此品类不感兴趣的新买者。其中三全私厨水饺与雀巢馆藏咖啡最为成功。三全私厨水饺的推出为发展已相当成熟的速冻食品额外带进了20万户新买者，雀巢馆藏咖啡系列更是在2013年一举带进200万过去一年不买速溶咖啡品类的新买者。“每个水饺都是一道好菜”，或是雀巢馆藏咖啡有如现煮咖啡般丰厚的奶泡，这样打破过去产品思维的创新，也是值得各家厂商多多研究的创新模式。

4. 电商平台对高端化的推波助澜

高端化的快速增长，也与电商的迅猛增长息息相关。习惯网购的消费者普遍有着较高的家庭收入，相对于一般的消费者来说更愿意尝试高端的产品。即使是老年消费者，也并不如人们想象的那么保守，以比例而言，愿意上网购物的老年人并不比年轻人来得少，也说明他们对新事物、新产品的接受度不落人后。

随着电商渗透率的快速提升与物流的持续布建，消费者得以接触更多不同的产品，其中一个推动高端化趋势的因素便是由电商带来的进口商品。以速溶咖啡为例，近年来快速发展的高端品牌，如来自印度尼西亚的可比可、来自新加坡的卡司诺，都是先在网络上打出名号，吸引大量买者购买，之后才正式引入国内现代通路。增长快速的乳制品也呈现相同趋势，不论是基于食品安全或是国内乳源不足，又或者仅为尝鲜，高价位的进口乳制品也在电商的推波助澜下大举入侵中国市场，成为电商促销时的重要杀手品类，并强势进入现代通路，进一步提升高端产品的重要性。最近1号店以突破30个集装箱、总计60万盒进口牛奶的销售成绩，创下“在24小时内单一平台内销售最多牛奶”的吉尼斯世界纪录，也折射出在电商推动下中国消费者释放出来的强大购买力。

随着中国经济增长放缓，各品类的渠道布局与铺货越趋成熟，品类与品牌的增长将不再是靠着新购买者的加入如此简单，如何吸引消费者持续升级购买更高端的产品将是未来快消品能否快速且持续增长的关键。

（三）生鲜市场——快消品市场新的增长机会点

凯度消费者指数对于全国城市消费家庭的连续监测数据显示，2013年生鲜市场整体销售额增长了7.4%，其中豆制品、水果和海鲜类产品销售额持续增长，不低于12%。虽然生鲜市场增长与其他快速消费品市场整体增长持平，但是生鲜产品的购买频次要远远高于其他快消品市场的总体。中国家庭12周内购买生鲜的频次高达30次，相当于一个星期内会平均购买2.5次生鲜产品，而其他快消品市场总体的周购买频次为1.7次。这种高频次聚客品类，惹得各商家纷纷抛出橄榄枝。

1. 生鲜成为现代渠道增长的突破口

面对新兴渠道的压力，现代渠道各零售商开始寻找增长销量的机会，大家纷纷将视线转向本不火热的生鲜市场。零售业内的共识是“生鲜食品”是超市经营的命脉和门店吸引顾客的重要因素。生鲜作为聚客手段具有很高的购买频次，近几年来，随着消费者购买习惯的变化和新的购买渠道的崛起，生鲜市场越来越成为各种零售业态的发力焦点。

随着销售通路现代化的推进，消费者购买生鲜的渠道也在从传统集贸市场向大卖场和超市转变。尽管集贸市场仍然是消费者购买生鲜的主要渠道，但是现代渠道的重要性在不断提高。到2013年末，生鲜产品在现代渠道市场占比已达到27%，增长率则达到了15%，高于传统生鲜销售渠道达10个百分点。这些都标志着人们购买生鲜产品的习惯正随着消费渠道的现代化而发生改变。而如何做好生鲜产品对零售商也变得越来越重要。在三、四线城市，随着生活方式的改变和现代零售商的开店，这样的趋势更加明显。

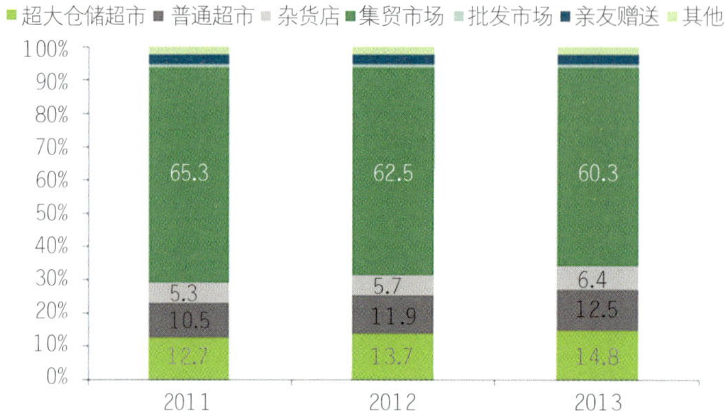

图3 生鲜产品渠道比例（%）

数据来源：Kantar Worldpanel China

在春节期间，现代渠道的市场份额会达到全年的峰值，主要是因为春节期间消费者倾向于在大卖场和超市购买更加昂贵的生鲜产品，这也凸现出高端生鲜产品对于超市卖场生意的重要性。

受到禽流感的影响，禽类成了2013年唯一销售额下降的生鲜品类。而有趣的是，不同于传统渠道7.7%的急速下滑，禽类销售在现代渠道几乎保持原有水平。这一方面归咎于传统菜市场的活禽宰杀被禁止，另一方面则是由于消费者对连锁大卖场和超市的生鲜供应链和产品质量更加信赖。

在类似禽流感等疾病突发的敏感时期，大卖场和超市可以发挥其优势，获得更多的生鲜消费者。不同于传统生鲜市场，大卖场和超市拥有整洁的购物环境、统一的进货存货管理和完善的服务体系。这些都可以在敏感时期为消费者提供重要的心理保障。现在，已有不少零售商将打造安心生鲜食品供应链作为赢得客户的卖点。中国连锁零售商永辉超市把生鲜经营作为核心竞争力，从地方企业发展成为排名领先的零售商。凯度消费者指数的数据显示，2013年生鲜在大卖场和超市销售额中的平均占比为44.0%，而生鲜在永辉超市销售额的占比为62%。在生鲜方面，永辉超市在现代销售渠道中占有4.4%的市场份额，排名第4。其快速消费品增长由生鲜带动，从三年前的第11上升至第7位。有了永辉的成功案例，使越来越多的零售商开始重新审视自己的生鲜销售策略，将其放在更加核心的位置。

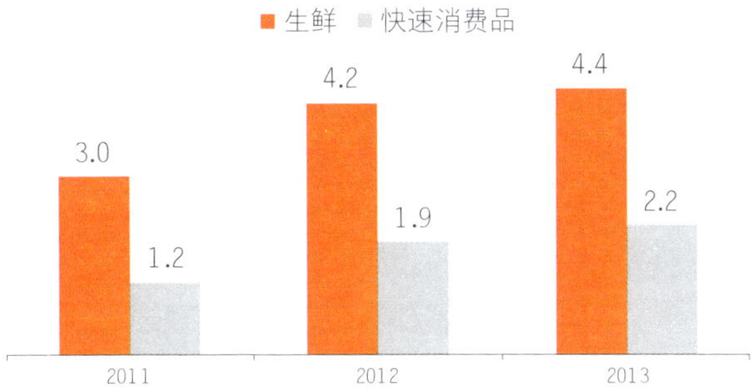

图4 永辉超市在现代渠道的市场份额

数据来源：Kantar Worldpanel China

2. 电商——生鲜市场新玩家

网上销售生鲜其实不算新概念，而生鲜电商的竞争在近期却变得尤其激烈，甚至实体零售商也开始涉足网售生鲜。区别于实体零售商，生鲜电商多具有自己的特色。例如，多利农庄主打有机蔬果组合，顺丰优选提供产地直采提前订购，e乐购则提供与实体卖场同质同价的产品自选时段三厢温控车送货。尽管生鲜通过网络销售的比例有限，且铩羽而归者众，但网络渠道的销售额仍然在以47% 的年增长率迅速上升。相比传统渠道，消费者在网络订购生鲜时更加偏好水果和海鲜，这也是由于电商在这两个品类的促销更多。

目前为止，46%以上的网购生鲜销售额仍集中在一线及省会城市，其主力购买者是中高收入的年轻家庭。考虑到生鲜配送的局限性和消费者“眼见为实”的顾虑，生鲜电商的全面兴起还有很长一段路要走。但随着《舌尖上的中国》的热播以及重要电商在冷链建设上的加大投入，网购生鲜必将成为中国日益庞大的中产阶级生活方式的一部分。

二、现代渠道缓中有增，新兴渠道增长势头不减

（一）现代渠道缓中有增

在中国城市消费者中，95%的家庭使用现代零售通路（包括大卖场、超市、小型超市和便利店），其市场份额占到市场总体花费的42%。然而凯度消费者指数报告表明中国消费者光顾现代零售通路的频次有所下降，导致该渠道在2013年增长放缓。在县城现代渠道进一步扩大市场，逐渐缩小与传统渠道之间的差距。其中，大卖场市场占比和2012年相比增长了0.6个百分点，接近10%。

尽管现代渠道增长的步伐有所放缓，但部分零售商仍有不俗的表现。在2013年，高鑫零售集团在中国新开的45家大润发超市帮助其市场份额显著上升。相比它的主要竞争对手，大润发的新店数量是最多的，2013年在中国大陆已经达到264家门店。大润发在东部地区进一步奠定其领先优势，帮助整个集团获得16.2%的区域市场份额，此外，在相对弱势的南部和西部地区也有不断扩张。

大部分国际零售商在过去一年表现不佳，面临了来自当地零售商强大的竞争压力，诸如永辉和步步高等。其中永辉的增长尤其显著，从两年前的区域零售商上升为足迹遍布全国重点区域的全国性零售商。很多本地的区域零售企业也更快地向原来优势区域以外的地区扩张，在未来几年可能会对中国的零售竞争格局产生巨大的影响。

表1 现代通路中主要零售商占有率（中国城市）

商家＼年份	2012年	2013年
高鑫集团	7.8	8.3
大润发	6.2	6.7
欧尚	1.6	1.6
华润万家	6.8	6.7
沃尔玛集团	7.0	6.6
沃尔玛	6.2	5.9
好又多	0.7	0.5
家乐福	5.0	4.8
百联集团	4.4	4.2
永辉	1.9	2.2
物美集团	1.9	1.9
Tesco乐购	2.0	1.9
中百集团	2.0	1.9

数据来源：Kantar Worldpanel China

福利渠道受政策影响下滑严重，2013年市场销售额下滑了11%。其中烟类、白酒、食用油和化妆品下滑明显。不过，礼品渠道并没有出现下滑趋势，市场销售额总体增长了7%。其中功能性饮料（即饮茶）、橄榄油和巧克力的增长都在20%以上。

新兴渠道，尤其是电商渠道，给现代渠道带来了一定的压力，消费者开始更多地使用电商和保健美容专业零售商等新兴渠道。这些渠道所提供的丰富的商品选择、更具优势的价格以及不同的购物体验，对市场的发展产生新的影响，但这并不意味新兴渠道会取代现代渠道。

（二）电商对决实体——增长而不是零和游戏

2013年，是中国电子商务发展又一个不平凡的一年。整个电商渠道继续保持高速增长，天猫“双11”单日交易额达350亿元，相当于9月中国社会零售总额的一半。B2C电商巨头在资本驱动下继续跑马圈似的快速拓展。快速消费品的电商渠道目前虽然市场份额不高，但其增长速度非常迅猛。

凯度消费者指数数据研究显示，全国城市家庭中通过电商渠道购买快速消费品的比例持续攀升。2011年选择电商渠道购买快速消费的城市家庭只有18%，短短两年后，选择电商购买快速消费品的城市家庭已达到30%，其中一线城市的渗透率更是达到了46%。尤其1号店等B2C电商平台的成功对此发展功不可没，此外，很多较小的电商品牌也在不断进入市场。随着各大电商公司的物流和配送网络迅速往中西部城市和二、三线城市延伸，这些城市消费者的购买力通过电商这个通路得到了极大的释放。

电商渠道的兴起对实体渠道的冲击越来越明显。凯度消费者指数的数据显示，2013年，电商渠道全部的销售额里，约有38%来自其他实体渠道。而这一数字在两年前大约只有18%。这说明电商与实体渠道商争夺消费者钱包的优势在逐年增强。研究指出大城市和中小城市的情况不尽相同：虽然三年中实体渠道转入电商的销售额比例在各级城市都在稳定增长，但电商对实体渠道的冲击在大城市比中小城市更加明显。在北京、上海、成都和广州四大城市电商的销售额中，有44%来自实体渠道，而在县级市只有30%。

难道电商的快速成长真的要残酷地以牺牲实体渠道销售额为代价吗？其实不然。正是电商渠道的快速发展给许多品类带来了额外的销售增长机会。凯度消费者指数的数据显示，2013年营养冲饮产品、保健品和彩妆等品类在电商渠道销售额中，80%以上都是电商渠道为品类创造的额外销售额，只有剩余的不到两成是从实体渠道转换而来。换句话说，对许多品类而言，电商渠道在自身快速发展的同时并没有影响到已有实体渠道的销售，反而给整个快速消费品市场带来了可观的增量。

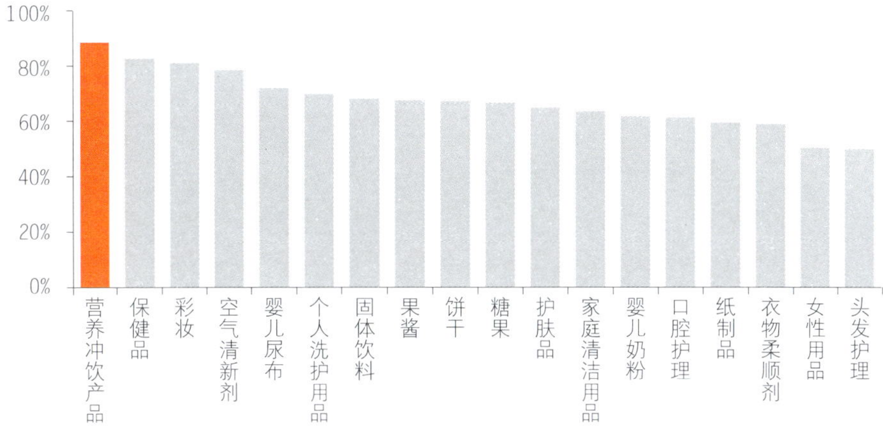

图5 各品类电商销售额中的增量比例

数据来源：Kantar Worldpanel China

所谓电子商务，网络不过是渠道、是工具，真正的目的是商务，是提高销售额。面对以上提到的2013年电子商务市场的诸多变化，品牌商应当如何顺势而为，怎样鼓励消费者在实体渠道购买商品的同时在电商渠道扩大购物篮，而不仅是简单的零和游戏成了品牌制造商面临的重要挑战。

令人欣喜的是面对挑战，许多品牌已经开始转变思维，积极应对。不同于仅仅提供低价的产品，越来越多的品牌意识到应该在线上为消费创造一个不同于线下的全新购物体验。比如一些国货的护肤产品在超市只有相对便宜的单品可供选择，而消费者在网上则能买到极具民族风特色的礼盒装，还有网络专供的包装口味，等等。首先从产品包装和组合的差异化给消费者最直观的感受。此外，电商为消费者提供实时的产品展示、信息咨询、物流信息追踪和售后反馈收集等，都为线上消费者带来了全新的购物体验。

目前，消费者在电商渠道购买快消品的购物篮里平均有5件商品，而在大卖场则有8件商品，电商在提升购物篮大小方面仍有很大的提升空间。展望未来电子商务市场，随着移动支付的普及以及物流配送体系的发展和健全，电商作为手段和工具的角色将越发明显，注重消费者体验的核心价值将变得至关重要。

三、2014年中国快速消费品市场展望

凯度消费者研究预测2014年中国的快速消费品市场将比2013年有更高的增长幅度，同时揭示2014年及以后几年快消品市场发展的五大趋势。

（一）渴望高端产品

随着消费者不断增强食品安全意识以及可支配收入增加，他们愿意支付更多的钱来购买高端消费产品。一些品类如饮料、食用油和个人护理通过提供更高级的产品形式、增加护理程序的方式，成功找到了增加的途径。增加护理工序在口腔护理类最为常见：消费者开始从原来只使用牙刷、牙膏进行日常口腔护理升级到使用牙刷、牙膏、漱口水、牙线的护理过程。快速消费品升级趋势在成熟的一线市场更为明显。

（二）追求健康生活

随着中国中产阶级人群的扩大，更多消费者愿意投资自己的健康。很多食品和饮料品牌为满足消费者在这方面的需求增加了健康功能的产品。在对品质要求更高的牛奶等产品上，消费者愿意支付更高的价格。

（三）更多的整合

回顾2013年，我们看到了越来越多零售业的兼并与收购，其中华润万家对Tesco乐购的股权收购使得其门店覆盖到22%的中国城市家庭，并使合并后的合资公司一举成为中国最大的零售集团。虽然华润系在顾客覆盖方面仍落后于沃尔玛集团，但在顾客购买频次上凭借集团内多业态的优势保持领先。目前，中国排名前十的零售商占据了全国重点城市56%的市场份额，但从全国范围来看整个市场仍处于碎片化的状态，在县城级别市场只有16%的市场份额。兼并整合将是零售业竞争的自然规律，随着市场的不断发展和延伸，我们将会在下线城市里看到更多的整合。这也意味着我们在不久的将来可能看到在发达市场出现的影响力向零售商转移的现象。

（四）多业态零售商的崛起

消费者为了满足自身多样化的购物需求往往会使用不同类型的零售商。零售商若想在未来的中国市场保持优势就需要提供多业态的零售渠道以满足消费者日益变化的需求。社区店、高端超市和电商在2014年都将有所增长，我们也将看到一些多业态的零售商通过现有品牌的延伸、并购或新品牌的建设扩大其份额。例如大润发在2013年高调推出的飞牛网，大举进军电子商务领域。

（五）电子商务催化品牌的发展

电子商务的兴起在中国成功品牌的崛起中扮演了重要的角色，尽管电子商务渠道在快速消费品市场所占的份额不高，由于消费者会通过该渠道购买更多高端产品，因此对市场增长起到了积极的推动作用。相比两年前的

18%，2013年全国已经有30%的家庭使用了电商渠道购买快速消费品，在一线城市的渗透率更是达到了惊人的46%。其中1号店等B2C电商平台的成功对此发展功不可没，此外还有很多较小的电商品牌不断进入市场，也对增长做出了贡献。随着电商们不断扩展其物流配送的能力和网络建设，中国中小城市居民使用电商渠道的数量将会在今后几年赶上大城市。而对于电商来说，其面临的主要挑战则是要知道怎样鼓励消费者在电商平台扩大购物篮，而不仅仅是选择性地购买特别优惠的商品。目前，消费者在电商渠道购买快消品的购物篮里平均有5件商品，而在大卖场则有8件商品，这也折射出电商在提升购物篮大小方面仍有很大的提升空间。随着电商逐步扩大其网络覆盖范围，凯度消费者指数预测，未来数年内更多中国下线城市的家庭可以通过这一新兴的渠道购买到更多的品牌。

1.2 消费主体变迁对商业周期的影响

在当前的环境中，中国社会的各个领域都在经历着一场前所未有的转型和变革。这种转变是由经济发展、社会政策、人口结构和科学技术等多方面的发展变化共同推动的，但归根结底，人是任何社会向前发展的根本动力，因为他们是构成社会生产、生活、消费的主体，他们的需求和欲望从根本上推动着社会向前发展。基于此，我们有必要聚焦社会中的“人”，深入了解“人”的变化对于社会转型、变革的深远影响。

一、消费主体变迁对商业周期产生影响是世界性规律

（一）关于消费主体和商业周期的概念界定

在每个社会向前发展的过程中，总会有一群人消费力最强、引领着消费潮流，成为支撑和推动整个社会向前发展的中坚力量，我们把这样一群人称之为“消费主体”。消费主体有年龄属性和代群属性两个维度。比如在2003年，一个消费者35岁，他属于60后；在2008年，同样是35岁的消费者，他则属于70后。我们通常通过年龄维度做横向对比分析同一历史背景时期不同年龄段人群之间的表现差异；通过代群的维度对消费者做纵向对比，则有利于我们锁定同一历史背景下成长起来的一群人，研究他们在不同社会发展阶段的表现和影响。本节对于消费主体变迁的研究主要是基于代群维度的分析。

关于消费主体与商业周期之间的影响关系，早在2001年美国的市场营销学家艾略特·艾登伯格（Elliott Ettenberg）在其《4R营销》一书中就针对美国人口代群的变化对于商业周期的影响做了深入的研究。通过这方面的研究我们看到美国社会中，社会主体变迁对于美国商业周期的影响。这里所说的商业周期指的是由消费主体变迁而影响到的消费市场的商业周期，区别于互联网商业周期等具体产业的商业周期。

（二）消费主体变迁对商业周期的影响是世界性规律，中国需要有自己的研究

"婴儿潮"现象导致的商业周期是战后世界人口和商业的共同规律，但在共同规律之下，又根据各个国家发展情况的不同存在着一定的差异。

从美国的情况看：20世纪60年代，婴儿潮一代步入20岁左右，年青一代的文化诞生并迅速发展。他们改变着服装、音乐、政治、价值观和社会结构，他们的价值观变革撼动了整个社会体系。他们反抗权威认可的迂腐规范，成为"叛逆的一代"。到70年代，60年代的理想主义、反对派、学生和嬉皮士进化为"自我一代"。他们离开学校成立家庭，在钱财使用上完全不同于父辈。"自我一代"将商品和服务视为其价值结构的延伸和代表，个人主义（个性化）成为一种经济现象。80年代，到了30多岁，他们开始规划职业生涯，良好的教育背景使他们成为各类专家。同时60年代发展壮大的女权运动使上百万妇女就职，建立双收入富裕家庭，推迟生育。结果他们的可支配收入得到激增，财富的增长催生了巨大的消费，成为"疯狂购物"的一代。专卖店盛行，催生了更多、更大的购物中心需求。到90年代，他们年届四十，一系列的心理调整开始出现。退休之后如何生活成了课题，这对财富的处理有很大影响。他们开始批评生活保障体系，忧心忡忡而不信赖政府，于是开始投资。但消费并未停止，他们的负债也创了新高。进入

21世纪，他们年满五十，消费开始减少，并更加挑剔，逐步从传统的消费模式退出，转而专注于储蓄和投资，成为“孤单”的一代。

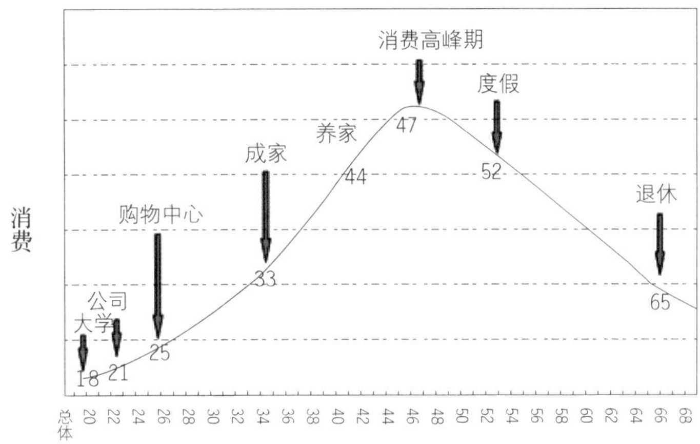

图1 美国不同年龄消费者支出/投资曲线

资料来源：艾略特·爱登伯格著《4R营销》第2版第47页，企业管理出版社

中国的社会情况与美国有所不同。二战结束后的三年内战延后了战后经济的恢复，之后三年自然灾害和“文化大革命”同样在很大程度上影响到社会发展进程和人作为消费主体的价值观特性。具体来看：中国始于婴儿潮一代的50后、60后在20世纪70年代至20世纪末一直充当着社会的主力，支撑着中国改革开放初期的稳步发展，形成了以50后、60后为特征的商业周期。21世纪开始的前十年中，70后进入而立之年，与60后一起成为社会的消费主体。社会各领域处于快速量变阶段，但仍然延续着上一代的商业周期。2012—2013年是中国社会的转折点，支撑上一代商业周期的50后、60后进入老年阶段，逐渐退出社会消费的主力，而出生于改革开放之后的80后陆续进入而立之年，与70后一起形成中国消费市场中新的消费主体，共同推动社会向前发展。由于消费主体的变迁，中国正在开启新一轮的商业周期。在这一轮的商业周期中，消费主体从

"60后+70后"转变为"70后+80后"。

以人口代群变更为代表的消费主体的变迁对于社会商业周期的影响在中国一直没有系统的研究。随着消费主体的变迁，社会消费领域发生了哪些变化？主流消费观念发生了哪些转变？这些变化和转变对于新一轮商业周期又有着怎样的影响呢？

二、现象分析：消费主体变迁下的中国消费市场新特征

（一）新一代消费主体集中在25～45岁之间，近五年收入增长最显著，领先优势加大

消费主体对于消费市场的影响力受到整个社会政治、经济、文化和科技背景的影响。总体来讲，越是在恩格尔系数低（用于非必需性消费的收入比较高）的社会阶段，消费主体对于消费市场的影响力越是明显。纵观2003—2013年近十年的情况，就能够清楚地看到这一点。

2003—2013年十年间，中国25～45岁人群的收入增长最为显著，优势也越来越明显。如果以五年为一个节点，我们可以清楚地看到25～45岁人群与低龄群体（25岁以下人群，下同）和中高龄群体（45岁以上人群，下同）收入不断扩大的节奏。2003年25～45岁的人群包括1978—1958年出生的人群,2008年同年龄的人群是1983—1963年期间出生的，2013年则是1988—1968年出生的。2003年这一收入增长最快人群的主体是60后，70后已经进入；2008年主体过渡到70后，80后也已进入；2013年主体还是70后，但80后比例大幅增加。

从平均收入变化来看，2003—2008年再到2013年，25～45岁人群的个人月收入从1295元上涨到2318元后又涨到5323元，这样的收入水平相比低龄人群的个人月收入领先优势从719元扩大至1493元又扩大到3517元，相比中高龄群体

的领先优势从351元扩大到773元又扩大到2112元；在家庭收入方面也表现出同样的趋势。25～45岁人群的家庭月平均收入从2670元上升至4707元后又上升至10204元，相比低龄群体的领先优势从241元扩大到961元又扩大到2025元，相比中高龄群体的领先优势从461元扩大到988元又扩大到2660元。25～45岁人群在收入方面的领先距离越来越大。

家庭开支方面也是同样的趋势。2003、2008和2013年，25～45岁人群的家庭月平均支出分别为1533、2343和5297元，相对于低龄群体的支出差距从61元扩大到281元又扩大到821元，相对于中高龄群体的收入差距从228元扩大到507元又扩大到1663元。可见不论在收入水平还是在开支水平上，25～45岁人群都是近十年中上升最明显、领先优势最大的群体。

表1 中国城市不同代群家庭收入支出变化

个人月平均收入（元）	2003年	2008年	2013年
25岁以下	576	824	1806
25～45岁	1295	2318	5323
45岁以上	944	1545	3211
家庭月平均收入（元）	2003年	2008年	2013年
25岁以下	2429	3746	8179
25～45岁	2670	4707	10204
45岁以上	2209	3719	7545
家庭月平均支出（元）	2003年	2008年	2013年
25岁以下	1472	2062	4476
25～45岁	1533	2343	5297
45岁以上	1305	1836	3634

数据来源：CNRS 2003—2013年（36个城市）

不同年龄群体间收入支出差距的拉大存在着深厚的社会、经济原因。2003年的时候，25～45岁人群尽管正处于人生黄金年龄段，但由于中国人均GDP只有1000美元左右，物质生活刚刚开始迈进小康水平，城镇居民恩格尔系数为38.2%[1]，还处于比较高的水平，人均可支配收入只有6860元，因此社会各个群体间收入和开支的差距并不是很大。2008年，中国人均GDP上升至3000美元，恩格尔系数下降至37.9%，人均可支配收入上升到为11759元，25～45岁人群作为社会生产消费领域的中坚力量在收入和支出水平上有一定幅度的上升，但与其他群体相比仍然没有实质性的优势。消费主体影响力的上升主要出现在2008年之后的五年中。2012年中国人均GDP超过6000美元，达到世界中等偏上国家水平，2013年上升至6700美元，同时恩格尔系数下降至35%。在社会经济的快速发展中，25～45岁人群在教育水平、技术技能、应对新环境新事物变化方面均表现出突出的优势，因此在收入和支出方面的上升也最为迅速，成为社会发展过程中，表现最活跃、受益最大的人群。

（二）中国家庭消费高峰期比美国提前十年，35～37岁到达人生消费最高峰

2003—2013年十年间，中国家庭消费的崛起主要表现在30～40岁之间的人群中。2013年，30～40岁人群的家庭月均支出为5479元，比低龄群体高出805元，比中高龄群体的家庭开支多出1588元。相比2008年时的差距都有大幅拉大。中国消费者的家庭支出峰值出现在35～37岁之间，约为5648元，是所有年龄段的家庭中开支水平最高的。

---

1 本文所涉及的GDP和人均可支配收入数据来源于国际统计局公开发布的数据，恩格尔系数数据分别来源于中国2003—2013年的国民经济和社会发展统计公报。

通过爱登伯格对美国消费者生命周期的总结可以看出，美国社会中消费者的消费高峰出现在47岁，中国消费者相比美国消费者提前了十年左右。

表2 中国城市各代际家庭月支出变化

家庭月平均支出（元）	2003年	2008年	2013年
30岁以下	1533	2137	4674
30～40岁	1530	2429	5479
40岁以上	1324	1900	3890

数据来源：CNRS 2003—2013年（36个城市）

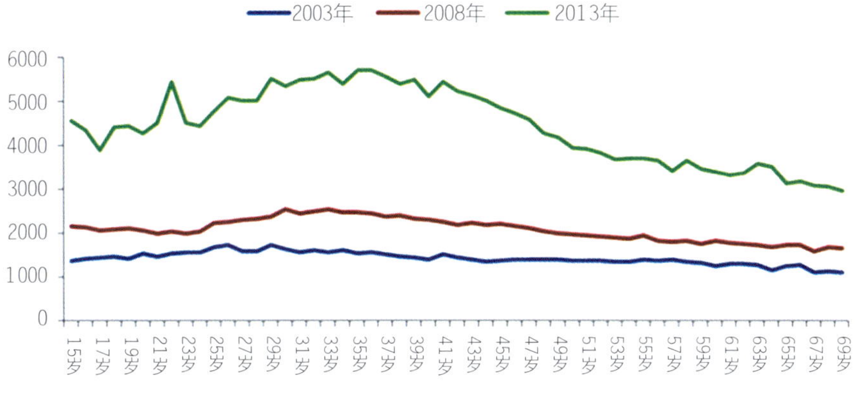

图2 2003—2013年中国各年龄城市居民家庭平均月支出曲线（元）

数据来源：CNRS 2003.1.12—2013.1.12（36个城市）

三、中国商业周期的过渡，“欲望求变冲动型”特征推动消费市场进入发展快行道

（一）70后展现“沉默包容”的群体特征，在消费主体的变更中充当“过渡的一代”

在新旧商业周期的更替中，70后是承上启下“默默无闻撑起一片天”的一代。在群体规模和消费贡献方面，能够支撑新旧商业周期平稳过渡，但从群体特征对于商业周期特征的影响方面，却处于从属的地位，即：在70后与60后组成消费主体的时代，商业特征呈现出60后特征；在70后与80后一起支撑的商业周期中，市场呈现出明显的80后特征。

70后在消费市场中所处的地位和特征属于国际共性。在美国的消费市场中，1965—1976年出生的人被称作“X一代”，也被称作“阴影下的一代”。考虑到中国三年内战延后了社会发展的进程，中国的70后正好与美国“阴影下的一代”特征相一致，但群体特征形成的原因更为复杂：一方面，70后属于中国婴儿潮一代50后的子女，而且是中国计划生育前的一代，在群体规模上大于80后；另一方面，70后20岁之前的成长环境正属于中国社会深入变革的时期，包括1976年之前的“文化大革命”、1978年开始的改革开放和1992年以前的计划经济与市场经济双轨经济体制。因此，70后属于社会过渡阶段、不稳定的环境中成长起来的承上启下的一代。复杂的社会背景塑造出“沉默包容”的群体特征。

通过数据分析，我们可以更加清晰地看到70后在生活观、消费观、理财观和科技观四个方面的中立与矛盾的特征。生活观方面不保守、不激进，消费观方面不守旧、不烧钱，理财观方面注意节俭但不抠门，科技观方面不落伍也不盲目追赶潮流。

具体来看，生活观方面，48.0%的70后认同“我喜欢按部就班的生活方

式”，但也有49.3%的70后认同“我喜欢追求富有挑战和变化的生活”，70后对于保守型生活观和求变型生活观的认同比例不相上下，属于既不完全保守也不是积极“求变者”的矛盾一代。消费观方面，51.2%的70后认同“只要东西能用就不用换新的”，但同时也有34.8%的70后认同“只要喜欢，不实用、不需要的东西我也会买”，表明70后是以实用型消费观为主但也有欲望型消费的倾向。70后身上所具有的矛盾特质同样呈现在理财观和科技观上。58.4%的70后认同注意节省开支用于储蓄，在这一点上与80后、60后的比例基本一致，但也有28.3%的70后有不经过思考就花钱的倾向，比例介于80后与60后之间。70后对于科技产品的态度更是呈现矛盾中平衡的特点。60.5%的70后认同只使用手机的最基本功能，但也有54.7%的70后表示他们喜欢跟上科技发展的潮流。通过一系列数据可以看到，“沉默包容”的70后在消费方面具有矛盾中平衡的特点，是消费市场中两代消费观念兼具一身、过渡的一代。

（二）80后的“欲望求变冲动型”替代60后的“实用求稳保守型”，成为新一代商业周期的主要消费特征

80后与60后在生活、消费、理财和对待科技的态度方面显示出近乎对立的特征。数据显示，在“我喜欢按部就班的生活方式”“东西只要能用就不用换新的”两条生活观和消费观的认同比例方面，60后高于80后5个百分点左右，表现出更强的保守态度；而在科技观方面，对于“我只使用手机的最基本功能”的认同比例60后高出80后30.4个百分点，两个群体对待科技产品的态度差异最为显著。相反，80后在“我喜欢追求富有挑战和变化的生活”“只要喜欢，不适用不需要的东西我也会买”“我有不经过思考就花钱的倾向”“我喜欢跟上科技潮流”四条价值观的认同比例方面均领先于60后6～9个百分点。总体上可以看出，60后属于“实用求稳保守型”，而80后属于“欲望求变冲动型”。

由于60后与80后截然不同的价值观，因此在80后进入社会消费主体之后，消费市场逐步显现出不同于60后时代的特征，消费需求变得越来越感性，只要喜欢，不管需不需要都要购买，由60后只要东西能用就不用换这样的消费态度转变为满足自身消费欲望的消费观；生活方面，难以长期忍受一成不变按部就班的生活方式，寻求挑战和刺激成为最受追捧的生活方式；理财方面，勤俭持家的观念越来越淡薄，而冲动消费透支习惯越来越普遍，尤其在面对高科技产品时，消费免疫力更低，他们对于科技潮流的狂热追求，远远高于60后、70后，与90后相差无几。

60后与80后近乎对立的价值观与其截然不同的成长环境密不可分。60后的出生和成长时期正值新中国成立后计划经济体制时代，团结一致、整齐划一的集体主义生产队模式是他们在20岁之前主要的生活方式。60后成长时期的生活经历深深地影响到他们的生活习惯以及生活观，因此“按部就班”的生活方式是他们骨子里崇尚和习惯的。在消费和理财方面，由于在他们成长的前30多年的时间里中国社会都处于经济薄弱、物质供应水平相对匮乏的阶段，所以朴实简单、崇尚节俭、勤于储蓄成为他们在消费和理财方面的显著特征。整个20世纪，即60后生活的前40年中，中国的发展重心主要在经济方面，科技发展相对迟缓，人们的科技观念也不强，这样的背景也导致了对于高科技产品的使用方面，60后具有与50后接近的低敏感度。科技产品的消费仅限于基础功能的满足，对新技术潮流表现淡漠。60后的这些群体特征也成为上一代商业周期的主要特征，影响市场营销走过了大约20年的历程。

80后从出生到其20岁（2000年）的主要成长时段，社会主义市场经济体制逐步取代计划经济体制繁荣起来，城镇化进程开始、亚运会在北京举办、香港澳门回归、高校开始扩招，这一切积极向上的社会环境在很大程度上决定了80后积极向上、乐观开放的整体价值观基调。此外，2000年开始，个人电脑、互联网开始在中国城市居民中普及开来，从此开始的十年中国经济大发展的成果首先作用在80后身上，因为这段时间中，80后正处在大学深造到走向工作岗位的人生起步阶段，处于价值观、各种行为习惯定型的阶段。正是由于80后的这种消费观念、良好的个人素养和知识技术能力，再加上其走出校门开始工作的时候正赶上中国经济大发展的阶段，所有的因素结合在一起推动整个消费市场蓬勃发展起来，他们也成为其中主流价值观的代表，是收入开支增长最突出的一群人。

四、消费主体变迁对商业周期的影响

（一）欲望消费将主导未来消费市场，体验经济将成为基本消费趋势

中国新一代商业周期将是在80后特征主导下的新经济时代。生活方式的求新、求变态度将会影响到消费的各个领域，因此超越于产品基础功能之上，能够从各个方面满足消费者潜在消费欲望的产品和服务，往往容易引发他们的狂热追捧和购买。

超出产品基础功能之上的欲望消费将会成为未来消费驱动力的主导。欲望消费是产品、营销对消费者任意一处或多处感觉器官的刺激和满足，只要能给消费者带来新鲜、刺激、满足的产品都更容易受到消费者的青睐。在最近的三年中，以苹果公司引领的IT电子领域的消费革命，正是敏锐抓住消费者为求得触觉系统满足的特点，以超凡的操作体验先后掀起手机、平板电脑领域的消费热潮。不仅颠覆了传统IT行业的竞争格局，更开启了全新的消费电子新时代。从数据上看，2011—2013年三年间，60个城市居民的智能手机拥有率从2011年的16.6%快速上升至2012年的42.7%，在2013年又上升至69.5%。同时在对待手机的使用态度上，只使用手机基本功能的手机消费者比例从74.9%下降至50.3%，而总是使用最新款手机的消费者从28.7%上升至47.4%。这是在80后主

导的商业周期中，最具代表性的成功案例。通过这一现象我们也可以看到，在未来的消费市场中，能够很好地抓住80后特征的产品生产和营销将更容易找到市场扩张的突破点。

欲望消费对于未来的消费市场不仅仅停留在触觉层面，除此之外还包括味觉、视觉和听觉等其他感官系统。这样看，未来体验营销还存在非常大的发展空间。这个发展空间从满足消费者的触觉体验延伸至其他感官的体验，将会是新一轮商业周期中各类消费市场的引爆点。味觉体验的消费欲望激发为饮料和酒品行业预留着广阔的创新和发展空间，视觉体验的消费满足为诸如家电、电影、平面杂志等行业的发展预留了广阔的空间，而听觉体验的消费欲望从一方面说明了车载广播移动收听仍然存在继续上升的潜力。

表3 不同人群对以下价值观语句的认同比例（%）

价值观	完全认同/比较认同的语句	90后	80后	70后	60后	50后
生活观	我喜欢按部就班的生活方式	43.5	47.4	48.	51.6	56.3
	我喜欢追求富有挑战和变化的生活	51.5	53.7	49.3	46.8	43.4
消费观	只要东西还能用就不需换新的	46.0	50.5	51.2	55.9	60.4
	只要喜欢，不实用不需要的东西我也会买	38.5	39.9	34.8	33.3	33.7
理财观	要注意节省开支，用于储蓄	52.8	58.3	58.4	59.8	63.9
	我有不经过思考就花钱的倾向	34.5	33.2	28.3	25.1	25.3
科技观	我只使用最基本的手机功能	44.2	47.3	60.5	77.7	83.0
	我喜欢跟上科技发展的潮流	56.3	57.5	54.7	50.3	45.8

数据来源：CNRS 2013.1—12（60个城市）

（二）对于高品质的商品，80后是新产品在导入期的最有力的推动群体，以他们为切入点的营销推广更有利于新产品的快速热销

80后作为消费主体收入水平的大幅提升，再加上成长过程中相对富足的物质水平，使得他们对于品质消费的需求和能力高于70后及之前的群体。品质的提升成为消费升级的必然趋势。长期以来，拥有一辆家庭汽车一直被视为品质生活的体现。从家庭汽车拥有率的变化看，2003—2008年，60个城市的平均拥有率变化并不大，而且处于较低的水平。从4.4%上升至8.9%，家庭汽车拥有率的快速上升出现在近五年，2013年60个城市的家庭汽车拥有率达到26.3%，即每四个家庭中就有一个家庭拥有汽车。从不同年代人群的拥有率看，2008年以前拥有率最高的是60后和70后，到了2013年拥有率最高的两个群体是70后和80后。而且从对待家庭汽车的消费态度上，80后的诉求点更偏向感性。从具体数据上看，对“汽车能表现自身个性和品位”“我愿意享受驾驶乐趣”“我想选择一辆广受好评的汽车”“购车时我主要是看汽车的外形”四条语句的认同比例，80后都高于其他消费群。

表4 完全同意/比较同意以下语句的比例（%）

价值观语句	90后	80后	70后	60后	50后
汽车能表现自身个性和品位	44.0	51.4	48.	38.5	30.6
我愿意享受驾驶的乐趣	43.5	50.1	47.	34.6	25.3
我想选择一辆广受好评的汽车	41.3	54.5	51.5	36.7	26.2
购车时我主要是看汽车的外形	34.7	38.8	34.1	27.7	23.8

数据来源：CNRS2013.1—12（60个城市）

处在品质消费时代的入口处，包括家庭汽车在内的各品类的产品服务都需要找到最有引领力的消费群作为市场导入的切入点。不同群体对于品质消费的追求程度不同，也决定了营销策略的有效程度不同。通过调查数据分析，80后是当前品质消费市场中新产品营销最有效的切入群体。数据方面来看，通过“即使价格贵一点，我也愿意购买高品质的商品”来反映消费者对于品质消费的追随程度，通过“我常常能被促销吸引”来反映消费者对于实惠消费的追随程度，在对于两种消费观语句的对比分析中发现，当前市场中小于35岁的消费者，即80后、90后对于品质消费的态度明朗，价格敏感性低，热衷品质追求。而大于50岁的消费者，主要为50后、60后群体，消费时对于品质的追求，整体敌不过低价的吸引。介于35~45岁之间的70后在品质消费与实惠型消费中没有明显的倾向。在新产品的消费引领力方面，35岁之前的年轻群体（主要为80后，包括一部分90后），是新产品消费推动作用最明显的人群。40岁之后的人群（主要为50后和60后）消费保守，对于新产品的购买意愿明显低于年轻群体。70后对于新产品消费的热衷程度与80后更接近。

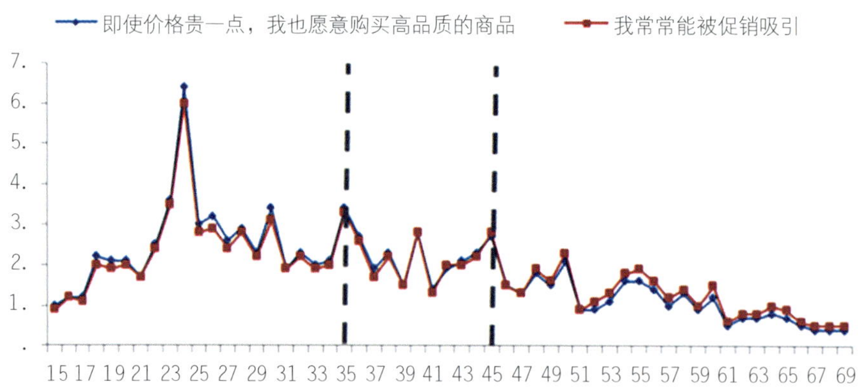

图3 不同年龄段人群完全同意/比较同意该语句的比例（%）

数据来源：CNRS2013.1—12（60个城市）

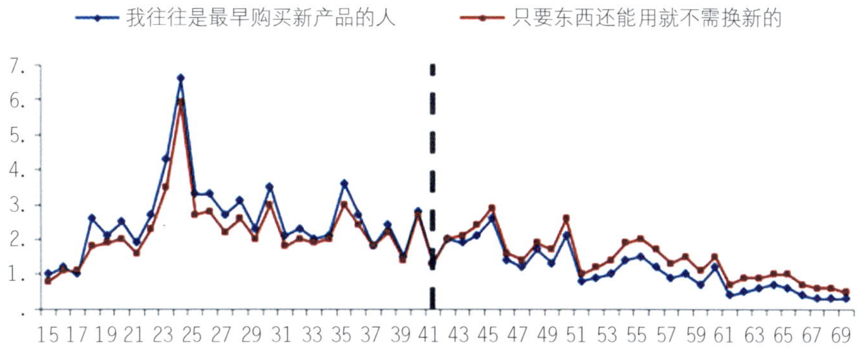

图4 不同年龄段人群完全同意/比较同意该语句的比例（%）

数据来源：CNRS2013.1—12（60个城市）

五、结　语

消费主体变迁对于商业周期的影响是一个非常宏大的研究课题，因为消费主体作为一个“人”会涉及生活方式、消费方式、观念变化和媒介接触等方方面面。本章只是集中分析了消费主体价值观层面的变化对相关商业周期转变所产生的影响，而影响方面也主要集中在对于新商业周期中主流价值观和营销侧重点的分析。其他方面需要进行后续研究。

第二章

Chapter

中国传媒与广告市场趋势

02

2.1 2013年中国广告市场及广告产业链发展趋势

一、中国广告市场概况

2013年，中国国民经济发展稳中向好，GDP增速达到7.7%。同时，中国广告市场2013年同比增幅达到6.4%。由此可见，中国广告市场在经历过2012年的寒冬之后，2013年开始恢复性增长，虽然仍旧低于国民经济的整体增长，但较2012年4.5%的增速而言，则是一个明显的回暖信号。CTR预期，2014年中国广告市场将在2013年企稳回升的基础上保持6%的增长力度。

回顾2013年中国广告市场各大品类的投放情况，大众消费品行业对传统广告市场的依赖加剧。以饮料、食品、化妆品/浴室用品为代表的品类，2013年广告刊例花费同比增幅均在10%以上。其中，饮料行业2013年同比增幅高达22.4%，较2012年同比12.4%的增长率有显著提升。与此同时，目标受众细分行业则逐渐减少在传统媒体上的投放，此趋势在金融、邮电通信和电脑及自动化办公行业表现得最为突出。2012年在传统媒体上的广告投放量同比增长至少还有1.9%的电脑及自动化办公行业，在2013年则呈现出37.9%的降幅（如表1）。这种现象表明传统媒体对以电脑及自动化办公为代表的电子消费品行业的吸引力越来越小。究其原因，主要是以手机、电脑为代表的高科技含量电子产品的消费市场不断细分带来目标受众的分化，而以电视、报纸、电台为代表的大众传播媒介难以满足广告主对精准人群投放的诉求。于是，广告主在有限的营销预算之下，其媒介计划从强调大规模覆盖的传统媒体，进而转向更加精准的新型户外媒体或互联网媒体。

表1 2012和2013年中国广告市场各行业刊例费用同比增幅

2013年增幅排名	行　业	2012vs2011增幅	2013vs2012增幅
1	清洁用品	-12.2%	36.4%
2	农业	6.9%	29.7%
3	饮料	12.4%	22.4%
4	房地产/建筑工程行业	-3.9%	21.9%
5	酒精类饮品	31.9%	14.8%
6	食品	7.8%	14.2%
7	工业用品	-0.3%	14.0%
8	活动类	21.7%	13.9%
9	化妆品/浴室用品	6.1%	11.5%
10	个人用品	8.8%	10.4%
11	娱乐及休闲	7.8%	7.7%
12	烟草类	-29.8%	4.1%
13	交通	0.3%	3.5%
14	家用电器	-13.3%	1.5%
15	家居用品	-13.9%	1.1%
16	商业及服务性行业	-0.4%	-7.3%
17	金融业	2.8%	-8.8%
18	邮电通信	-2.6%	-11.3%
19	药品	2.0%	-11.5%
20	衣着	2.8%	-16.7%
21	电脑及办公自动化产品	1.9%	-37.9%

数据来源：CTR媒介智讯

二、媒介市场趋势

总体来看，2013年各媒介广告收入（刊例）同比增幅差异较大。互联网以46%的增幅位居首位，商务楼宇视频广告以27%的增长紧随其后。传统媒体中电视、电台和户外媒体位于第二梯队，同比增幅分别为10%、4%和1%。而平面媒体媒介则一致呈现出广告量萎缩的局面，报纸广告收入同比减少8%，杂志减少7%。

表2 2013年各媒介广告市场刊例收入同比增幅

梯 队	媒 介	收入增幅
第一梯队	互联网	46%
	商务楼宇视频	27%
第二梯队	电视	10%
	电台	4%
	户外（不含地铁）	1%
第三梯队	杂志	-7%
	报纸	-8%

数据来源：CTR媒介智讯

互联网成为2013年刊例收入增幅最为强劲的媒介，实属意料之中。根据CTR媒介智讯的连续调研项目“广告主态度调查”显示，77%的广告主在2012年将互联网视为替代或补充电视投放的营销工具。而2013年的调研结果发现，当广告主的营销费用增加时，互联网已经成为其首选投放的媒介。然而，广告主对互联网好感度的提升并不意味着从此互联网媒体便具有绝对优势。从2013年广告主态度调查结果来看，广告主青睐有加的互联网广告形式为近年来兴起的视频广告和搜索引擎广告。其中，有63%的被访广告主认为视频广告是其会最先考虑增加营销费用的广告形式之一；同时，41%的广告主表示会最先增加搜索引擎广告。与此形成鲜明对比的是，当广告主需要削减营销费用时，37%的被访者表示会最先减少富媒体广告的投放，31%的广告主选择最先减少品牌图形类广告的开支。由此不难看出，虽然互联网广告的市场规模在不断扩大，但其发展动力主要源于形态更新、目标受众更精准、广告效果更显著的广告形式，而不是那些诞生于互联网广告市场发展初期的广告形态，诸如网页横幅、对联为代表的品牌图形广告。

除互联网，电视媒体亦同样呈现出两极分化的趋势。2013年，中国电视广告市场刊例收入整体增幅为9.6%。其中，省级卫视以同比22.8%的广告增幅领跑电视行业。中央级电视媒体的增长则小幅高于电视广告市场总体，同比增加12.2%。而省级地面台和省会城市台的刊例收入增长却徘徊在5%。从电视广告的资源量看，央视、卫视与地方台之间的分化趋势更加突显。2013年，中国电视市场的广告时长整体下降7%。其中，省级地面台广告时长同比减少4.3%，省会城市台同比减少7.1%；而省级卫视和央视的广告时长分别以5.3%和3.4%的同比增幅成功逆转电视广告市场的颓势。

综合上述两个维度的数据可知，以央视、卫视为主导的强势媒体，一方面其媒体的价值已经得到了广告主的认可——表现为广告刊例的高速增长；另一方面，就强势媒体自身而言，其广告资源亦得到了有效的开发——表现为广告资源量的增加。相反，与上星频道形成鲜明对比的地面频道却在2013年呈现出不甚乐观的局面：如果说广告刊例收入的小幅增长或可意味其发展平稳，那么，若考虑到地面频道的广告购买折扣以及非购买（如：赠送）的广告资源的话，其广告的净价收入趋势则恐怕会令地面台市场雪上加霜。同时，地面频道面临的另一大问题在于其广告资源量的连年下降。2012年，在中国宏观经济增长下行和电视行业政策一再收紧的大环境制约下，电视广告资源量的大幅下降尚可理解。但是，恰恰是在这样一个基准的情况下，2013年地面台仍旧无法逆转广告资源量下滑的局面。这意味着地面台未来需要面对的已经不单是如何走出广告增收的困境，而是怎样转变地方电视媒体的经营模式，从多种营销方式上来探索发展方向的问题。

表3 2013年电视广告市场刊例收入与时长同比增幅

级　别	收入增幅	时长增幅
中央级	12.2%	3.4%
省级卫视	22.8%	5.3%
省级地面台	4.9%	-4.3%
省会城市台	7.2%	-7.1%
其他	3.2%	-10.0%
总　计	9.6%	-7.0%

数据来源：CTR媒介智讯

同为传统媒介的电台媒体在2013年亦呈现出和地面电视媒体相似的局面：不仅电台市场的广告刊例收入增长速度进一步放缓，2013年同比增长3.7%；而且其广告资源量加速向下调整，在2012年降幅12.9%的基础上，2013年继续以16.4%的速度缩减广告空间。

2013年电台广告市场份额占比前三位行业的投放趋势更加体现了广告主对电台市场广告投放的冷淡。以16%的份额占比排在首位的商业及服务性行业，2013年同比减少0.6%的广告投放。与其相似的是，排在第二位的交通行业同比增幅0.5%，勉强保持在2013年的广告投放水平。排在第三位的金融行业则表现得更加谨慎，其广告投放量同比减少11%。而电台整体市场之所以在2013年能够实现增长，主要由于个别行业对电台市场的突出贡献——行业份额占比10%的房地产/建筑工程行业在电台媒体的广告投放同比增长超过34%。

上述个别行业的增长纵然为低迷的电台市场带来些许希冀，却并不能成为电台媒体未来的背书（指为某个产品做广告宣传）。相反，倘若媒体对单一行业过分依赖，其今后所面临的经营风险则会大大增加——在失去其他行业客户的支撑下，支柱行业的客户流失将会对媒体经营造成严重的打击。因此，电台实际上面临的同样是经营模式的挑战。值得欣慰的是，网络电台不论是内容量还是用户规模均呈现出高速增长之势。以喜马拉雅网络电台为例，在其上线的三个月内，出现了1700余名网络电台主播、57万余条音频以及300万的用户。与白手起家的网络电台相比，传统电台具有得天独厚的资源优势和品牌价值，当电波传播已经无法为电台提供更多的增值空间时，网络传播或可成为传统电台今后的发展方向。

表4 2012和2013年电台广告市场刊例收入与时长同比增幅

	2012vs2011增幅	2013vs2012增幅
广告收入	8.9%	3.7%
广告时长	-12.9%	-16.4%

数据来源：CTR媒介智讯

表5 2013年电台广告市场刊例收入行业份额及同比增幅

行　业	收入份额	收入增幅
商业及服务性行业	16%	-0.6%
交通	15%	0.5%
金融业	13%	-11.3%
房地产/建筑工程行业	10%	37.0%
邮电通信	9%	6.9%
娱乐及休闲	7%	-0.8%

续表

活动类	5%	34.1%
酒精类饮品	5%	13.7%
饮料	4%	16.8%
家居用品	4%	21.2%
食品	4%	-0.6%
药品	3%	0.5%
家用电器	2%	-11.3%
个人用品	1%	37.0%
工业用品	1%	6.9%
衣着	1%	-0.8%
电脑及办公自动化产品	1%	34.1%
化妆品/浴室用品	0%	13.7%
烟草类	0%	16.8%
农业	0%	21.2%
清洁用品	0%	-0.6%

数据来源：CTR媒介智讯

至于危机四伏的平面媒体，在2013年依旧难以逆转市场萎缩的格局。不论是报纸媒体还是杂志媒体，其广告收入和广告资源量都同时下降。此外，广告客户量的锐减已成定局，报纸媒体广告客户数量较2012年减少6%，杂志媒体广告客户量降幅更是高达15%。从广告投放量排名前列的品牌上亦能体现出平媒所面临的经营挑战。报纸的前五品牌排名稳定，但投放费用都有不同程度的下滑。

表6 2013年平面媒体广告市场同比变化

	报纸2013vs2012变化	杂志2013vs2012变化
广告收入	-8.0%	-6.6%
广告面积	-16.9%	-20.8%
广告客户量	-6.0%	-15.0%

数据来源：CTR媒介智讯

表7 2013年报纸广告花费TOP5品牌投放同比变化

品　牌	2013排名	2012年排名	2013vs2012费用变化
苏宁	1	1	-2.3%
中国移动通信	2	2	-6.0%
国美	3	3	-3.1%
恒大	4	4	-6.3%
红星美凯龙	5	5	-18.7%

数据来源：CTR媒介智讯

传统户外（不含地铁）广告在2013年的广告花费增长速度较为平稳，同比增幅1.3%。房地产行业以其高投放量占2013年户外广告费用的18%，在全品类份额排行中位居首位，并且以同比14%的稳健增长理所当然成为户外广告的支柱行业。增长同样快速的还包括2013年整体投放量突出的快消品行业，如饮料行业同比增长15%。

值得注意的是，2013年户外广告开始从强调受众规模向着追求精准的方向转型。随着二维码、移动互联网、手机APP等技术的不断成熟，新型的户外广告应运而生。它们的功能已经不再局限于向受众传达既定的广告信息，而是可以借由二维码为媒介实现与受众的互动，从而在受众和产品之间建立更为紧密的联系。与此同时，广告代理公司亦能获得更丰富的信息反馈，诸如广告被关注的时间、地点和频次，经过进一步的分析便可发现哪些形式、哪些位置、哪些内容的广告更容易和受众形成互动。最后，通过产品销售数据的分析即可了解二维码广告对销售的贡献率如何。

表8 2013年传统户外广告市场刊例收入行业份额及同比增幅

行　业	收入份额	收入增幅
房地产/建筑工程行业	18.4%	14.5%
商业及服务性行业	15.9%	-0.2%
邮电通信	7.3%	8.3%
金融业	6.9%	-4.5%
娱乐及休闲	6.9%	-0.7%
饮料	6.3%	15.9%
交通	5.8%	-6.0%
家居用品	5.3%	-2.9%
衣着	4.6%	-1.8%
活动类	3.8%	-6.0%
酒精类饮品	3.6%	8.9%
食品	3.2%	-8.1%
电脑及办公自动化产品	3.1%	-11.9%
工业用品	2.7%	-8.8%
个人用品	2.2%	0.8%
家用电器	1.8%	-17.6%
化妆品/浴室用品	1.4%	-5.3%
药品	0.6%	-13.1%
农业	0.1%	92.0%
烟草类	0.1%	-24.6%
清洁用品	0.1%	-16.5%

数据来源：CTR媒介智讯

实际上，尽管媒介市场间差异较大，但是无不反映出广告主投放日益谨慎的趋势。根据CTR媒介智讯2013年广告主态度调查研究结果显示，在2014年营销工具选择的各项依据中，广告主认为至关重要的是媒体受众与产品目标受众之间的契合度，其次才是广告的性价比。如果参考此前（2010—2012年）的连续性调查结果，更能体现出广告主投放广告从追求全面向强调精准的转变。2010—2012年，被访的广告主选择10种以上营销工具的比例从11%一跃至35%。而到2013年，这一比例却迅速降至6%。同样，在2012年一半以上的广告主认为他们选择营销工具的数量介于8~10种之间，而在2013年只有不到三成的广告主这样认为。可见广告主今后对营销媒介的选择会更集中，而这恰恰意味着媒介功能需要得到全面的提升。

三、广告产业链的革新

过去，典型的广告产业链是从广告主的诉求出发，通过第三方公司来完成媒体的购买和广告创意的设计，从而通过媒体上的投放实现目标受众向消费者的转化。但是，在这样一个媒体形式不断演化、受众强调自我意识和参与的时代，实际上广告主的营销行为已经不仅仅是以完成媒体上的硬广投放为目的，而是成为一种需要由多渠道媒体协同、多种推广内容并行，以最终实现受众和广告主之间的直接互动为宗旨的活动。而这种现象恰如现代广告之父大卫·奥格威所言："我们的目的是销售，否则便不是做广告。"

换言之，以销售为目的的广告其最终目的是要实现在产品的提供者与需求者之间建立联系。因此，广告媒体的概念便在这样的媒介生态环境下产生了泛化，它不仅包括广告主主动购买的广告资源，还囊括广告主自身经营的媒体资源——品牌官网、官方微信、官方微博以及由受众口碑构成的额外媒体资源。而上述三类媒体的功能却统一于一点：构建广告主与目标受众之间的联系。

传播学者麦克卢汉曾说："媒介是人的延伸。"过去电视仅仅是人的视觉延伸，电台也仅仅是人的听觉延伸，而现在人的各种感觉混合在一起变成通感，多屏和APP等新技术的出现让所有的媒介传达更贴近人的真实感受。在物质日益丰富和技术不断创新的今天，人的需求越来越多样化。今天的媒介以人为核心，逐渐向三个层次分化：第一个层次是个人媒体，它满足了人与人之间社会交往的需要；第二个层次是销售媒体，它为广告主的产品销售提供渠道；第三个层次是品牌媒体，它凭借规模化的特点帮助广告主实现塑造企业形象的愿望。这三个层次之间可以相连或渗透，层次之间的跨越必须通过其他渠道来实现。

由于个人媒体的规模有限，媒体需要在品牌媒体层次和销售媒体层次两者中确立自己的定位。品牌型媒体关心广告环境和目标用户的到达，投放创意和概念类广告内容，从第三方获得监测、目标用户定位、增值服务等方面的支持。而销售型媒体则更关注销量和投资回报率，投放二维码、移动支付等能够实现即看即买的广告内容，从第三方获得人群规模、总销量、投资回报率算法等方面的支持。

作为广告主和媒体之间的中介，第三方代理公司在转型中出现功能细化的趋势。一些公司通过并购将业务延伸至数字媒介、社交媒介领域，向综合化方向发展，这不但可以更好地帮助产品提供方实现最终目标，也加速了行业的整合。在2013年中国广告市场发生的22起并购案中，有一半的企业主要提供数字营销服务，属于媒介领域的企业占18%。因此，广告公司借助第三方公司的支持，谋求将技术作为核心竞争力。通过人群属性、广告目标受众匹配度和偏好度等分析广告覆盖人群；通过广告投放前后认知度对比、受众对广告竞品的分析、受众自身行为分析考察广告效果的延伸，基于用户标签和用户行为实现广告的精准和定向投放。例如当潜在目标受众出现时，DSP竞价系统将会在100毫秒内将卖方的信息推送给买方，实现广告交易。综合化和技术化趋势使得第三方公司对于用户群体的经营成为可能，也让其具有发展成为媒体化代理公司的潜质。

总之，在整个广告市场从传统产业链向新产业链进化的过程中，服务的传达功能依然存在。但广告主不仅是传统意义上的广告投放者，还扮演着需求满足者的新角色；受众也不再单纯是原先市场中不知情的需求方，而是拥有了需求提出者的新身份。连接广告主与目标受众之间的媒体将会泛化，第三方代理公司在功能上出现细化，每一个市场参与者都需要顺应市场环境的变化进行调整，以适应自身在新产业链中的角色。

2.2 传统媒体广告之多维驱动力解析

随着移动互联网的快速发展，传统媒体正经历着巨大的冲击。受众接触到的媒体形态越来越多，传统媒体的份额逐渐被蚕食。CTR 最新调查数据显示，十年间互联网的日到达率从6%到65%，增长超过10倍。与此同时，传统媒体受众规模却趋向饱和，报刊等媒体的受众规模甚至开始下滑。可以说，新媒体给传统媒体的发展带来了很大的压力。

面对新媒体的紧逼，传统媒体还有自己的生存空间吗？该如何向前发展？CTR媒介智讯通过对2013年传统广告市场层层剖析，为传统媒体寻求突破，洞察其增长驱动力。

动力一：单位费用增长的驱动

2013年，五类传统媒体广告客户数量均有不同幅度的减少。但在单位费用增长的带动下，传统媒体2013年整体表现平稳。也就是说，虽然投放传统媒体的客户数量在减少，但仍然选择传统媒体的广告主，愿意为其投放的每个广告花费却更多。

表1 2013年不同媒介广告驱动力分析

媒　介	总花费	广告数量	单位费用	客户数量
电视	9.60%	-2.40%	12.50%	-1.90%
电台	3.70%	-9.00%	12.60%	-11.80%
户外（不含地铁）	1.30%	-2.30%	5.00%	-3.50%
杂志	-6.60%	-16.90%	11.10%	-15.90%
报纸	-8.00%	-5.00%	-1.00%	-4.80%

数据来源：CTR媒介智讯

说明：广告数量按照区别记录的不同广告主题个数统计，单位费用指每个广告主题的平均花费。

具体来看，电视媒体得益于单位费用的增长，2013年广告刊例总花费仍保持较高的增幅；电台虽客户数量大幅减少，但在单位费用的带动下，2013年仍保持3.7%的增长率；杂志客户数量同比减少16%，虽单位费用同比增长11%，但未能逆转杂志媒体总花费同比降低的颓势；报纸媒体则在客户数量减少和单位费用降低的双重推动下，2013年广告刊例花费同比下滑8%。

从不同级别电视媒体的表现观察，中央台、卫视等强势传统媒体除单位费用的驱动外，还有客户数量和投放频次的驱动力，而相对弱势的地面频道则表现较差，客户数量和投放频次都在缩减。

表2 2013年不同级别电视广告驱动力分析

电视级别	总花费	广告数量	单位费用	客户数量
中央台	12.0%	4.7%	6.8%	6.8%
卫视	21.4%	5.7%	15.0%	7.3%
省级地面频道	6.7%	-7.9%	15.7%	-7.9%
城市台	5.8%	-2.0%	7.7%	-1.5%

数据来源：CTR媒介智讯

说明：广告数量按照区别记录的不同广告主题个数统计，单位费用指每个广告主题的平均花费。

可见，对传统媒体而言，客户总数量的减少是多数媒体面临的问题。要想保持广告的持续增长，除了增加客户数量，最主要的还是开发好现有的重点客户，促使客户提高每次广告投放的金额。以饮料行业为例，2013年在传统媒体有广告投放的企业数量同比减少1%，投放总广告数量减少2%，但整体增长却超过22%，驱动力主要是来自每个广告投放的单位费用高增长（25%）。

动力二：大众消费品行业驱动

虽然新媒体的发展日新月异，但是传统媒体具有新媒体传播上无可比拟的优势。比如，传统媒体强调大众性传播，覆盖面广，影响力大。而大众消费品行业正是希望能通过规模化传播，触达更多的受众，这一需求与传统媒体的传播特性恰好吻合，因此大众消费品行业对传统媒体依然青睐有加。

CTR媒介智讯数据显示，饮料行业继2012年增长12%之后，2013年又迎来超过22%的高增长，化妆品/浴室用品和食品两个行业同比增幅均超过10%。三个快速消费品行业对总体广告市场增长的贡献率达到88.3%。

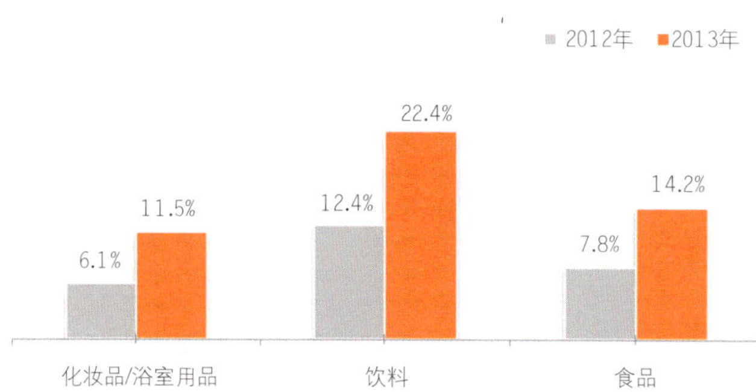

图1 2013年传统媒介广告刊例花费增幅

数据来源：CTR媒介智讯

具体分品类来看，化妆品/浴室用品的广告投放增长主要是洗发/护法/美发品类的带动，洗发/护发/美发占行业投放量的30%，增幅高达25.8%。化妆品/浴室用品行业投放前十位品牌中，洗发/护发/美发品牌就占据6个席；饮料行业的增长一是来自娃哈哈、康师傅等老品牌增投，二是乐虎、恒大冰泉等新品牌加入。在竞争白热化的推动下，饮料市场的广告投放愈加活跃；食品行业的广告投放以零食糖果等中高端产品居多，巧克力等品类对传统媒体依赖度较高。

动力三：企业推新的驱动

虽然现在媒体形式多样化，但传统媒体在权威性方面仍是其他媒体暂不能替代的。比如电视媒体就拥有更高的信任度和更大的受众影响力。CTR 媒介智讯2013年6月份的受众媒介习惯调研数据显示，受众对电视媒体的信任度打分为7.58分(满分10分)，而网络为6.36分，移动终端仅为5.94分。

对于新产品上市而言，最重要的就是迅速打造产品的知名度和美誉度。传统媒体的大众性和权威性使得它成为企业推广新品的重要平台。CTR媒介智讯的广告监测数据显示，2013年在传统媒体有广告投放的超过16万个产品中，刊例花费进入前100名的新产品就有11个，占到前100个产品广告总花费的11.3%，新产品对传统媒体广告市场的带动可见一斑。

表3 2013年广告总量进入TOP100的新产品

产　品	上市日期	刊例花费排名
乐虎氨基酸维生素功能饮料	2013.5	6
苏宁云商	2013.2	8
娃哈哈格瓦斯饮料	2013.2	21
飘柔植物精选系列	2013.5	58

续表

海飞丝男士去屑洗发露	2013.1	62
江中猴菇饼干	2013.9	63
海飞丝男士净爽控油洗发露	2013.8	69
高露洁360度卓效护龈牙膏	2013.5	71
恒大冰泉矿泉水	2013.11	79
中华瓷感白牙膏	2013.8	89
飘柔倍瑞丝专效护理	2013.8	97

数据来源：CTR媒介智讯

动力四：媒体优质资源开发的驱动

由于市场竞争日趋激烈，多种多样的品牌营销无孔不入，争抢消费者们的眼球，消费者的注意力成为稀缺资源；另一方面，随着传播模式的多样化，仅仅在传统媒体有硬广告的投放模式，传播范围比较有限，品牌很难给消费者留下深刻的印象，因此已经不能满足广告主的需求。此外，广电总局“61号令”及电视剧限插令的颁布，也使得电视可利用的广告资源有限，品牌想要独占黄金时段曝光率难上加难。

在此背景下，针对电视媒体优质资源开发的非时段广告成为广告主争抢的对象，节目冠名、口播、角标、协助播映等各种形式的赞助播出开始风行。在电视节目中植入企业或品牌素材，能够深化观众对企业或品牌的影响力，并让观众获得丰富的品牌联想，赢得观众对品牌的认可。此外，还能够借势电视剧或电视节目本身产生的话题效应，并通过话题效应放大企业或品牌的曝光度，吸引更多观众关注企业或品牌。

冠名节目便是植入广告中备受青睐的模式之一 。根据CTR媒介智讯软性广告监测数据，2014年一季度，中央台冠名节目数量约200个，其中央视8套、7套及综合频道均有超过20个节目有冠名。其中，综艺、电视剧和专题类节目最受广告商青睐。

冠名等植入形式的广告对电视台收入的带动非常明显。虽然从硬广告投放的增长看电视增幅有所降低，事实是，电视台热播节目吸金能力增势凶猛。以《中国好声音》为例，节目首季冠名费6000万元，第二季飙至2亿元，至第三季已达2.5亿元。作为电视台，在推出优质节目的同时，创造进行内容营销和软广植入的条件，必能带动收入的增长。

动力五：媒体品牌化的驱动

媒体自身也是一种品牌。媒体的品牌化经营不仅为广告主提供了一个良好的广告投放环境，同时也保证了媒体自身稳定的广告收益。面临传统媒体内部及来自新媒体方面的竞争，传统媒体对品牌化策略的运用也越来越娴熟。

以电视媒体为例，当今电视节目竞争越来越激烈，各电视台为了扩大自己频道的影响， 都将品牌和节目宣传作为一种营销策略。节目宣传片是为播出的电视节目而设计制作的宣传、预告和推介片，它是一段时期内拉动电视频道收视增长、培养频道强势品牌的重要手段。如2013年在湖南卫视和央视同时播出《我们结婚吧》期间，共计有22个版本的宣传片在两台全天滚动高频次播出；2014年初为推广江苏卫视新节目《最强大脑》，在《非诚勿扰》节目中，孟非用近 5 分钟时间向观众推荐介绍《最强大脑》。从效果看，《咱们结婚吧》与《最强大脑》都创造了空前的收视率，虽然这源于节目本身的高品质，但是可以肯定的是，与频道的倾力推广也有必然的联系。

央视也比较重视对自身品牌和自身节目的推广。尤其是央视利用多频道运营的优势，打通各频道资源，可以在多个频道推广某一频道的节目，进而达到较好的宣传效果。央视7套、1套、3套均是央视重点宣传和推广的平台。在2014年1—2月期间，央视为配合《出彩中国人》的播出，同时在央视1套、3套等10个频道播出该节目的宣传片。

央视各频道1-2月宣传片播放时长排名

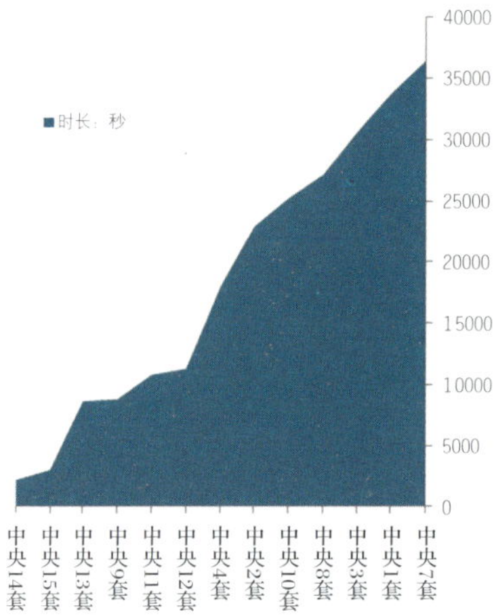

央视重点节目宣传片1-2月播放总时长

宣传片时长排名	节目	宣传片总时长：秒
1	出彩中国人	33390
2	中国好歌曲	31485
3	父母爱情	26717
4	毛泽东	22682
5	315晚会	13214
6	2014春节联欢晚会	13201
7	hi2014	11100
8	谜语大会	10470
9	感动中国	10372
10	音像资料馆	9255
11	最美乡村医生颁奖典礼	8477
12	寻找最美医生	8235
13	舞乐传奇	6045
14	楚国八百年	5670
15	开讲啦	3060

图2 央视2014年1—2月宣传片播出情况

数据来源：CTR媒介智讯

从传播学理论上讲，当一种新媒体出现后，较为旧的媒体并不会消灭，而会去适应并且继续进化，设法寻找新的生存空间，而不是选择死亡。可见，面临新媒体的竞争，作为传统媒体更应该好好利用自身的传播特点与优势，让与媒体特性契合的客户成为自身的驱动力，方能保持长久发展。

2.3 “碎片化”传播与“马太效应”的相悖与相合

当前中国传媒业的发展呈现出“碎片化”和“马太效应”两种趋势，这两种趋势表面看起来是相悖的，一个强调“多而小”，一个侧重“少而大”。我们在谈论“碎片化”时，多数是在说社会化媒体的传播特性，而“马太效应”则在传统媒体中表现突出。

但这两种现象也并非是相悖的，也并非独立地存在于各类媒体之中。“碎片化”更多的是指中国当前的媒体传播语境，而“马太效应”则是对媒体发展态势的描述。社会经济发展中“碎片化”了的社会生活，催生了“碎片化”的传播语境，而应运而生并蓬勃发展的新媒体，带给传统媒体的压力和挑战，加剧了传统媒体格局的“马太效应”。两种现象的出现也源于同一种社会环境的影响，只是由于各自不同的媒体特性，彰显出不同的状态。“碎片化”的传播方式在传统媒体也有体现，而“马太效应”同样适用于描述网络媒体的发展局势。

一、研究背景

随着经济和科技的发展、互联网媒体和移动互联网的兴起，媒体行业不断涌现出新生力量，冲击现有的媒体格局。新兴媒体势力战鼓擂擂，频频发力，抢夺地盘；传统媒体也不甘示弱，自我革新与改进，坚守阵营。同时，受众媒体接触习惯和生活状态也在发生变化，不断发展变化的社会环境也使得受众有了自己的诉求，催生了新媒体的发展以及传统媒体的创新；同时新媒体培养了受众的新需求，逼迫传统媒体迎合。在各种对抗的过程中，中国传媒业的发展风云诡谲，媒体格局呈现“马太效应”，而传播语境也有“碎片化”的特征。本文试图从传播链条中的各个因素展开讨论，一探“碎片化”与“马太效应”的相悖与相合。

把碎片化引入传播学最早出现于以黄升民为代表的学者研究中，广泛应用于传媒研究，其概念界定为：社会阶层的多元裂化，并导致消费者细分、媒介小众化。张芳圆的《媒介环境学视野下的微博碎片化现象》、李旦的《碎片化语境下手机媒体的机遇和隐忧》、燕道成的《微博传播的碎片化——以“占领华尔街”为例》，均较为深入准确地描述和研究了新媒体信息传播碎片化的现象，尤其是微博的碎片化，以现象描述为主，附以部分案例。岳广鹏的《收视行为“碎片化”背景下省级卫视的编排思路》一文则讨论了“碎片化”时代，电视台的节目编排方向。唐嘉仪的《网络时代议程设置下的“马太效应”》和乔新玉、张国伟的《大众传播中的受众贫富差距：信息鸿沟》等文章均从不同角度来看新的媒体发展趋势下的受众行为特征。王洪杰的《“马太效应”下的地市级电视台发展之策》、宫健的《节目创新　贴地服务　合作互赢——试探城市电视台突破转型之路》和庞万红的《浅析地市级电视台的竞争策略》等文章，则探讨了“马太效应”环境下，相对弱势媒体的发展之道。

综上所述，之前的学者研究主要围绕“碎片化”和“马太效应”进行了现象描述、受众行为研究和媒体发展方向探讨，但对于碎片化现象和马太效应的研究都是割裂开的，并没有深入探讨这两种现象的内在联系及背后原因，本文则试图在此方面有所突破。

二、社会发展促成的“碎片化”传播语境

所谓“碎片化”，英文为Fragmentation，原意为完整的东西破成诸多零

块。碎片化在传播本质上是整个社会碎片化或者说多元化的一个体现。十几年前，一个普通受众接触媒体的方式还是“白天看报纸，晚上看电视”；但是今天，人们的生活被很多碎片化的内容切分。

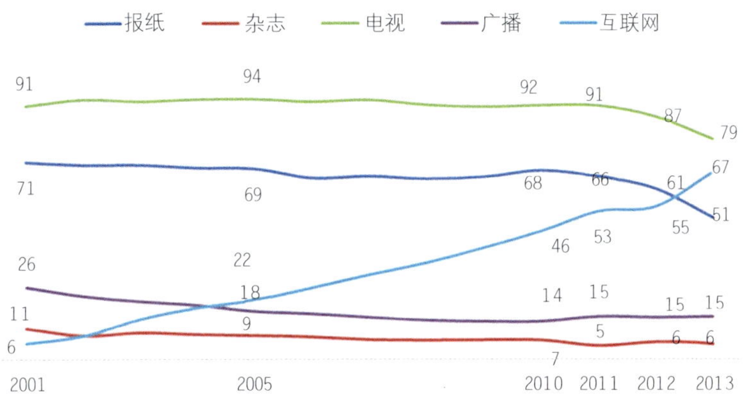

图1 各类媒体日到达率变化趋势（%）

数据来源：CNRS（36个城市）2001—2013年数据

正如美国西北大学媒体管理中心负责人约翰·拉文曾说，“碎片化”是“遍及所有媒体平台最重要的趋势”，碎片化逐渐成为中国社会传播语境的一种形象性描述。

改革开放以来，中国的社会经济发展为人们的消费行为和生活方式提供了多种可能性，并且在一定程度上推动了中国社会的转型。经济的发展使得人们的物质生活得到了极大的丰富，人们的生活水平不断提高；同时，多种分配制度并存，居民收入不断拉开，贫富差距不断扩大。而收入是影响消费的最直接因素，收入的差距带来消费的差距，消费的差距又带来了消费结构变化程度的差距，这些差距都是社会阶层碎片化产生的基础。现代社会中，知识和技术转化为财富的过程大大缩短，提供了大量新的社会阶层流动机会，社会流动速度加快，弱化了传统的组织权威和阶层等级。人们的生活方式和态度意识主观上呈现多样化趋势，成为社会阶层碎片化现象的直接诱因。

社会阶层的碎片化现象不但让受众群体细分呈现为碎片化现象，也引发着受众个性化的信息需求，整个传播网络呈现出碎片化语境。在信息传播进入网络时代以后，数字技术、网络技术和传输技术的大量应用，互联网的海量信息不但使得客观满足受众的多样化的信息需求成为可能，同时正强化着用户的“碎片化”主观需求，互联网大大强化了受众作为传播个体处理信息的能力，网络传播加剧了碎片化现象。

移动互联网的兴起更是在很大程度上填充了受众的碎片化时间，路上、车上、外出吃饭等一切碎片时间，都可以被利用起来，手机不离手已经成为人们生活的常态。根据CTR线上行为调查显示，近20%的被访者每天查看手机近百次，34%的被访者起床第一件事就是玩微信，23%的被访者生活必需品没有手机会心慌。手机已经远远脱离了通信工具的定义，相机、媒体、社交工具、娱乐设备、游戏机乃至GPS导航机，都成为它的新标签。随着4G网络的普及，手机上网速度大大加快，更是填充了用户的各种碎片时间，这种填充“小时间”的传播语境，决定了传播载体的轻巧、便捷，于是以微博、微信为代表的微媒体发展得如火如荼。据腾讯和新浪的官方公开数据，微信借助庞大QQ用户群，在2011年推出时便有5000万用户，到2013年12月已突破5亿用户。新浪微博的注册用户数从2010年6月的50万人，在2011和2012年经历了飞跃式发展，达到5亿用户，更是在2014年4月17日，在美国纳斯达克上市，成为全球范围内首家上市的中文社交媒体。

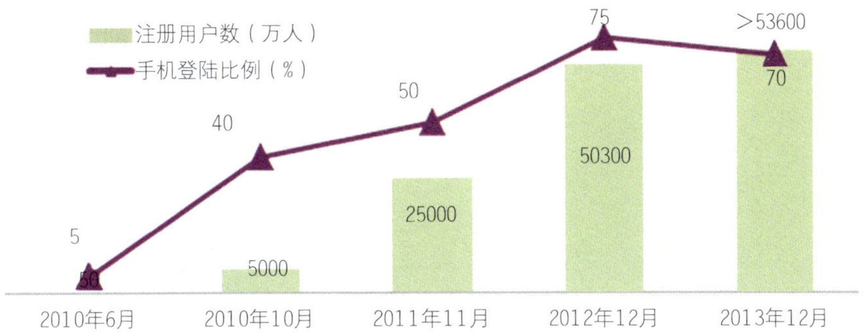

图2 新浪微博注册用户变化情况

数据来源：新浪官方公布数据

三、“马太效应”影响下的媒体格局

马太效应（Matthew Effect），又称两极分化现象，指强者越强、弱者越弱的现象。其名字来自《新约·马太福音》中的一则寓言：“凡有的，还要加给他叫他多余；没有的，连他所有的也要夺过来。”

在传媒行业，我们所谓的“马太效应”是指越强势的媒体，媒体资源、节目资源、受众规模、广告收入等越好，形成良性循环；而弱势媒体由于资金有限、节目资源差、受众规模小，营收也越少，继而更加无法支持制作优秀节目，陷入恶性循环。

“马太效应”在传统媒体，尤其是电视媒体中表现明显。与西方发达国家不同，中国的电视媒体在20世纪80年代以前，一直是按照严格的事业单位性质进行管理和运营。随着改革开放，才逐步开始转为按照社会主义市场经济模式运营，并先后建立了多家广电集团，向着产业化方向发展。当前中国电视媒体呈现出“一超多强”的局面，“一超”即中央电视台，“多强”则是湖南卫视、江苏卫视、浙江卫视、东方卫视等几家省级卫视频道。中央台和卫视等全国性频道占据的广告资源和市场份额逐年增加，地方频道发展遭遇瓶颈。

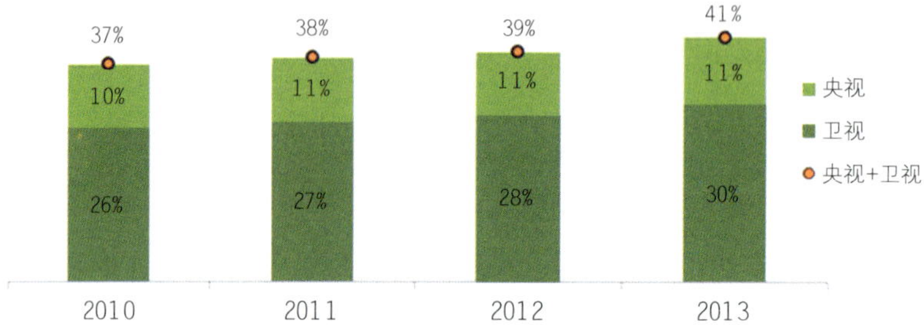

图3 2010—2013年央视和卫视广告市场份额

数据来源：CTR媒介智讯

而在互联网行业内，“马太效应”的影响丝毫没有减弱。互联网媒体行业从诞生之日起便加入了市场化竞争的大潮，其经营模式和理念更为自由化。从1994年4月20日到如今，中国互联网已经走过整整20年，中国互联网行业也实现了“蛙跳式”发展。以百度（Baidu）、阿里巴巴（Alibaba）和腾讯（Tencent）为代表的互联网巨头（简称BAT），依靠雄厚的资金实力，渗透线上线下诸多行业。BAT巨头的帝国扩张，也蚕食了诸多小公司和创业公司的

图4 BAT的移动布局

地盘，BAT动辄百亿元级别的投资或者收购让互联网创新企业很难独立成长起来，百度19亿美元收购91无线，阿里巴巴16亿美元全资收购高德地图，腾讯4亿入股大众点评……即便不被收购，BAT依靠强大的技术、资金和资源背景也能很快切入这一行业，与创新型企业形成竞争。

与电视媒体性质相类似的互联网视频行业，同样是在经历了一番并购与洗牌，形成多强鼎立的初步局面，以优酷土豆为代表的UGC分享类，以腾讯视频、搜狐视频、爱奇艺为代表的门户类，以迅雷、PPS为代表的客户端类，这些媒体占据了网络视频行业80%以上的市场份额。而高昂的节目制作费用、推广费用、节目版权费用，也使得视频行业的门槛越来越高，除非背后有雄厚的资金支持，否则在这个行业是很难具有竞争力的。

四、“碎片化”和“马太效应”的相合

“碎片化”和“马太效应”两个看似特征完全相悖的现象，在中国媒体发展现状中确实是共存的。事实上，两者关系并非语义上的相悖，而事实上更大程度上是相合的。

碎片化传播语境下，传播主体已不再拘泥于大众媒体，网络媒体尤其是社会化媒体的出现，使得传统意义上的传者与受者的界限被打破。中产阶级的兴起，新媒体的出现为他们发出声音提供了平台，打破原本一对多的传播模式，出现多对多。受众在接受信息的同时也可以方便地传播信息。而信息传播渠道的多元化，必然带来传播内容的多样性。受众需求是传播者从事传播活动的主要依据，碎片化时代的受众追求自我、追求个性，这些都是传统媒体本身所不具备的特质，甚至是与之背道而驰的。而网络媒体的特质则很好地适应了这种环境的需求，吸引了大批受众和广告主的青睐。

新的媒体环境带给传统媒体压力和挑战，迫使传统媒体不得不进行创新和

改革，以适应市场的变化和受众的需求。“多种媒体，一个声音”的传播方式，已不能满足碎片化时代不同受众群体的信息需求。因此传统媒体开始尝试从传播内容上进行区隔，走差异化道路，其突出表现为各种专业性电视和电台频道的涌现，如各地的交通频道和音乐频道的出现，即利用碎片化时间和受众的针对性，曾给广播带来了新的春天。

同时，为了满足越来越挑剔的受众，媒体需要不停地进行节目的创新。一方面要满足受众的个性化需求；另一方面，要扮演舆论领袖的角色，创造话题，引导受众需求。而近年来经济形势不景气，广告主缩减预算，广告主偏向将有限的预算放到投资回报率最高的媒体和节目，也在一定程度上加速了马太效应。湖南卫视为《爸爸去哪儿》第二季专门举行的广告招标会上，伊利以3.1亿元的价格获得冠名权，打破了此前加多宝2.5亿元冠名《中国好声音》的纪录，同时也创下中国综艺栏目冠名新高。蓝月亮、富士达电动车、乐视TV分别以7299万、5299万、4500万元成为该档节目的特约合作伙伴，插播广告则被多家厂商以5.2233亿元拿下，总广告额超过了10亿元。《我是歌手》第二季拿出的部分广告资源成为全场的吸金王，冠名权最终由某洗衣液品牌以2.35亿元拍得，加上特殊窗口、中插广告以及网络版权等节目中的部分广告资源等也集体最终卖出8.7902亿元。

此时我们便会看到一个成功节目的诞生，往往会催生一大批同质化的节目，如《中国好声音》《我是歌手》等使周五成为“选秀日”，而《非诚勿扰》的成功，带动了周末的“相亲档”节目。但由于制作能力的差异，加上受众的审美疲劳，同质化的节目未必都能收获显著效果。强势媒体的资源丰富，吸引受众注意力，收视率有保障，自然吸引大客户的集中投放，为更好地进行节目创新提供了保障；而弱势媒体没有优质节目和受众群，则很难吸引大客户的广告投放。

可以说，碎片化的传播语境下，互联网媒体带走了一大批受众，改变了他们的媒体接触习惯以及对于信息的需求和阅读习惯，这些对于传统媒体而言，都是新的挑战。传统媒体只有改变自己，适应这种传播环境的变化，才能更好地生存。网络媒体带给传统媒体压力和挑战，迫使传统媒体进行创新和改革，做得好的媒体越来越强，而跟不上步伐的媒体则被越拉越远，媒体格局中的“马太效应”也更为显著。

五、结　语

中国媒体传播语境的碎片化以及媒体发展格局的马太效应，是一种相悖又相合的现象。所谓相悖，是指从字面意义上的理解；而相合，则是现实中两者相互发展的实际关系。新媒体和社会经济发展的阶层化，催生了碎片化的传播语境。为了应对新兴媒体的挑战，传统媒体需要想尽办法做大做强，以守住自己的阵营。在这个过程中，具有优势资源的媒体优势更加明显，而其他媒体则更加弱势，马太效应不断发挥作用。随着移动互联网和4G网络的发展，碎片化的传播语境仍会延续，而马太效应在媒体上继续扮演着重要角色。

2.4 传统媒体转型是创造新的媒介形式

一、传统媒体转型已刻不容缓

传统媒体转型已经喊了很多年，但只要日子过得还好，转型的动力就明显不足，转型的收效也甚微。只是在近两年，传统媒体才普遍感受到转型的紧迫性，意识到转型已到刻不容缓的关键时刻。但这种转变并非主动而是被迫为之。数据最能说明趋势，CTR的数据表明了2012年是一个真正的拐点。

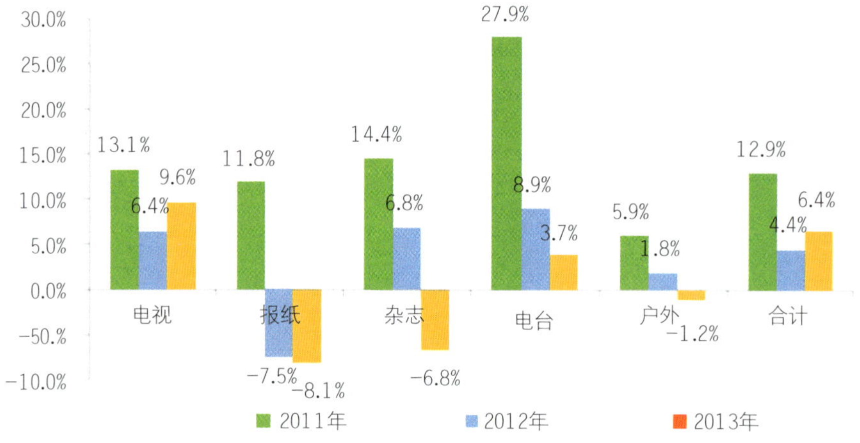

图1 近三年传统媒体广告增长趋势

数据来源：CTR媒介智讯

首先，看广告市场，CTR媒介智讯的数据显示，2011年各类传统媒体广告还都处在欣欣向荣之中，整体增长达12.9%，除户外广告，其他媒体增速都达到两位数。电台增速高达27.9%，就连一直被“消亡论”笼罩的报纸也增长了11.8%。虽然与网络广告增速相去甚远，但两位数的增长足以使大家安居乐业，转型的动力自然不足。

但2012年风云突变，传统媒体增幅急速掉到4.4%，甚至低于GDP增速。各类媒体增幅要么腰斩、要么1/3，更有甚者，报纸下降了7.5%。而2013年，增速虽然提高了两个百分点，但趋势并没有好转。根据CTR媒介智讯提供的数据，2014年一季度，传统媒体广告下降了0.4%，其中：电视仅增长0.8%，而报纸、杂志分别下降16.0%和6.2%。可以看到进入2014年传统媒体广告市场形势更加严峻。

其次，看受众市场，CTR-CNRS36个城市媒体日到达率数据表明，2012年以前电视日到达率基本稳定在91%以上，2012年开始明显下降，到2013年降至79%。报纸在2012年之前一直缓慢下降，十年下降了5个百分点。但2012年一年就下降5个百分点，2013年再急降10个百分点。而互联网到达率一直保持稳定快速增长的趋势，到2011年增速出现进一步加快的趋势。虽然受众市场的格局一直在变化，但2012年也是变局加快的一个转折点。

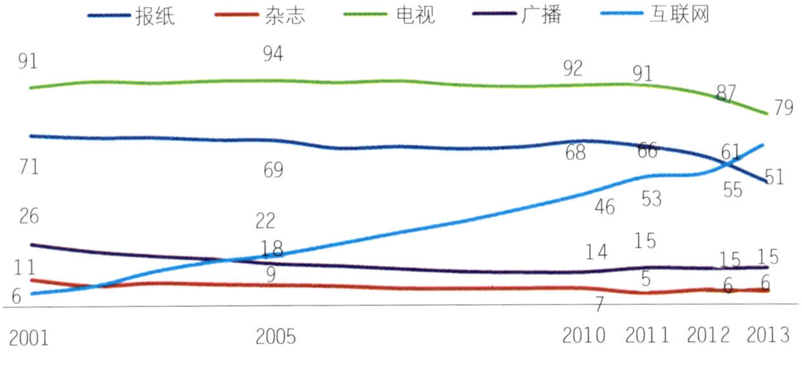

图2 媒体日到达率变化趋势（%）

数据来源：CTR-CNRS（36个城市）2001—2013年

再次，看受众的媒介接触行为。CTR–iCTR网络调查数据显示，不同代群城市网民获取新闻的渠道差异非常显著。电视、报纸对于50后网民依然非常重要，从60后开始，互联网门户网站就超过报纸，成为主要的渠道之一。而到90后，获取新闻的第一渠道已经成为社会化媒体。80后已经成为社会的中坚力量，90后已经步入社会，他们的媒介接触和新闻获取清楚地表明了未来传媒市场受众格局的变化在加快。

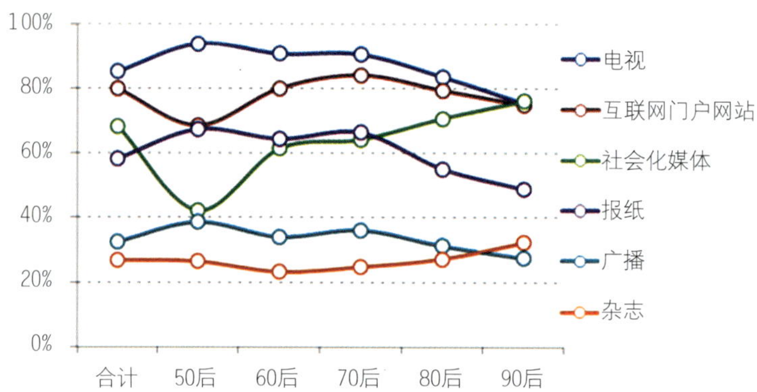

图3 不同代群受众获取新闻的渠道比较

数据来源：CTR–CNRS（36个城市）2013年

CTR–CNRS36个城市的另一个数据也提供了一个相同的时间节点，随着互联网的普及，在电视、报纸、广播、杂志、互联网五类媒体中，每天接触四种以上媒体的受众逐年增加，到2011年占比达到40.2%，而2012年却下降至36.9%，2013年进一步下降到36.5%。为什么在2011年达到高峰后会下降呢？原因就是移动终端突破性地发展智能手机的普及。CTR–iCTR网络调查数据表明了受众对手机的依赖性，20%的网民每天查看手机的频次高达100次，34%的网民起床后第一件事是查看手机，23%的网民认为手机已经是生活必需品，没有手机会感到心慌，更有59%的网民使用过手机购物。

这一切都表明，媒体融合、移动终端的时代已经到来，而2012年可以成为一个标志性的转折年，变局显著加快。这一切都使传统媒体到了生死存亡的关头，不转型已无生存的空间。

二、跨界，不仅为了生存，也是转型探索

在面临生存危机的时候，传统媒体开始“八仙过海，各显其能”，以报社为例，物流、户外广告、旅游、宾馆、网购、网络游戏、APP、房地产、产业园区、体验展示店、艺术品收藏品、销售房子……有人说报业现在是什么来钱快就做什么，的确生存比什么都重要。不少报社从这种跨界经营中获取了收益，一些报社的收入结构中，广告收入已经降到了50%甚至更低，报业对传统广告的依赖在降低。同时，我们还看到一些报业集团在资本运作、产业重组、组织机构重建等方面也迈出了大步。

但是由此也招来一些质疑，说报纸不务正业，做这些已经不是报业的正业了。这里给报业提出一个问题，正业是做什么？报业只能做新闻纸吗？那结论就一定是死定了，无非是早死晚死的时间问题。

我认为，多元化经营也好，跨界经营也好，跨界传播也好，都无可厚非。不应该把这些仅仅理解成“为了生存做销售找收入”，它同时也是一种传播。为此，我们必须重新思考媒体传播的本质是什么。

传播是人类社会的信息传递和交流的行为，人类是一种社会化的动物，人作为一种高级动物和其他低级动物的区别就在于，人的交流是通过语言、文字等这些高级形式实现的；同时，人类交流的欲望是人的本性，也是人的本能，是人与生俱来的，只要离开了娘胎落地，成为一个人就有交流的欲望。人的沟通对于生存是必要的，人类通过交流了解世界，社会发展是人类为了更好地生存而推动的。因此，传播是人们为了生存，为了发展必需的一种社会信息传递

和交流的行为。而媒介是什么呢？是我们用以实施信息传递和交流的工具，媒介越发达、工具越完善，我们的交流就更加充分、更加便利。

麦克卢汉在半个世纪前就以“媒介即信息”“媒介是人体的延伸”的理论而轰动世界。虽然他的理论曾被批判，但他的超前理论在21世纪几乎都被验证。麦克卢汉告诉我们，媒介是人体和心灵的技术延伸，一切技术都是媒介。一般人认为，媒介只是形式，是内容、知识、信息的载体。但麦克卢汉认为，媒介对内容、知识、信息具有强烈的反作用和重大影响。在电子时代一切媒介都要重新塑造它们所触及的一切生活形态。

那么媒介的本质究竟是什么？怎样理解媒介是人体的延伸？当我们感受到社会化媒体、智能手机在释放着我们，同时又在绑架着我们时，手机实际已经成为人体的一部分，成为人体的延伸，人的信息传播形式、范围的变化都在手机应用中反映出来。在网络时代、移动时代、终端时代内容都是以媒介的变化而变化的。

由此，我们再去理解“媒介即信息”，就可以看到跨界不仅仅是卖东西，不仅仅是营销和销售，跨界同时也是一种信息传播，也是一种信息服务，也是对我们的客户和消费者的服务。有人讲媒体传播的本质是服务，我是赞同的。作为社会机构形式的媒体，更应该把传播的职能建立在服务基础之上。传播服务不仅包括新闻传播，同时也包括其他大量的资讯信息的传播，只要是人在沟通中需要的信息，都可以是传播的内容。世界是一个开放的世界，传播是一个开放的传播。我们应该从更大的意义上理解传播，所以跨界是实现媒体传播服务本质的功能，跨界本身就是在探索，在探索当中就是在创新，就是找到我们新的发展之路。

互联网就是在跨界中发展起来的，网络不仅进入了信息传播，还进入了消费、营销、企业、金融……向一切产业跨界。传统媒体作为一个专门的社会传播机构，为什么不跨界呢？2013年的热词有两个：一个叫作互联网思维，一个叫作大数据。互联网思维究竟是什么，或许百人就有百种说法。我认为，互联网思维的基本模式是连接和信息，是人与人的连接，人与信息的连接，人与媒体的连接，人与物的连接；连接方式的改变是信息传递方式的改变，是生产和商业方式的改变，也是传播方式的改变。伴随着互联网时代的又一特征是大数据，而大数据带给我们最重要的价值是各种相关关系。因此，互联网思维的关键是改变连接方式，建立新的相关关系。

三、转型，必须重构内容与渠道

在谈到转型时，我们必须知道受众在发生什么变化。根据CTR-CNRS的调查数据，传统媒体的接触率都在下降，而社交媒体的接触率则在上升。60%的受众认同社交媒体推送的新闻资讯是一种便捷的获取信息渠道，41%的受众认为不需要再看报纸。显而易见，传统媒体的衰退与受众的远离是直接相关的。

为什么2012年成为受众接触媒体数量下降的转折？是人们的新闻需要、信息需要减少了吗？不是，是因为人们有了一种渠道，一个介质、一个终端可以集成，这就是智能手机。2014年随着4G的开通和普及，全面进入终端和移动的时代已是事实。在这样的状况之下，我们如何去重构内容和渠道？

在互联网和移动网络的时代，要建立新的传播内容和传播渠道，应该知道人们相互分享内容及分享的内容是什么、分享的原因是什么。我们如果不知道这些，依然按照传统的思维去做内容、去做渠道，那一定是没有生命力的。我们一直认为媒体要无限地接近事物的真实真相，专业媒体、专业记者、职业媒体人与社交媒体最大的区别是我们能够站在职业人的角度去接近事实和解读事实。而在受众那里事实真的是这样重要吗？

有两位美国的研究者，研究了半年《纽约时报》刊登的7500篇经电传转发次数最多的文章。他们本以为这些文章会包含能帮助他人的事实性信息，但结果发现，人们所分享的是能够唤起情感共鸣的内容，包括惊奇的、生气的、焦虑的情绪，都能够引起人的共鸣。这就回到人的本性、人的性格、人的思想、人的价值观和人的感情的沟通交流这个最基本的问题。

所以，内容的情绪感召力是传播力的基础。重构内容一定要思考这个问题，内容调动不起来情绪感召力，那么所谓的传播力和影响力就一定会受到限制。网络媒体、社交媒体也不断地产生成功者和失败者。成功者的运作模式都是以人为核心，而不是以内容和技术为核心，所以这是一个需要把人当作人来认识的时代。为什么营销3.0时代的核心是人文主义关怀、是价值观营销，就是这个道理。传统的营销必定走向衰败，就是因为它本质上是一种打扰式的营销，只看到消费者而看不到人。

我们必须承认一个事实，传统媒体对传播的垄断已经被彻底打破，但不少传统媒体人并不愿意承认这个现实。他们认为传统媒体必须存在的原因是，公众阅读的严肃新闻大多来自传统媒体，传统媒体可以把世界以一种协调一致的方式组织起来，作为公共对话的场所，传统媒体体现了公民责任、社会公义和政治独立的价值。因此，他们认为人人都是记者是可怕的趋势，在互联网上的公民记者缺乏使命感，业余分子杀入新闻场是不无忧虑的现象。无论传统媒体处于什么样的忧虑，在这种思维下，转型必定是无望的。

麦克卢汉告诉我们，媒介最主要的方面，不是加载它的内容，而是它的传播形式。一种新媒介的出现总是意味着人的能力获得一次新的延伸，从而总会带来传播内容（信息）的变化。“没有一种媒介具有孤立的意义和存在，任何一种媒介只有在与其他媒介的相互作用中，才能实现自己的意义和存在”，任何媒介的“内容”都是另一种媒介。媒介的影响之所以非常强烈，恰恰是另一种媒介变成了它的“内容”。

现在传统媒体的本质问题不是没有新技术、新媒体，而是内容已不适应新的传播环境、商业环境和社会环境。我们知道未来的传统媒体必须坚定地拥抱互联网才能获得新生，这就要求传统媒体要重新塑造所触及的一切生活形态。传统媒体转型不是简单地把节目、内容搬到网上去，那仅仅是转场，转型必须接受另一个系统的“异体授精”才能转型为新的媒介，才能以新的形态生存和发展。

我们困惑，而困惑恰是创新之动力；我们思考，而思维是转型之源泉。没有定型的模式，只有不断地探索。探索就是发展！

2.5 2014年中国传统广告市场预测

2013年中国传统广告市场的表现已经尘埃落定：全媒体广告投放小幅恢复，同比增幅6.4%，低于GDP7.7%的增速。其中：电视媒体增长9.6%，高于整体增幅；平面媒体全面缩减，报纸和杂志同比降幅分别达8%和6.6%；电台媒体增长继续放缓，增幅为3.7%；传统户外广告同比增幅为1.3%。

那么2014年中国传统广告市场又将如何呢？电视是否能继续引领市场增长？平面是否会持续走低？电台是维持低位增长还是出现首次下滑？传统户外是进入增长渠道还是继续挣扎？

本文旨在通过系统的定量和定性分析，解答2014年中国传统广告市场趋势变化。

一、研究方法及思路

影响广告市场的因素有很多，本文从内因和外因两个维度展开分析，具体研究思路见下图。

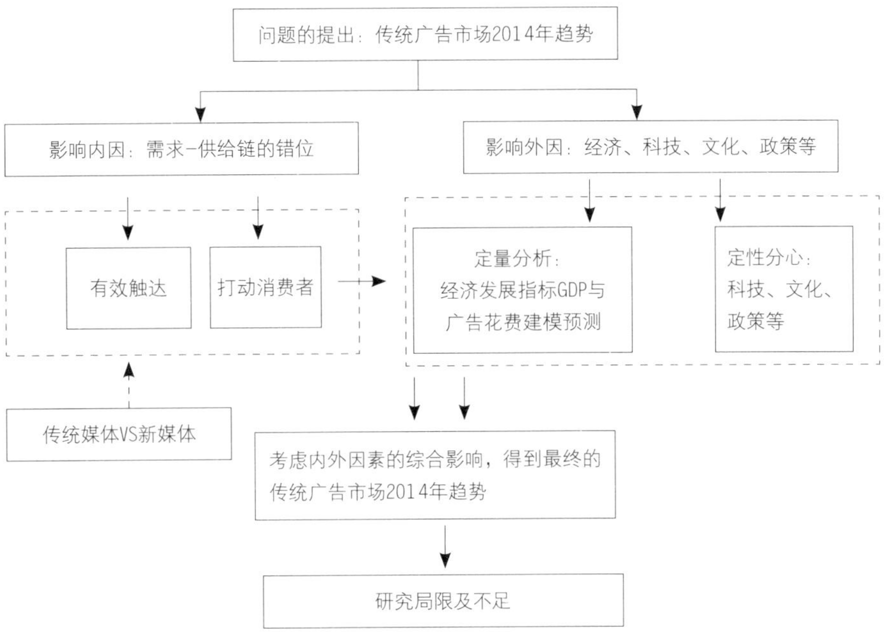

图1 本文的研究思路

内因主要考量的是随着时代变化，广告主的需求和传统媒体供给的对应关系出现了怎样的改变，及其对广告市场的影响；而外因则着重从定量和定性入手，综合考量经济、科技、文化、政策等因素对传统广告市场的影响。

二、内在因素解读

从市场的角度来说，有需求才有供给，供大于需，是买方市场。对于媒体而言，现在也进入了买方市场，媒体需要给广告主提供更好的产品、服务，才能获得更多的回报。但现状是我们看到传统媒体的需求—供给链出现错位。

（一）企业需求

简而言之，企业在媒体上花钱做广告的目的，就是：有效触达并打动消费者。

有效触达是指使企业的目标人群知晓品牌及产品。这里有两层意思：首选要有足够的触达效果即覆盖；同时保证覆盖的是企业的目标人群，而不是其他对企业来说不匹配的低价值人群。

打动消费者是指广告传达的信息或理念在消费者心中留下印象，并能进一步形成购买欲望。

随着行业竞争和生存压力的增大，企业的要求也在逐步进化。从一开始的只要求足够覆盖到需要有针对性的有效覆盖，到看重情感沟通去打动消费者，到同时希望直接形成销售，等等，对媒体的要求和期望也是水涨船高。

（二）媒体供给

1. 触达效果

传统媒体，尤其是电视媒体在触达上还存在优势，但优势也在减少。

从CNRS的数据可以看到，电视媒体日到达率总体仍维持在高位，但2013年下降趋势显著；互联网则呈现稳定的增长态势。此消彼长，电视媒体的优势会进一步降低。报纸媒体的日到达率也出现大幅下滑，报纸行业的整体压力加剧。广播和杂志的日到达率一直在低位徘徊。

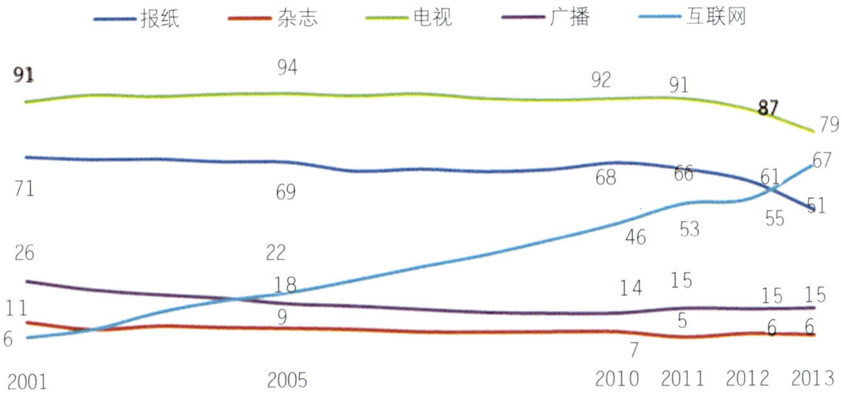

图2 2001—2013年各媒介在全国城市居民中的日到达率变化趋势（%）

数据来源：CNRS2001—2013年（36个城市）

2. 有效触达

消费者媒介接触习惯的改变，使得传统媒体能有效触达的人群越来越有局限性。以下主要以传统媒体的“老大”电视媒体做分析，我们看到年轻人在远离电视，电视媒体的优质人群在流失。

①年轻人更多地转移到社会化媒体

从电视媒体的传统优势内容之一——新闻来看，iCTR的调查显示：年轻人尤其是90后更倾向于从社会化媒体上获取新闻，而不再是电视；从总体人群来看，互联网门户网站是第二大新闻获取渠道，直接威胁到电视的霸主地位。

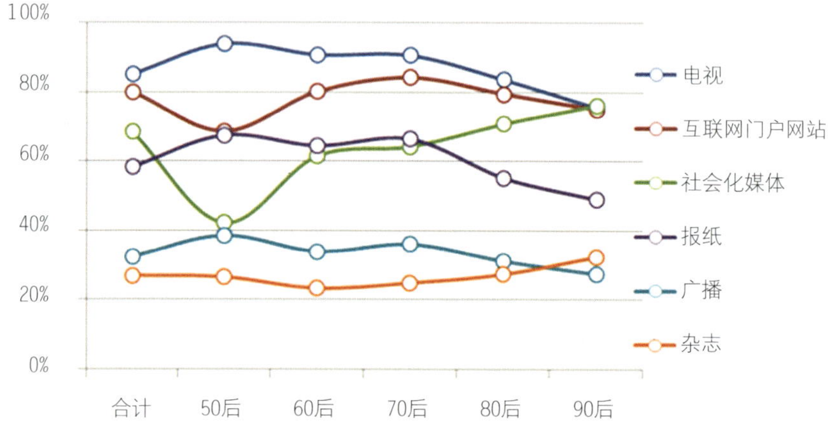

图3 各代际人群的新闻获取渠道（%）

数据来源：iCTR话题（N=3907）

②网络vs电视主力消费人群渗透率

电视媒体高价值人群的流失，也是近年来各大电视台面临的突出问题之一。综合CNNIC和CSM的数据，我们看到网络人群中高收入、高学历和中青年人群的比重都明显高于电视人群，而这些都是消费的主力人群，是广告主最看重的人群，是最有价值的人群。

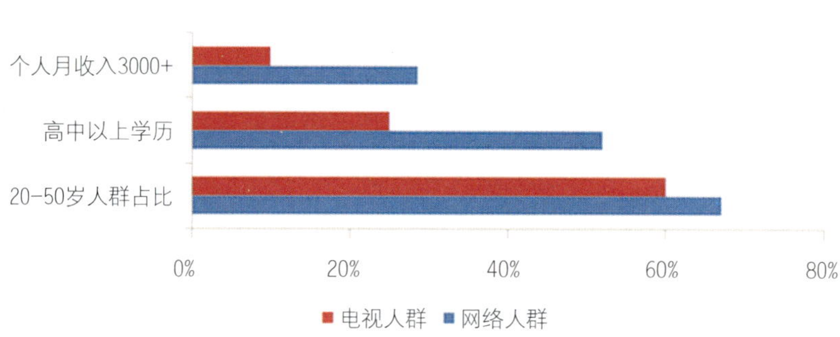

图4 网络vs电视主力消费人群渗透率

数据来源：CNNIC《第33次中国互联网络发展状况统计报告》与CSM

3. 打动消费者

①传统媒体的新尝试

电视媒体线上的广告形式仍是以硬广、软文和简单植入式广告为主，通过广告15或30秒的创意来打动消费者已经越来越难。

电视媒体正在尝试更为有效的互动方式，让观众参与进来，增强黏性，目前来看常用手段为二维码、微信等。

央视益智游戏节目《开门大吉》，1月28日当期节目，电视机前有21万名观众与参赛者同步答题，而他们都是利用手机扫描二维码来参与活动的。根据规则，只要在揭晓答案之前选出正确答案，就可以获得相应积分，并根据游戏积分，通过摇号等方式，获得相应的奖品。

上海娱乐频道的《新娱乐在线》，对于热点话题，观众可以直接微信语音发表评论，主持人在现场会随机抽取一条语音播出，实现互动。

电视二维码的出现，最大的意义在于让传统电视搭上了新媒体的顺风车，而微信等新技术也同样可以为电视所用。而这些改变与尝试，也会留住年轻人的脚步，从一定程度上抵御了电视观众群日益老化的趋势。

②社会化媒体明显更具优势

互动/体验式营销、价值营销、粉丝经济等的兴起对传统媒体的挑战日益加剧。社会化媒体在“打动消费者”和促进销售上具有先天优势，从黄太吉煎饼的例子中可见一斑。

黄太吉煎饼开始时店面很小，但每天人流如潮。黄太吉成功的法宝有几点：第一，就是传统，卖的东西以传统小吃为主，比如豆腐脑儿、四川凉面、东北卷饼等；第二，就是微博互动营销，大老板、二老板、三老板等都经常晒一些个人的生活，同时不定期组织各种有趣的活动，比如七夕的时候，如果你找你的爱人来亲一下，就给你一个豪华版煎饼等，和顾客有很好的交流与互动；第三，升级到价值营销，黄太吉最后形成一种文化，聚集了相同价值观的人群，所有的营销和行为都围绕着如何服务、强化和延续这种纽带，事无巨细，包罗万象，而不只是卖煎饼。

综上所述，从内因来看，传统媒体的供给与广告主的需求发生错位，传统媒体的触达优势在丧失，价值人群在流失，面对新媒体、社会化媒体的挑战，压力重重，但我们也看到了传统媒体的改变和新尝试。

三、GDP与广告花费回归分析

外因分析，我们先从定量分析展开，研究经济发展对广告市场的影响。通过对经济发展指标GDP与广告刊例花费建立回归模型来预测2014年传统广告市场及各媒介的增长变化。其中，GDP数据来自国家统计局的统计年鉴和统计公报，广告刊例花费来自CTR广告监测数据。

以全媒体广告刊例花费预测为例，因为GDP的影响有滞后效应，所以用上一年的GDP建模预测广告花费，下面列出的是线性回归模型和cubic非线性回归模型，综合两种结果得到2014年全媒体的广告刊例花费增幅为6.1%。

运用相同的方法得到2014年各媒介的增幅定量预测结果如下，具体过程不一一赘述。

Model Summary and Parameter Estimates

Dependent Variable：全媒体

Equation	Model Summary					Parameter Estimates			
	R S quare	F	df1	df2	Sig.	Constant	b1	b2	b2
Linear	.977	381.371	1	9	.000	70.714	.015		
Cubic	.994	390.194	3	7	.000	604.533	.003	6.17E-008	-8.2E-014

The indepentent variable is 上一年GDP

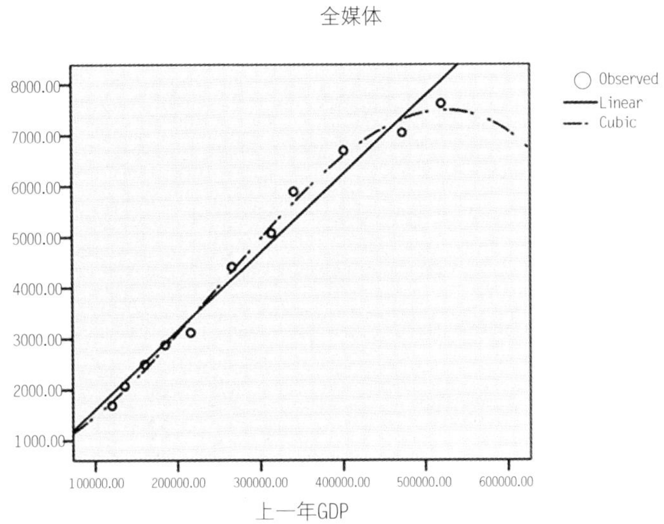

表1 传统媒体2014年广告增幅定量预测

媒　介	定量预测增幅
电视	8.9%
电台	5.8%
报纸	-7.3%
杂志	-5.1%
传统户外	1.1%
传统媒介	6.1%

四、定性分析

影响广告市场的外在因素很多，除了经济因素的影响，还有诸如科技发展、文化观念、政策法规、产业升级、消费升级等。机遇与挑战并存，对传统媒体而言挑战大于机遇。

（一）科技发展

互联网从诞生之日起就颠覆着我们的生活，就像电视改变了我们曾经“日落而息”的作息一样，互联网也改变了我们生活的方方面面。

网民和移动网民规模快速增长，将对电视形成持续性的冲击。2013年中国网民规模突破6亿，相当于电视总人口的一半左右，手机网民规模也过了5亿。

图5 中国网民规模和互联网普及率

数据来源：CNNIC《第33次中国互联网络发展状况统计报告》

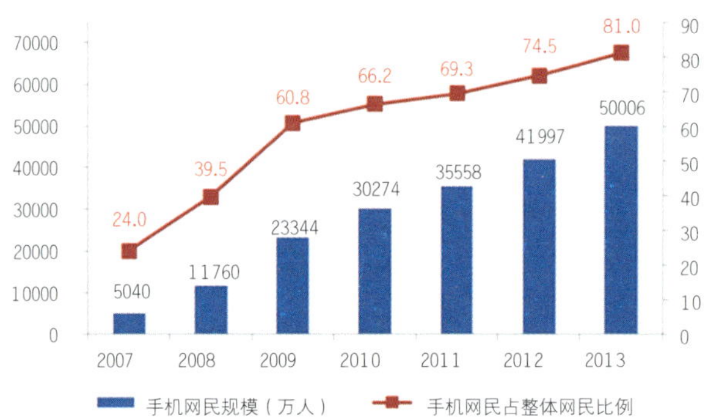

图6 中国手机网民规模及其占网民比例

数据来源：CNNIC《第33次中国互联网络发展状况统计报告》

随着智能手机的出现和4G网络的发展，移动互联网也“粉墨登场”。4G将真正实现随时、随地、高清地收看视频，使得电视基于视频的内容将受到更大冲击；但换个角度，电视作为内容，生产商也是一个机遇，把内容从电视平台扩展到电脑、手机平台。

招商证券发布的报告显示，预计2014年中国在线视频行业的增幅将高达60%，市场规模将超过200亿元；而工商局数据显示2013年电视广告收入为1100亿元。这也意味着互联网广告中单单在线视频的市场规模就接近电视的1/5。

2014年视频网站不约而同地加大内容投入，除了花大钱采购优质剧目，自制剧也成为新的增长点，进一步从内容层面对电视的传统优势发起挑战。

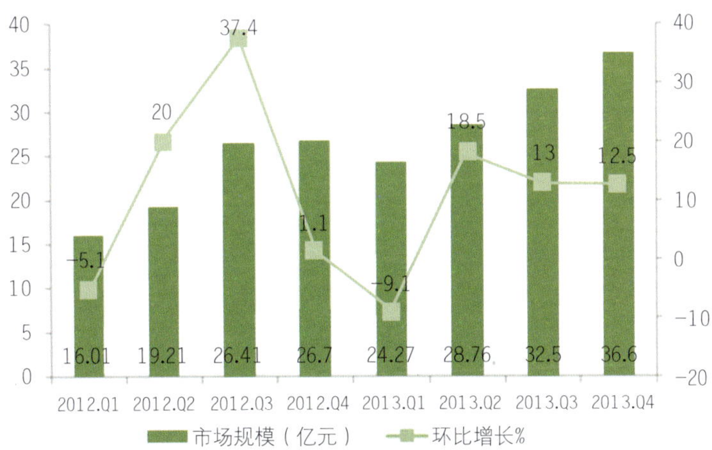

图7 中国网络视频市场广告收入规模

数据来源：易观国际

表2 2014年视频网站影视剧版权采购及自制列表

视频网站	采购剧	自制剧
优酷土豆	《十月围城》《小时代》《神探夏洛克》《唐顿庄园》等	—
爱奇艺PPS	《爱情公寓4》《老有所依》《爱闪亮》《虎刺红》《云中歌》《爱情回来了》《北平无战事》等	《见鬼》《人生需要拆穿》《撞业奇遇记》等
搜狐视频	《步步惊情》《生活大爆炸》等	《匆匆那年》《乐俊凯》《钱多多炼爱记》《极品女士》《三国热》《屌丝男士》等
乐视网	《新编辑部的故事》《天龙八部》《我爱男闺蜜》《吸血鬼日记》《疯人疯语》《机器之心》《罪恶黑名单》等	《屌丝日记》《蕾女心经》《光环之后》等
腾讯视频	《离婚律师》《神雕侠侣》等	《微时代》《怪咖啡》《HOLD住爱》《探灵档案》《暗黑者》等
PPTV	—	《女神办公室》等

（二）文化观念

不同时代的人都有着鲜明的时代烙印，而现在社会70后、80后、90后的碰撞正在加剧。从企业营销决策到方案执行再到消费者反馈，每个环节的主力人群都有着不同的代群特征。企业的高层管理者（决策者）一般是70后，中层管理者（执行者）一般是80后，而消费市场的新生主力更多是90后。70后决策的营销方案要让90后买单，中间有很多挑战和需要磨合的地方。

这种冲突在未来会越来越明显，当企业花费巨资的营销活动换不来销售额的有效提高时，企业就会反思：为什么达不到预期目标？媒介策略是不是要调整？企业的目标人群在接触什么媒体？广告还能覆盖到他们吗？是不是需要其他营销方式呢？而这些也是传统媒体需要共同面临的问题，因为媒体的客户就是企业。当企业达不到营销目标时，对媒体的选择就会发生质疑和改变。

对传统媒体而言更大的危机是，作为消费市场的生力军90后正在逐渐远离传统媒体，广告主是跟随消费者流动的，失去消费者就意味着失去广告主。当传统媒体还在纠结于如何电视排期时，90后的马佳佳已经在创造新的神话了。

传统媒体的出路还是要充分发掘自己的优势，开发新的高品质节目，聚拢高价值人群。《爸爸去哪儿》的成功有很多启示：技术、团队、人才、资金的重要性，节目理念的重要性，节目营销的重要性，从电视节目到大电影，从拍摄地到爸爸、孩子的声名鹊起，形成了完整的产业链，使很多不看电视的人回归电视，拉动了众多环节的效益。企业也愿意买单，第二季节目的冠名费就高达3.1亿元。

（三）政策法规

细数国家广电总局近年颁布的各种政策（61号令、限娱、电视剧中限插令等），每条政策的颁布都对传媒业和广告业产生了直接或间接的影响。

表3 近年来广电总局主要政策汇总

颁发时间	关键词	主要内容
2009年8月	61号令	出台《广播电视广告播出管理办法》（简称61号令），对电视广告播出的时长和广告播出的类型做出明确规定。
2010年6月	规范情感类节目	整治婚恋交友类、情感故事类电视节目，对相亲类节目泛滥、造假、低俗等倾向着手整饬。
2011年10月	限娱令	婚恋、涉案等7类节目被限；卫视晚7:30—10:00黄金档每周娱乐节目不超过两档；全国省级卫视一年选秀类节目不超过10档，类型不得重复；省级卫视须设一档道德节目，倡和谐主旋律。央视不在此次规范管辖之列。
2011年10月	限插令	全国各电视台播出电视剧时，每集电视剧中间不得再以任何形式插播广告。
2012年8月	六不禁令	电视剧创作提出六不禁令：1.革命历史题材要敌我分明；2.不能无限制放大家庭矛盾；3.古装历史剧不能捏造戏说；4.商战剧需要注意价值导向；5.翻拍克隆境外剧不能播出；6.不提倡网络小说改编，网游不能改拍。
2013年10月	加强版限娱令	每家卫视每年新引进版权模式节目不得超过一个，卫视歌唱类节目黄金档最多保留4档。

同时可以预见在中国经济调整期，新的领导班子必将进行一系列深化改革，尤其是文化建设等方面的改革，对整个行业的影响也是必然的。

而受影响最大的就是电视媒体，上面提到的限令绝大多数都是针对电视媒体的。因为资本趋利的市场规律，当一类节目成功时，资本就会聚集到该类节目，形成模仿扎堆，这时国家往往就会推出一些行政措施加以规范引导，这种博弈对电视行业的健康发展是很有必要的，但也在客观上造成了政策对电视媒体的各种紧箍咒。

（四）产业升级

CTR MI的广告监测数据显示，2013年中国传统广告市场的行业表现出了两种不同的趋势：大众消费品行业（化妆品/浴室用品、饮料、食品等）对传统媒体的依赖加剧，而受众细分行业（金融业、邮电通信、电脑及办公自动化等）离传统媒体渐远。

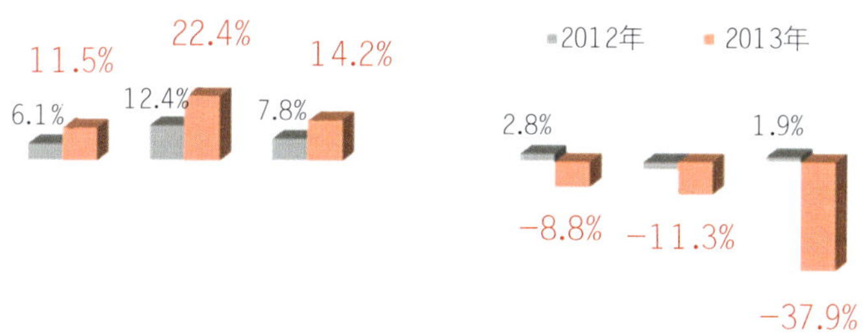

图8 2013年传统媒体广告刊例花费增幅

数据来源：CTR MI媒介智讯

而随着中国经济增长方式的调整，产业升级不可避免，细分行业会越来越多，所占市场比重也会越来越大。只依赖大众消费品的投放对传统媒体来说，路只会越走越窄。

（五）消费升级

随着经济水平的快速提高，人们的需求层次也发生了转变，但是过快的发展伴随着需求层次被跨越，渴望高层次的心态急剧膨胀；消费阶层之间的通路狭窄，人们在挑战和冲破层次转换。

消费者的需求升级，从物质需求跨越到价值需求，对媒体、企业都提出了更高的要求。目前为止，价值营销的成功案例集中在新媒体，传统媒体缺乏对策。

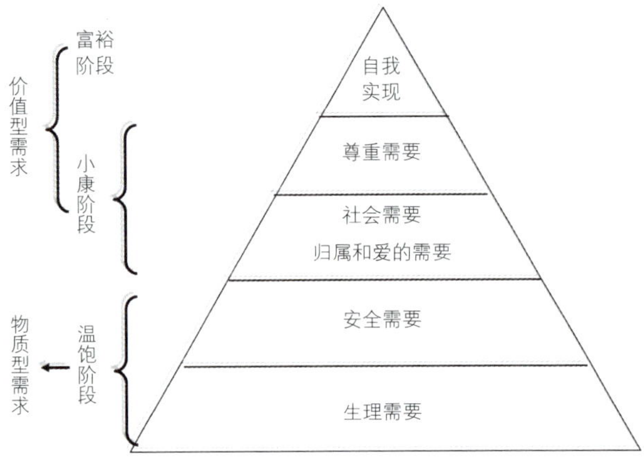

图9 马斯洛需求层次理论

五、传统广告市场2014年趋势预测

综上所述，我们讨论了影响传统广告市场的内外因素，并从定量和定性两个方面进行了分析，同时结合笔者多年的从业经验，把修正后的结果汇总如下，表中的“+”“–”分别表示正向或负向影响。

表4 传统媒体2014年广告增幅最终预测

媒　介	定量预测增幅	科技发展	文化观念	政策法规	产业与消费升级	修正后增幅
电视	8.9%	++ ––	+ –	+ –––	+ –––	7%
电台	5.8%	+ ––	+ –	+ ––	+ –––	4%

续表

报纸	−7.3%	+ −−−	+ −	+ −−	+ −−−	−9%
杂志	−5.1%	+ −−−	+ −	+ −−	+ −−−	−7%
传统户外	1.1%	++ −	+ −	+ −−−	+ −−−	0%
传统媒介	6.1%	——	——	——	——	5%

六、研究局限及不足

由于笔者学识水平和时间精力的局限，本次研究中还有诸多不足之处有待于进一步完善，主要有以下几个方面。

1. 由于考虑到可行性原因，内外因、定性分析的影响效果相对简化，一定程度上对最终结果有影响，需要后期进一步完善。

2. 由于篇幅原因，本文只限定在传统媒体的分析上，新媒体只是作为影响因素做了侧面阐述，新媒体的发展也是后续研究的一个重要方向。

3. 广告市场还有很多其他偶发性因素的影响，不能一一穷尽，本文更多是抛砖引玉，给大家提供一些对传统媒体广告市场的思考、对各媒介的增幅预测，仅供参考。

第三章 Chapter

中国网民在线行为趋势

03

3.1 中国网民行为趋势之——“移民”潮

随着中国智能手机的普及以及移动互联网的发展，手机已经成为人们生活中非常重要的一部分，成为承载人们娱乐、消费、商务、办公等活动的产品。在移动互联网的大潮下，每个人都成了移动互联网时代的新“移民”。同时，移动视频、移动购物、移动金融等多个领域也在快速成长。基于此，本编将对中国移动互联网行业的发展进行分析和总结。

一、手机定义被颠覆

在现阶段，手机已经不仅仅具备传统的通信功能，而且还具备了娱乐、消费、商务、办公等功能。根据iCTR在线调研数据显示，87%的被访网民依然认为手机是通信工具，这是手机具有的基本功能；除此之外，50%的被访网民认为手机已经替代了传统的照相机；其次，认为手机是新闻媒介，手机已经成为网民了解新闻资讯的主要渠道之一；44%的被访网民认为手机是社交媒体。另外，手机的音乐、游戏、交通导航、办公等功能也被广泛使用。

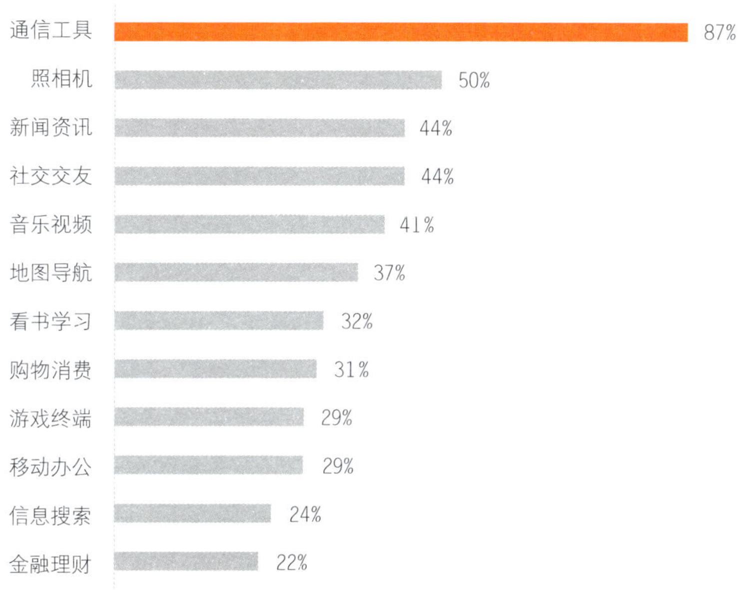

图1 2014年被访网民的手机功能使用情况

数据来源：iCTR在线话题调研，2014.2（N=5991）

手机构成了一个移动网民的基本生存基因，这个基因就像水一样，是移动网民生存发展的基础。所以，在本文中，我们将按照水的分子式“H_2O”的结构，从移动行业本身（Habit，移动已经成为一种习惯）、移动视频（Hot，移动屏成为最火热的一块屏）、移动电商（Opportunity，移动电商是移动互联网一个很重要的机会）的角度来解读中国移动互联网的发展。

二、HABIT——移动创新生活和营销

（一）4G时代，移动生活更有乐趣

现阶段，移动已经成为用户的一种习惯，特别是随着4G时代的到来，日益丰富的媒体形式分割了用户的媒体接触时间。根据iCTR的在线调研显示：早上起床后，被访网民首先打开手机查看微信和新闻资讯；上下班的路上主要是看新闻、视频以及玩小游戏等；上班时间主要是社交和购物；晚饭后的休闲时间依然是社交和购物；睡前看看视频、玩玩微信。从中可以看到，有5个碎片时间段指向社交媒体，有4个碎片时间段指向移动视频，有3个碎片时间段指向移动购物。所以说在移动互联网的世界，社交、视频和购物大量地占据了用户的时间，成了用户移动生活的习惯。

图2 手机功能使用的时间碎片

数据来源：iCTR在线话题调研，2014.2（N=6709）；iCTR@四视同堂调研，2014.1（N=5000）

（二）移动营销形成闭环

在移动互联网各领域快速发展的趋势下，各家企业纷纷布局移动端业务，抢夺入口并且寻求流量变现的途径。

抢占移动互联网入口。近段时间，移动领域发生了大量资本并购和资本运作的事件，主要是由以BAT（百度、阿里、腾讯）为首的三大互联网企业所引领，如百度19亿美元收购91无线、阿里巴巴16亿美元全资收购高德地图、腾讯4亿美元入股大众点评。iCTR认为，BAT期望通过资源的整合，抢占移动互联网入口，培养用户使用习惯，进而将其在互联网领域的领先地位迁移到移动互联网领域。

在目前激烈的入口争夺战中，我们可以看到，BAT三家都有自己的格局和分布，其中以百度地图和高德地图为代表的地图生活服务类应用，以及以新浪微博为代表的大众传播类应用，还有微信朋友圈类的社交应用，都将有可能成为移动互联网上的超级入口。

将用户转化为客户。抢占入口并且夺取了用户规模后，接下来就需要通过服务和消费，将用户转变成客户，进行流量变现。而在出口大战中，BAT三家也都有自己的布局。首先，移动电商是最重要的一个出口；其次，是以大众点评和去哪儿为代表的生活服务类及旅游消费类服务产品；再次，是目前市场上竞争激烈的打车等服务。

而在这个转化过程中，移动支付是非常重要的一个环节，只有实现支付才能让消费形成一个闭环。在支付完成后的一个环节是分享，通过社交媒体，用户可以将体验分享给朋友，形成口碑，进而形成新的入口。我们可以看到，从入口到消费，再到支付，最后到分享的移动营销的闭环已经形成。

以打车软件为例，在入口方面，可直接下载打车软件，也可通过地图类应用叫车，或者通过微信的打车入口叫车；叫车后，通过地图，司机和乘客都可以实时查看对方的位置，给司机和乘客都提供方便；到达目的地后，乘客可以直接通过手机进行支付，支付的过程不用涉及现金和银行卡；成功完成支付后，乘客可通过社交媒体将此次体验分享给朋友，而这又成了打车服务的一个入口。由此可见，入口、消费、支付和分享已经成为一个完整体系。

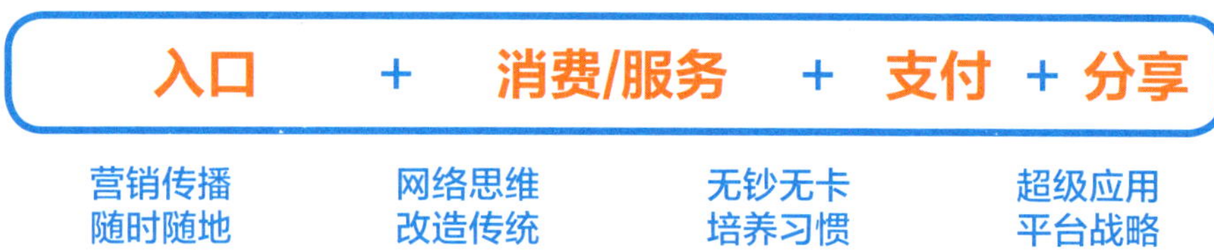

图3 移动营销的闭环

总之，我们可以看到，移动互联网时代，用户的生活方式和营销方式都在发生着很大的变化。4G时代的到来，使得移动生活更有乐趣。而在营销方面，移动社交发挥着重要作用，移动互联网对传统行业的变革还将继续。

三、HOT——多屏抢占入口，移动视频年火热开启

如今都市人的眼球正被各种屏幕所吸引：随处可见的“低头族”，户外大屏、公交地铁电视、电梯电视，办公室和家庭电脑，客厅、卧室中的电视机，沙发、床头的平板……适应不同场景下的需求，人们拥有的屏幕数量也越来越多。而手机移动屏，由于其具有24小时随身性，成为2014年最火热的一块屏。

（一）多屏抢占入口，七成以上网民至少使用两屏看节目

根据iCTR跨屏研究四视同堂数据（四视指：电视视频、PC视频、手机视

频、平板电脑视频），在全体网民中会使用两块及以上屏幕观看电视或视频节目的占比达到72%（四视同堂中的四块主流屏幕指电视、电脑、手机和平板）。其中经济基础好的“爸爸妈妈”一代，多屏观影率最高，达到78%；年龄稍长，对新生事物敏感度较低的“爷爷奶奶”网民最低，但也达到67%；而对新生事物反应最敏感，但经济相对拮据的“年青一代”网民则居中，多屏拥有率为71%。

从数据中可以看到“爸爸妈妈”和“年青一代”的多屏使用比例呈现明显的上升趋势，屏幕越多，所占比例越大，其中1/3的“爸爸妈妈”使用过四块屏幕观影。而在占全体网民70%的视频网民中，多屏观影的比例更高。根据iCTR跨屏研究四视同堂的连续性数据，2013年7月，使用三块以上屏幕观影的视频用户比例是66%；到2014年1月，该数据增长到69%，多屏、跨屏观影已经成为网民日常生活的习惯。

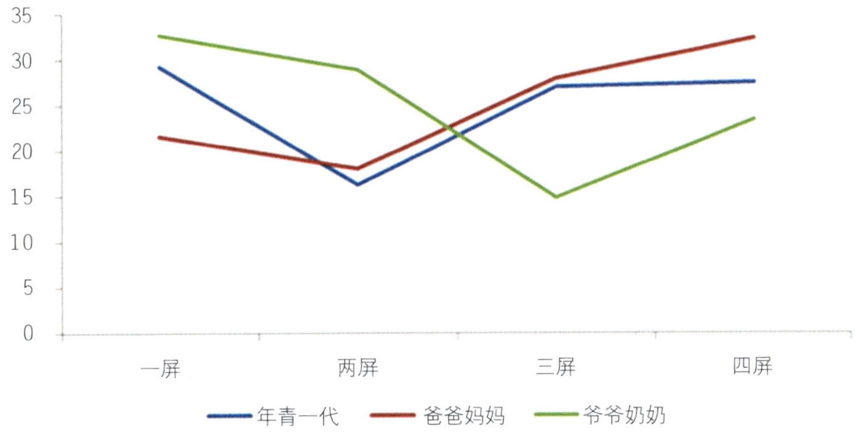

图4 四视同堂——不同代际多屏观影情况（%）

数据来源：iCTR@四视同堂，2014.1（N=5000）

注：爷爷奶奶，50岁以上；爸爸妈妈，35～49岁；年青一代，15～34岁（下同）

（二）移动屏幕在各代际渗透率高，年青一代更偏好移动屏幕

虽然移动屏幕相对传统电视和电脑，仍算是新兴屏幕，但iCTR四视同堂数据显示，无论在哪个代际网民中，移动屏幕均获得了较高的使用率。“爷爷奶奶”这个群体虽然上网率相对其他群体低，但对于已经是网民的“爷爷奶奶”来说，他们的多屏生活丝毫不逊色于年轻群体。根据iCTR四视同堂调研数据，“爷爷奶奶”网民中，大屏仍然是他们的最爱，在观影屏幕选择上，90%仍然使用电视，64%也使用过电脑，而移动观影使用率也不低，手机端达到43%，平板为39%。

“爸爸妈妈”这个群体承上启下，既保有对大屏的使用习惯，又愿意尝试新兴的移动屏幕，大屏中的电视和电脑使用率均高于“爷爷奶奶”，相对来说，对于网络屏幕中的电脑、手机和平板使用率也要显著高于“爷爷奶奶”网民群体；但“年青一代”则表现出对网络屏幕的显著偏好，相对年长的两个群体，他们对传统屏幕——电视的使用率是最低的，而对三块网络屏幕的使用率均显著高企，特别是移动屏幕——手机和平板的使用率达到59%和43%。

图5 不同代际屏幕使用情况

数据来源：iCTR@四视同堂，2014.1（N=5000）

不同代际对屏幕的偏好不仅仅体现在屏幕的使用率上，更体现在时间的分配上。相对来说，“年青一代”花费在移动屏幕上的时间，无论在工作日还是休息日都要高于其他群体，特别是在休息日；而“爸爸妈妈”群体，由于家庭和工作的压力，无论是工作日还是节假日，用来观影的时长相对其他群体都是最短的，同时，他们也相对倾向于使用大屏，通过移动屏幕观影的时长相对较短，但也超过一个小时；“爷爷奶奶”群体大多处于退休阶段，虽然他们中有相当一部分有看护“孙辈”的重大责任，但整体来说空闲时间较多，因此，他们是三个代际中，无论工作日还是休息日花费在观影上时间最长的群体。爷爷奶奶更愿意看大屏，大屏的平均时长显著高于两块移动小屏。

表1 四视同堂——不同代际多屏观影时间分布（单位：小时）

		平均	电视	电脑	手机	平板
工作日	年青一代	1.5	1.3	1.8	1.4	1.2
	爸爸妈妈	1.4	1.5	1.8	1.0	1.2
	爷爷奶奶	1.7	1.9	1.9	1.3	1.4
		平均	电视	电脑	手机	平板
周末节假日	年青一代	2.2	2.1	2.7	1.8	1.9
	爸爸妈妈	2.0	2.1	2.4	1.3	1.6
	爷爷奶奶	2.3	2.6	2.6	1.5	1.7

数据来源：iCTR@四视同堂，2014.1（N=5000）

综上所述，现代家庭生活中，拥有多屏、跨屏观影渐成主流，但不同代际仍然有相对偏爱的屏幕。在这当中，移动观影，特别是手机看视频，在各个代际中都较为常见。随着智能大屏手机在全国范围的普及，移动网络，特别是4G的快速发展，移动观影在全国网民中的使用率及使用时长都将获得快速的增长，手机视频火热年马上来到。

四、OPPORTUNITY——移动电商天堑变通途

随着中国智能手机的普及以及移动互联网的发展，中国移动电商行业快速成长起来，用户的移动购物习惯在逐步养成，移动金融也在快速崛起。移动电商是培养用户移动消费习惯，并且实现流量变现的重要发展机会。

（一）移动购物消费渐成气候

根据iCTR的在线调研数据显示，在过去的半年里，有59%的被访网民用过手机购物，20%的被访网民用过平板电脑购物。可见，已经有至少六成的被访网民有过移动购物的经历，中国网民的移动购物习惯已逐步养成。

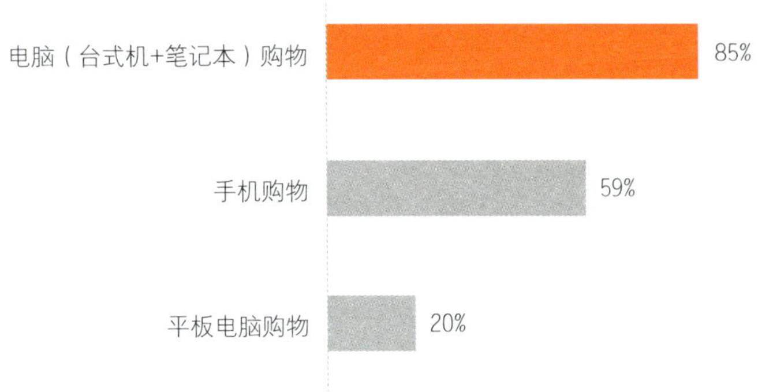

图6 2014年2月被访网民购物终端选择情况

数据来源：iCTR在线话题调研，2014.2（N=8206）

而移动购物的兴起，势必会对PC端（台式机+笔记本）的购物造成影响。根据iCTR在线调研数据显示，7%的被访网民表示，他们已经有超过80%的商品从PC端转移到移动端购买，可见这部分用户已经成为移动购物的重度用户；而有15%的被访网民表示，他们有50%左右的商品已经从PC端转移到移动

端购买；另外，有35%的被访网民表示，他们有30%左右的商品购买行为开始向移动端转移。

由此可见，已经有接近一半的用户，其购买行为已经从PC端向移动端转移。iCTR认为，随着4G时代的到来以及移动购物用户体验的不断改善，移动端购物对PC端购物，乃至传统的购物行为都会造成很大的影响，这种影响不仅表现在对PC端、传统购物市场的抢夺，还有可能会对两个市场的发展起到拉动作用，带来新的客户和市场空间。所以，在此趋势下，电商企业以及传统企业都需要抓住此时机，布局移动端业务，不断优化移动端购物体验，这样才能在未来的发展中占得一席之地。

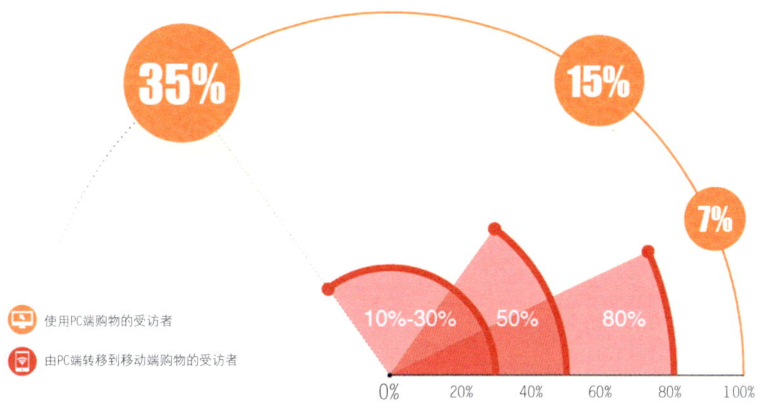

图7 2014年2月被访网民移动购物情况

数据来源：iCTR在线话题调研，2014.2（N=8206）

（二）移动购物入口多样化

现阶段，移动购物对PC端购物产生了一定的影响，而移动购物的入口也在悄然发生变化。除了传统的站内搜索、通用搜索（如百度等）等方式外，二维码、移动社交产品也成了用户选择移动购物入口的方式。

根据iCTR的在线调研数据显示，目前移动购物入口主要分为三大类：第一类，与PC端的网络购物类似，一方面搜索（包括站内搜索和通用搜索）依然是用户移动购物时查找商品的主要方式，另一方面首页推荐及分类浏览、折扣类及返利类网站查找也是用户常使用的方式。第二类，二维码作为连通移动购物线上线下的重要应用，目前仅占到被访网民的13.2%。iCTR分析认为，二维码的安全性依然是用户使用时考虑的核心因素，如果未来针对二维码的监管力度加大，降低其使用的安全隐患，二维码在移动购物的发展中还将起到更重要的作用。第三类，移动社交。在移动社交产品中，根据iCTR的在线调研数据显示，“分享购物类”产品成为用户选择比例最高的项目，而在此阶段，微信、微博作为移动购物入口的作用还不太明显。

iCTR认为，虽然目前移动社交在移动购物入口方面还没有表现出太大的优势，但是，在以微信为首的移动社交产品已经成为移动互联网重要入口的前提下，移动社交在移动购物的转化率方面还有很大的提升空间。以微信“企业

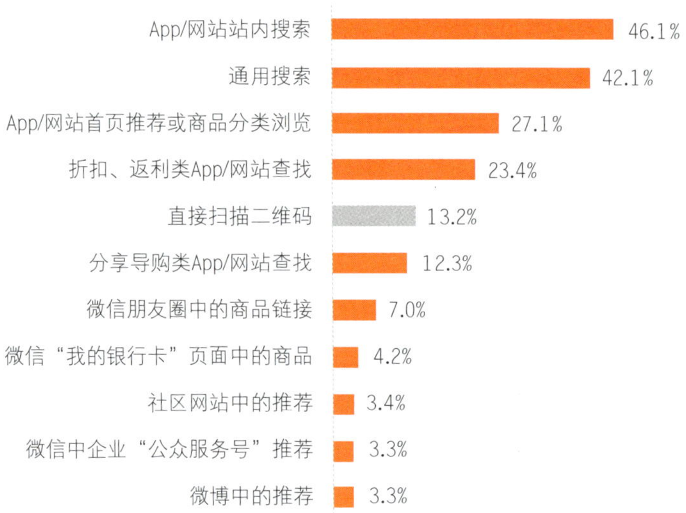

图8 2014年2月被访网民移动购物入口情况

数据来源：iCTR在线话题调研，2014.2（N=8882）

公众服务号”为例，在微信对认证的企业开放了微信支付后，“企业公众服务号”将成为传统企业进行微信营销的很好的形式，接通微信支付后，可以更好地将营销转变成实实在在的销售额。虽然目前用户的使用程度还较低，但是未来此部分业务还有很大的发展空间。

（三）移动金融风生水起

在移动电商领域，除了移动购物外，移动金融也在快速成长。2013年6月13日，在支付宝推出余额宝后，余额宝的用户规模及基金规模，都实现了快速的突破。根据@SmartClick监测数据显示，余额宝推出后，支付宝的页面流量有了显著提升。而根据iCTR的在线调研数据显示，40%的用户曾经在移动端购买过金融产品，41%的用户主要是通过移动端来查看收益。iCTR分析认为，未来在国家政策利好的情况下，互联网金融以及移动金融还将继续保持蓬勃发展的态势。

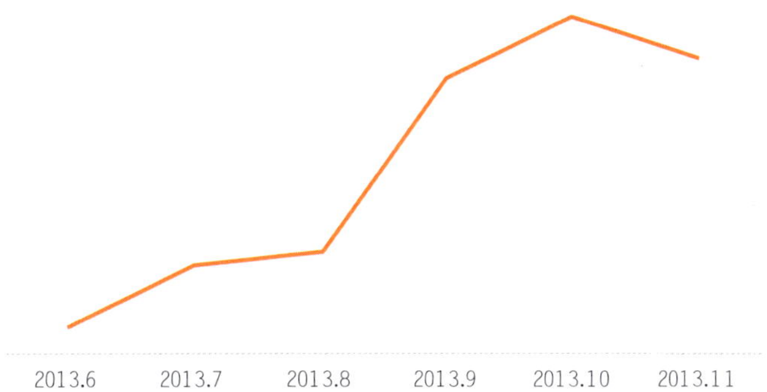

图9 2013.6—2013.11支付宝用户访问次数变化趋势

数据来源：CTR @SC,2013.11,基于对10万名样本网络行为的长期监测数据所得总之，移动电商正在快速成长，但同时我们也需要清醒地认识到，与PC端购物以及传统市场相比，移动电商的发展依然处在起步阶段，还远没有到达爆发的阶段。所以，这就要求移动电商的从业者，依然需要戒骄戒躁，抓住行业发展大势，探索出真正适合自己的发展模式，从而进一步推动行业的发展。

五、移动改变命运

在人类历史上，曾经爆发过三次移动革命，从而改变了历史。第一次是发生在200万年前的人类大迁徙，人类从非洲走向全球各地，这是一场生存革命；第二次是200年前的工业革命，人们发明了蒸汽机，让人类可以在物理空间上走得更远、不受限制；第三次是30年前发明的手机，手机的发明带来了人机交互革命，推动了人类历史向前发展。

马歇尔·麦克卢汉在50年前就指出："媒介是人的延伸。"他还指出，"一切媒介都要重新塑造它们所触及的一切生活形态。"在今天，手机已经不仅仅是一部机器，已经成为人们生活中非常重要的一部分，成为人体和器官的延伸。互联网时代是"鼠标+水泥"的时代，而接下来的时代将是"食指+水泥"的时代，移动互联网成为孕育"黑天鹅"的沃土。所以，企业需要顺应移动互联网时代的发展趋势，在新的移动互联网领域，积极尝试，占领先机，抓住更多改造传统产业的机会。

3.2 中国网民跨屏收视行为研究

多屏已经成为当今时代收视的基本特征，屏幕最明显的特点就是多元化。电视、电脑、手机、平板且不论，车载电视、智能播放器等也都具有播放电视视频节目的功能；屏幕也在变得越来越多能，电视连接智能盒子可以直接看视频，互联网电视自身也可化身为智能屏幕——购物、游戏、上网冲浪；网络化也是屏幕的趋向之一，电脑、手机等都可以通过各种应用来直接观看电视直播；各种屏幕之间可以自由互动，受众在多块屏幕之间根据场景来回切换，流量在各智能终端上顺畅流转。

一、网民屏幕使用现状

（一）网民使用各屏观影情况

无论是非网民还是网民，收看电视或视频节目都早已成为日常娱乐生活中最重要的活动之一。其中，屏幕可谓“担当重任”，屏幕的每一个小小的发展变化，都会对用户的收看体验造成一定的影响。

iCTR通过观察连续型跨屏收视研究产品@四视同堂数据发现，拥有多屏的网民数量正在增加，且不同年龄段用户对于各种智能终端的使用差异也非常显著。

1. 视频网民渗透率随着年龄增长逐渐下降

在不同年龄段的城市网民中，对网络视频及电视的使用率差异较大。总体而言，随着年龄段的增长，网民对视频的使用率呈现递减态势，对电视的使用率则呈现相反趋势，总体递增，高峰后略有小幅递减。

电视的使用率一路大幅递增，在40～49岁的群体出现高峰，此后有小幅度下降。15～19岁的青年网民是网络视频使用率最高的群体，高达91%的此年龄段网民会看网络视频；而网络视频的主力群体则处于20～39岁，这个群体的规模达到2.98亿，占总体网络视频用户的63.7%。同时需要注意的是，这个群体也是网民中看电视的主要群体，虽然使用率相对其他年龄段低，但由于人群规模大，总体的电视人群规模也达到2.86亿，占总体网民中看电视群体的68.0%。其中，20～29岁的群体规模要大于30～39岁的群体。60岁及以上的群体，视频使用率最低，但也达到了68%，电视使用率与20～59岁的用户并没有太大差别，但是由于群体规模最小，实际收看用户数也最少。

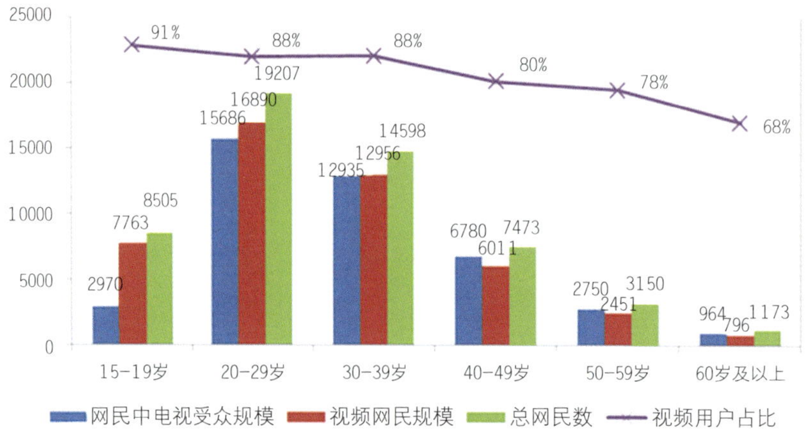

图1 城市网民中不同屏幕受众规模分布（万人）

数据来源：iCTR@四视同堂，2014.1（N=5000）

注：数据参考CNNIC第33次互联网报告，参考第六次全国人口普查，根据四视同堂调研推及得出。此处视频网民包括所有用上网设备看视频的用户，如电脑、手机和平板等。

2. 网络各屏用户规模及特征

根据数据显示，大、中、小、微四块主流的观影屏幕在不同年龄段使用率差异较大。总体而言，40岁是个分界点，40岁以上的网民对电视屏幕的使用率较高，而40岁以下的年轻网民则更为倾向相对自由的三块网络视频屏幕。年纪大的群体更倾向于大屏，而年纪小的群体则更倾向于小微屏，便携、随时随地、易用、视力等因素共同造成了这一观影偏好。

三块网络视频屏幕中，PC屏幕仍然是各个年龄段网民使用率最高的屏幕，其中20～29岁的网民是规模最大群体；而手机屏幕也更为吸引20～29岁的网民群体。iCTR研究认为，20～29岁的群体中，以高校在校学生和职场新人为主，受居住环境、经济条件限制，四块屏幕中，他们对手机的拥有率相应更高；同时，年轻群体容易接受新生事物，有绝对的观影要求，但对观影体验要求相对更低，使得他们更容易成为手机视频的忠实使用者。由于不同年龄段的用户群对手机功能要求的差异较大，有很多60岁及以上的老年人用的都是没有手机视频功能的老年机，所以60岁及以上群体手机观影的使用率最低。

从数据可见，平板电脑相对更吸引30～39岁群体的网民，这一群体是平板视频使用率最高的群体。iCTR研究认为，这个群体工作稳定，无论个人还是家庭收入都更高，更为倾向使用相对高端的平板电脑用于观看视频、娱乐放松。

不同屏幕在不同年龄段网民中的日均到达率有显著差异。其中PC屏幕是在各个年龄段中使用较为均衡的主要屏幕，在20～29岁的群体到达率最高，在50～59岁的群体到达率最低，但二者相差不到20%。从数据可见，PC屏幕在各年龄段的日均到达率曲线波动较小，基本在50%以上、70%以下；而电视屏幕除了在15～19岁的群体中日均到达率较低外，在20岁以上的主流消费群体中的日均到达率一直稳定上升，特别是在40岁以上的成熟群体，电视屏幕是日均到达率第一屏幕，50岁以上老年人是看电视最多的群体。

而智能手机和平板电脑这两块智能屏幕则相对聚焦在20～39岁的年轻群体，智能手机日均到达率最高的是20～29岁的群体，之后一路呈下降趋势，平板电脑日均到达率最高的是30～39岁的群体，前后略有波动，总体平稳在15%左右。移动小屏幕在各个年龄段网民中的日均到达率相对还处于低位，最高峰值也仅40%。但从图中曲线可见，移动小屏更聚焦在20～39岁的年轻网民中，特别是智能手机屏幕。

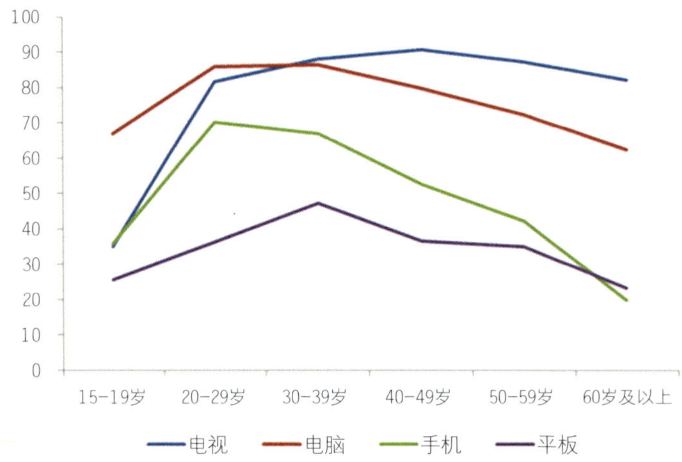

图2 各年龄段网民不同观影屏幕日均到达率分布（%）

数据来源：iCTR@四视同堂，2014.1（N=5000）

综上所述，不同年龄段的网民在对日常使用终端的选择上已经出现较为明显的差异，但总体来看，电视、PC等大屏幕还是最主要的观看影视节目平台；新兴的小微移动观影屏幕相对更为吸引年轻的消费受众，特别是智能手机，在20～39岁受众中形成一个明显的使用高峰。因此，iCTR研究认为，现阶段针对不同屏幕对不同群体吸引力的差异，广告主在投放广告时，可针对目标受众和营销目的选择匹配的屏幕进行投放。

（二）用户跨屏观影现状

如今都市人的眼球正被各种屏幕所吸引：随处可见的“低头族”，户外大屏、公交地铁电视、电梯电视，办公室和家庭电脑，客厅、卧室中的电视机，沙发、床头的平板……适应不同场景下的需求，人们拥有的屏幕数量也越来越多。而手机移动屏，由于其具有24小时随身性，成为2014年最火热的一块屏。

1. 多屏抢占入口，七成以上网民至少使用两屏看节目

根据iCTR跨屏研究四视同堂数据，在全体网民中会使用两块及以上屏幕观看电视或视频节目的占比达到72%（四视同堂中的四块主流屏幕指电视、电脑、手机和平板）。其中经济基础好的“爸爸妈妈”一代，多屏观影率最高，达到78%；年龄稍长，对新生事物敏感度较低的“爷爷奶奶”网民最低，但也达到67%；而对新生事物反应最敏感，但经济相对拮据的“年青一代”网民则居中，多屏拥有率为71%。

从图3数据中，可以看到“爸爸妈妈”和“年青一代”的多屏使用比例呈现明显的上升趋势，屏幕越多，所占比例越大，其中1/3的“爸爸妈妈”使用过四块屏幕观影。而在占全体网民70%的视频网民中，多屏观影的比例更高。根据iCTR跨屏研究四视同堂的连续性数据，2013年7月，使用三块以上屏幕观影的视频用户比例是66%；到2014年1月，该数据增长到69%，多屏、跨屏观影已经成为网民日常生活的习惯。

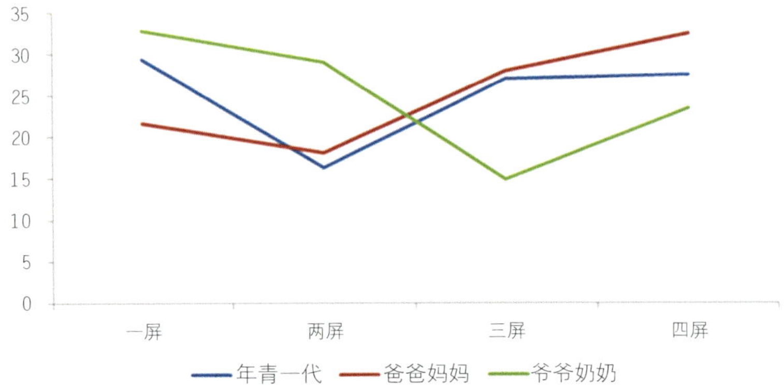

图3 四视同堂——不同代际多屏观影情况（%）

数据来源：iCTR@四视同堂，2014.1（N=5000）

注：爷爷奶奶，50岁以上；爸爸妈妈，35~49岁；年青一代，15~34岁（下同）

2. 移动屏幕在各代际渗透率高，年青一代更偏好移动屏幕

虽然移动屏幕相对传统电视和电脑，仍算是新兴屏幕，但无论在哪个代际网民中，移动屏幕均获得了较高的使用率。“爷爷奶奶”这个群体虽然上网率相对其他群体低，但对于已经是网民的“爷爷奶奶”来说，他们的多屏生活丝毫不逊色于年轻群体。“爷爷奶奶”网民中，大屏仍然是他们的最爱，在观影屏幕选择上，90%仍然使用电视，64%也使用过电脑，而移动观影使用率也不低，手机端达到43%，平板为39%。

“爸爸妈妈”这个群体承上启下，既保有对大屏的使用习惯，又愿意尝试新兴的移动屏幕，大屏中的电视和电脑使用率均高于“爷爷奶奶”，相对来说，对于网络屏幕中的电脑、手机和平板使用率也要显著高于“爷爷奶奶”网民群体；但“年青一代”则表现出对网络屏幕的显著偏好，相对年长的两个群体，他们对传统屏幕——电视的使用率是最低的，而对三块网络屏幕的使用率均显著高企，特别是移动屏幕——手机和平板的使用率达到59%和43%。

图4 不同代际各屏幕使用情况

数据来源：iCTR@四视同堂，2014.1（N=5000）

不同代际对屏幕的偏好不仅仅体现在屏幕的使用率上，更体现在时间的分配上。相对来说，“年青一代”花费在移动屏幕上的时间，无论在工作日还是休息日都要高于其他群体，特别是在休息日；而“爸爸妈妈”群体，由于家

表1 四视同堂——不同代际多屏观影时间分布（单位：小时）

		平均	电视	电脑	手机	平板
工作日	年青一代	1.5	1.3	1.8	1.4	1.2
	爸爸妈妈	1.4	1.5	1.8	1.0	1.2
	爷爷奶奶	1.7	1.9	1.9	1.3	1.4
		平均	电视	电脑	手机	平板
周末节假日	年青一代	2.2	2.1	2.7	1.8	1.9
	爸爸妈妈	2.0	2.1	2.4	1.3	1.6
	爷爷奶奶	2.3	2.6	2.6	1.5	1.7

数据来源：iCTR@四视同堂，2014.1（N=5000）

庭和工作的压力，无论是工作日还是节假日，用来观影的时长相对其他群体都是最短的，同时，他们也相对倾向于使用大屏，通过移动屏幕观影的时长相对较短，但也超过一个小时；“爷爷奶奶”群体大多处于退休阶段，虽然他们中有相当一部分有看护“孙辈”的重大责任，但整体来说空闲时间较多，因此，他们是三个代际中，无论工作日还是休息日花费在观影上时间最长的群体。爷爷奶奶更愿意看大屏，大屏的平均时长显著高于两块移动小屏。

综上所述，现代家庭生活中，拥有多屏、跨屏观影渐成主流，但不同代际仍然有相对偏爱的屏幕。在这当中，移动观影，特别是手机看视频，已经在各个代际中都较为常见。随着智能大屏手机在全国范围的普及，移动网络，特别是4G的快速发展，移动观影在全国网民中的使用率及使用时长都将获得快速的增长，手机视频火热年马上来到。

二、网民各屏收看内容现状

（一）不同屏幕收看节目类型及差异

大、中、小、微四屏的网民对各类节目的收看偏好总趋势一致，电视端各类节目的到达率明显高于网络端。网民不仅在观影的使用终端上突显差异，他们在不同屏幕上的节目偏好也各具特点。

总体而言，四块屏幕上的用户对节目的偏好总趋势相同。电视剧、电影等大众类节目最受欢迎，新闻资讯、休闲娱乐等长尾类节目在各屏间的收看率也不低。

与三种网络终端设备相比，电视占据了传统大屏的优势，其各类节目均占据了较高的收视率。网民在电视端收看的节目中，电视剧最受欢迎，85%的人群喜欢观看，此比重高出手机端32个百分点。综艺节目与电影分居前二、三位，分别有76%与74%的网民经常观看；电脑，兼具了电视的大屏与网络终端可随意点播的特性，其各类节目的收视率也处于一个承上启下的位置：电脑端各类节目的收视率低于电视，高于平板与手机。从收看的节目内容看，电影折桂，76%的PC网民喜欢观看，电视剧与综艺节目分获前二、三位，分别有73%与59%的受众会观看；平板与手机，作为网民收看视频节目使用的小、微屏幕，其观众收看的节目偏好与电脑屏上一致，均是电影、电视剧与综艺节目位列前三。

虽然大部分节目在电视屏的收视情况优于其他三屏，但对于动漫、片花及网站PGC&UGC等节目内容，由于普通有线电视无法观看到，因此网民更习惯在电脑、手机或平板上观看。

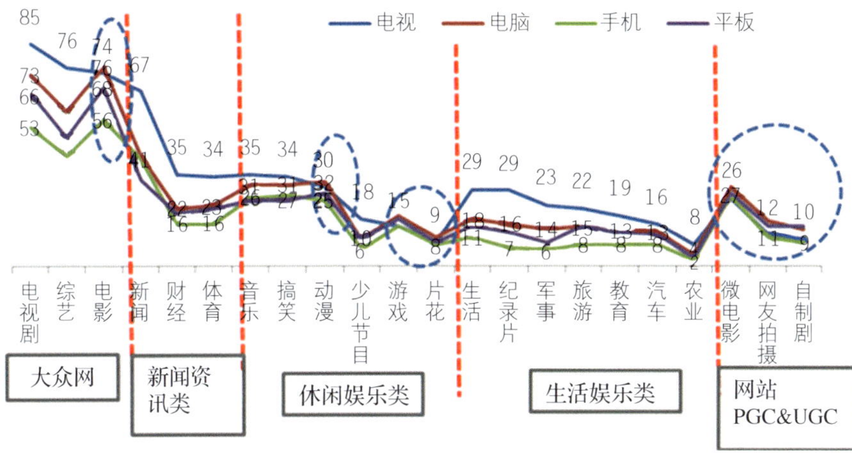

图5 网民不同屏幕收看的节目类型（%）

数据来源：iCTR@四视同堂，2014.1（电视=3829，电脑=4038，手机=2922，平板=1863）

（二）不同屏幕收看节目内容及差异

1．不同屏幕上的网民对各类题材电视剧偏好相同，都市、偶像题材位居前二

无论是在电视中，还是在网络视频中，无不集聚着海量的电视剧内容、包罗万象的电视剧题材。不同屏幕上，各类题材电视剧都有相当比例的受众喜爱。但总体来说，各屏幕上的网民对电视剧的偏好相同，都市剧与偶像剧收视情况最好。不同终端上网民收看的电视剧题材中，都市、偶像剧位列前两名，四屏上均有近五成的受众喜欢观看；家庭剧与古装剧较受欢迎，在四屏上也各有四成以上的观众会经常观看。

对于不同类型的电视剧，平板、手机等移动终端上的观影率略高于电脑与电视。其中，平板用户比其他屏幕观众更喜欢收看刑侦、悬疑、科幻与神话剧，其目标群体指数均在120以上。

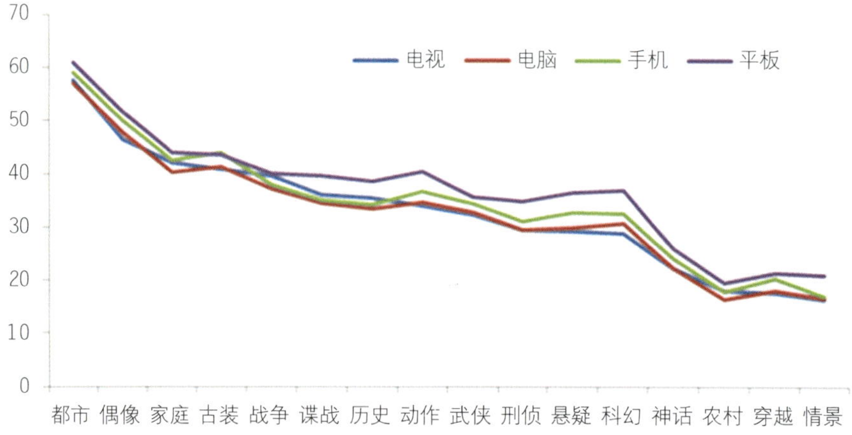

图6 不同屏幕收看电视剧题材（%）

数据来源：iCTR@四视同堂，2014.1（N=4023）

2. 不同屏幕收看节目题材及差异——电影

与电视剧一样，电影类型也同样丰富多彩，不同屏幕上电影偏好趋势相同，动作、喜剧和科幻类影片在四块屏幕上的竞争力均较强。

不同类型电影在四块屏幕上的收视情况近乎相同。现以PC端为例，PC端不同题材电影的受欢迎程度差异较大。动作、喜剧和科幻类影片竞争力较强，分别有68%、63%和50%的网民喜欢观看，此比重高出其他类型影片10个百分点以上；爱情和战争军事题材也较受欢迎，有近四成用户观看。看戏曲电影的用户相对较少，仅占3%。

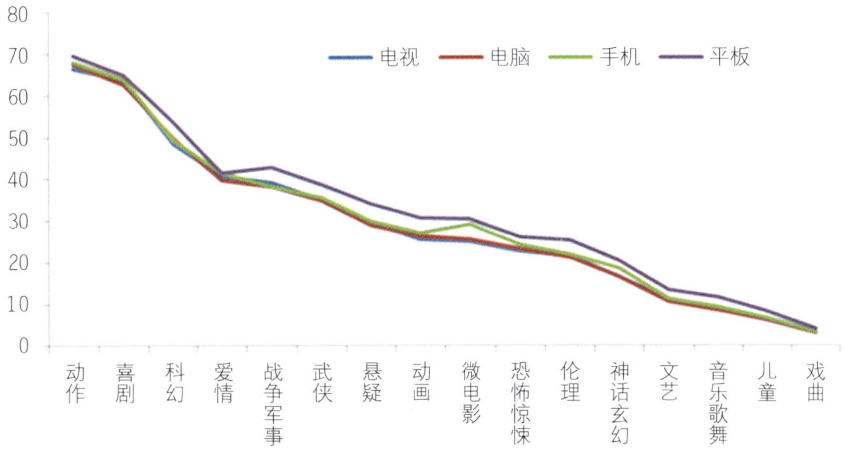

图7 不同屏幕收看节目题材——电影（%）

数据来源：iCTR@四视同堂，2014.1（N=3833）

3. 不同屏幕收看节目题材及差异——综艺

iCTR跨屏研究四视同堂数据显示，单一屏幕上，不同类型综艺节目的受众规模差距较大。以PC端为例，70%的网民喜欢观看真人秀这类的综艺节目，其次是游戏搞笑和脱口秀节目，分别有58%和57%的受众经常收看，但曲艺杂谈类综艺节目的关注度相对偏低，仅有13%的网民收看。

真人秀、游戏搞笑与脱口秀在四块屏幕上都是较受欢迎的综艺节目类型，各屏均有五成以上的受众喜欢观看；与其他屏幕观众相比，平板用户对各类综艺节目的偏爱程度更深，尤其是访谈、旅游与时尚题材的综艺节目，其目标群体指数均达135以上。

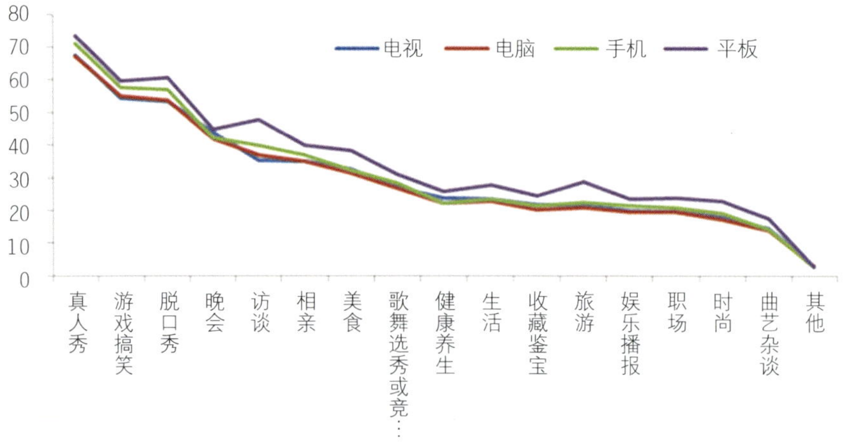

图8 不同屏幕收看节目题材——综艺（%）

数据来源：iCTR@四视同堂，2014.1（N=3528）

4. 不同屏幕收看节目产地及差异——电视剧

从不同产地的电视剧排行来看，中国大陆剧稳居霸主地位，海外剧竞争激烈。在中国内地市场，国产的电视剧依然是网民最喜欢观看的类型，其中内地剧在四屏上均有八成以上人群观看，港剧在四屏上也有近六成人收看；美剧、韩剧等国外电视剧越来越受到网民们的欢迎，二者在四屏上的收看率均超40%。而英剧、日剧、泰剧等虽然受众量偏小，但也有部分受众偏好。

相对大陆剧，海外电视剧在电视上的播放量较小且不能被随意点播，这是导致电视屏上海外剧的收看率低于网络三屏的原因之一。而在网络三屏中，显然平板用户对各类节目的收看情况均优于其他终端，尤其体现在中国港剧、美剧与韩剧上。

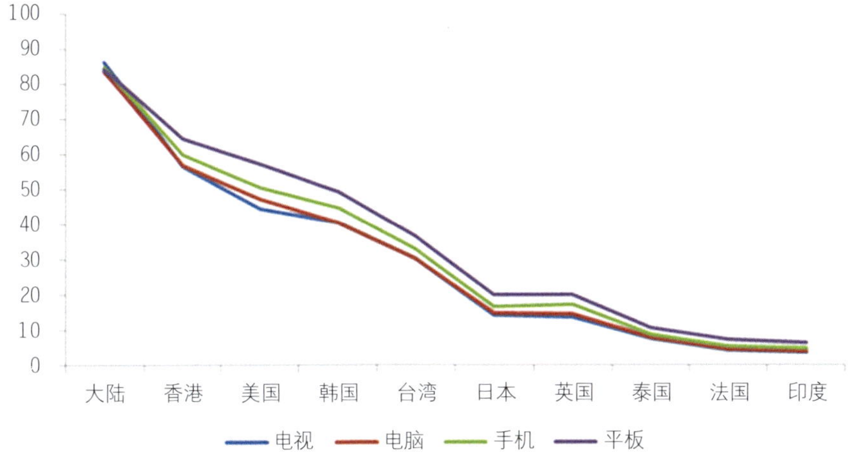

图9 不同屏幕收看节目产地——电视剧（%）

数据来源：iCTR@四视同堂，2014.1（N=4023）

5. 不同屏幕收看节目产地及差异——电影

各类电影在电视、电脑与手机三块屏幕上排名一致，中国内地、美国与中国香港电影以绝对优势占据前三甲，三屏上网民占比均近七成。其次，韩国、中国台湾和日本等亚洲地区的电影，也较受欢迎；英国、法国、泰国、印度电影相对小众。

但对于经济基础较好的平板用户来说，美国电影是其最喜欢的类型，大陆影片次之。且与其他三屏相比，平板用户更喜欢收看韩国、日本与英国的电影，其目标群体指数均超130。

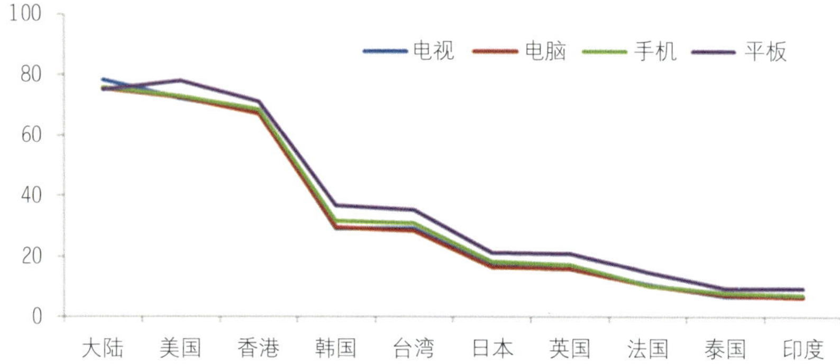

图10 不同屏幕收看节目产地——电影（%）

数据来源：iCTR@四视同堂，2014.1（N=3833）

6. 不同屏幕收看节目产地及差异——综艺

不同产地的综艺节目在各屏幕上的收视情况相同。来自国产的综艺节目最受欢迎，占有压倒性优势。观看综艺节目的受众中，四屏上均有近九成的人喜欢大陆地区的综艺节目。各屏幕均有三成以上的网民对中国台湾与中国香港综艺节目感兴趣。虽然不同屏幕上的网民对各类综艺节目偏好相同，但各屏的观影率差距较大。手机、平板等移动用户对各类综艺节目的喜爱更深，特别体现在韩国与美国综艺节目上。

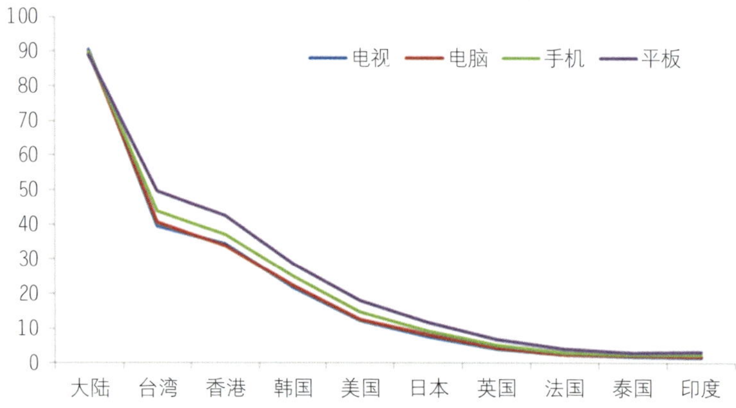

图11 不同屏幕收看节目产地——综艺（%）

数据来源：iCTR@四视同堂，2014.1（N=3528）

三、网民各屏品牌使用现状

（一）电视台的收看现状

从终端差异看，电视屏幕与网络视频终端收看的电视台存在明显的差异。网民在电视端收看的电视台排名中，央视1套以绝对优势折桂，75%的受众经常收看；湖南卫视，作为唯一进入前三甲的卫视电视台，55%的网民喜欢收看；央视6套排行第三位，51%的网民经常观看。网民在PC端上收看的电视台排名中，湖南卫视最受欢迎，41%的网民喜欢观看；江苏卫视与央视1套位列前二、三位，分别有24%与23%的受众经常观看。网民在移动端上收看的电视台排名中，湖南卫视依然称霸，均有三成以上的手机和平板用户喜欢观看；江苏卫视与央视5套分居二、三位，均有15%以上的移动网民会经常观看。

总的来说，央视1套在电视屏幕上最具资源优势，而湖南卫视在视频终端显现了较强的竞争力。电视观众更喜欢收看各家电视台的节目，视频终端用户则相对较弱。

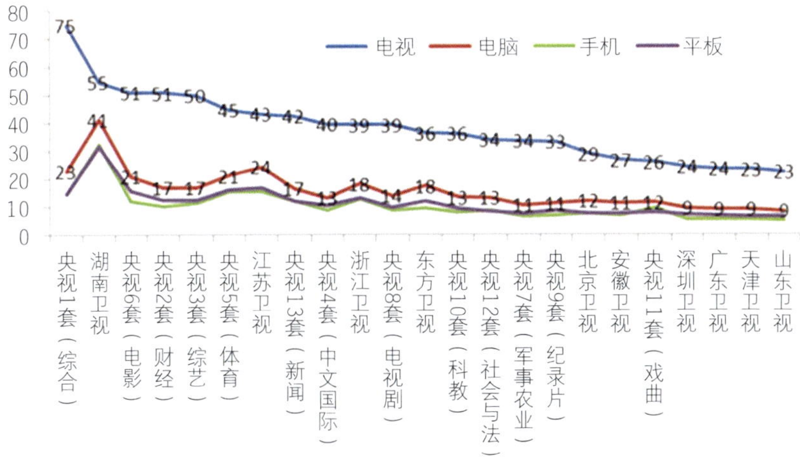

图12 不同屏幕收看过的电视台（%）

数据来源：iCTR@四视同堂，2014.1（电视=3828，电脑=4038，手机=2922，平板=1863）

（二）对视频网站的使用现状

近两年来，网络视频行业从“群雄逐鹿”走向“合纵连横”，视频服务商间的竞争越来越激烈。

在不同屏幕上，网民对视频网站的使用偏好排名相同，优酷、爱奇艺、搜狐视频与腾讯视频居前四。iCTR跨屏研究四视同堂数据显示，近六个月内，PC、手机与平板用户使用优酷网的受众分别占80%、59%和64%；爱奇艺居第二，分别有56%、35%和43%的受众使用过。

但相比手机、平板等设备，电脑端各视频网站的使用率明显高于手机与平板设备，特别是对于土豆与迅雷看看，电脑与手机的使用率差距分别达26与24个百分点。

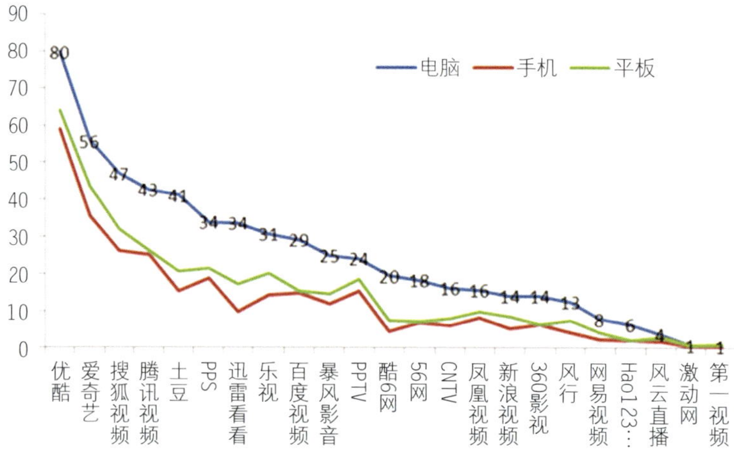

图13 不同屏幕使用过的视频网站（%）

数据来源：iCTR@四视同堂，2014.1（电脑=4038，手机=2922，平板=1863）

（三）不同屏幕使用差异分析

根据iCTR跨屏研究四视同堂数据，大屏幕对视频品牌的选择更丰富，小、微屏幕选择相对单一。不同屏幕上，网民会使用3个及以上品牌观看视频节目的占比均在40%以上。其中，电脑端网民使用3个及以上视频品牌的观影率最高，达到74%；而手机与平板等移动终端上，网民使用3个及以上视频品牌的观影率略低，但分别也达43%与52%。

其中，PC屏上近半数的网民使用过5个及以上的视频品牌，而在手机与平板端的比重仅为25%与17%。

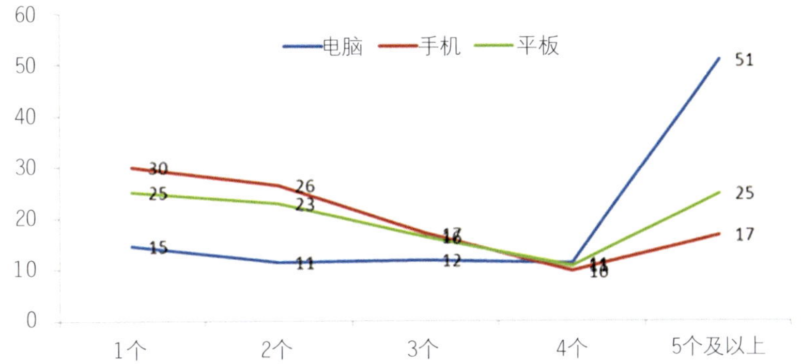

图14 不同屏幕使用过的视频网站数量占比（%）

数据来源：iCTR@四视同堂，2014.1（电脑=4038，手机=2922，平板=1863）

（四）用户对网站的评价

不同终端用户使用网站时考虑的因素近乎一致。内容丰富与否最受关注，知名度高不高、播放流畅与否次之。

而自制剧精彩与否、直播频道多不多、省电与否这些方面却在三个屏幕上存在较大差距。相对而言，平板用户更在乎所用网站自制剧精彩与否以及直播频道的多少；因电脑大部分情况无须考虑用电问题，因此平板与手机用户更要考虑省电问题。

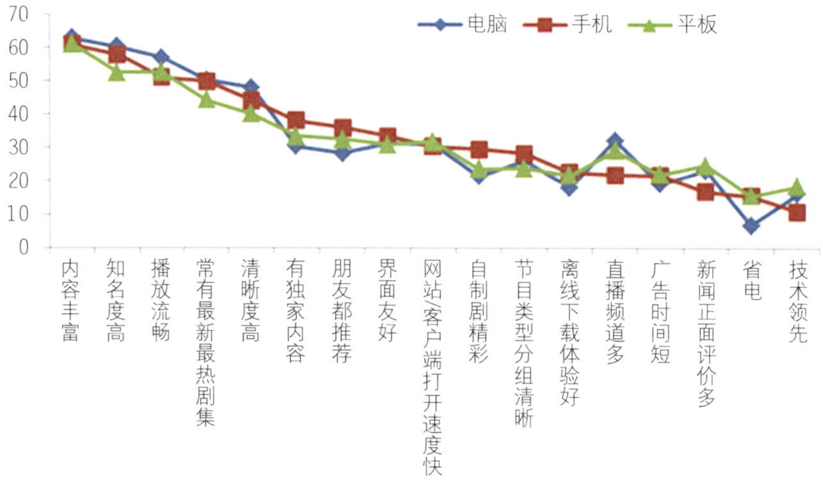

图15 不同屏幕网民对常用网站的总体评价（%）

数据来源：iCTR@四视同堂，2014.1（电脑=4038，手机=2922，平板=1863）

不同屏幕上，网民在常用网站上观看的节目类型前五位排名一致。国产剧、美剧与国内综艺节目位居前三甲，均有四成以上的网民会经常观看。与其他两块屏幕观众相比，平板用户更喜欢观看韩剧、日韩电影、英剧等视频节目，其目标群体指数均在130以上。

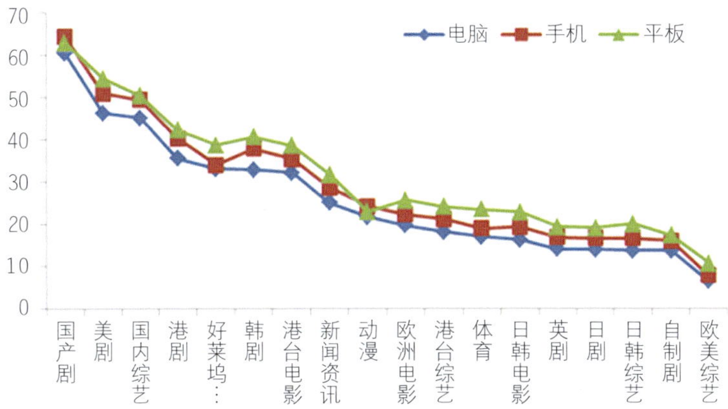

图16 不同屏幕上的网民在常用网站上观看的节目类型（%）

数据来源：iCTR@四视同堂，2014.1（电脑=4038，手机=2922，平板=1863）

（五）用户放弃使用视频品牌的因素

不同终端用户放弃使用某一视频品牌的原因是一致的。播放不流畅是各终端网民选择不使用的最大原因，分别有64%、65%与63%的PC、手机与平板受众选择；广告太多是另一大原因，各屏均有五成以上的网民选择。

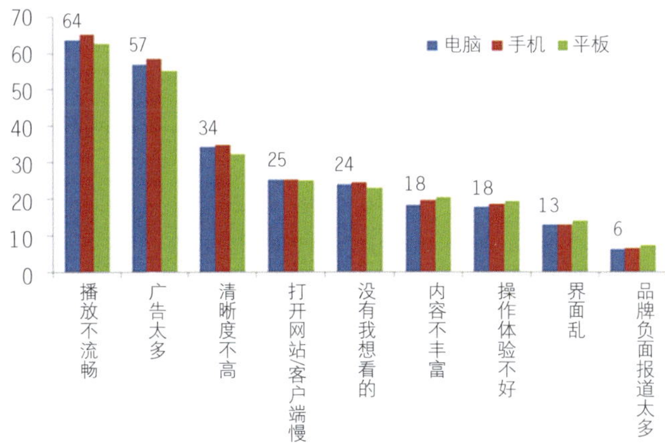

图17 放弃某一品牌的原因（%）

数据来源：iCTR@四视同堂，2014.1（电脑=4038，手机=2922，平板=1863）

四、网民各屏使用行为现状

（一）各屏收视方式

基于不同屏幕终端本身具有的特性，在视频终端设备上看点播的受众多于看直播，电视终端设备上看直播的受众多于看点播。其观看方式上的显著差异特别体现在数字机顶盒、IPTV与手机端，数字机顶盒用户选择看直播的比重比看点播的多达50个百分点，IPTV用户选择看直播的比看点播的多8个百分点，而手机用户选择看点播的比看直播的多12个百分点。

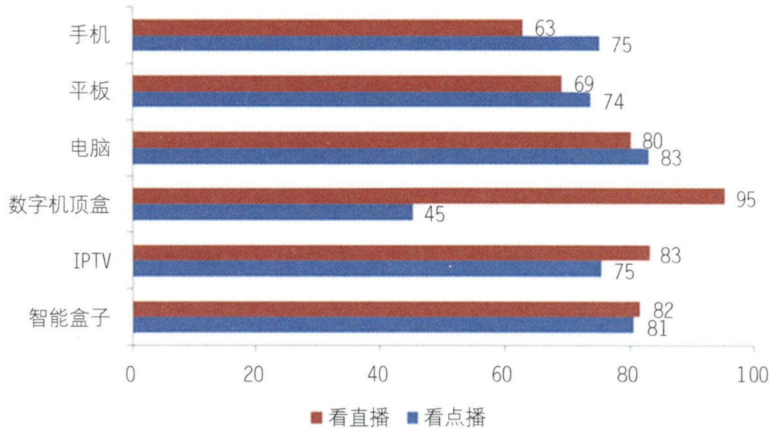

图18 各屏收看方式（%）

数据来源：iCTR@四视同堂，2014.1（N=5000）

（二）网民获取影视信息渠道分布

各屏幕用户获取节目信息的主要渠道大体相同，电视都是影视信息的主要来源，电视娱乐新闻、电视台节目预告分居前两位，而网站信息在其次。

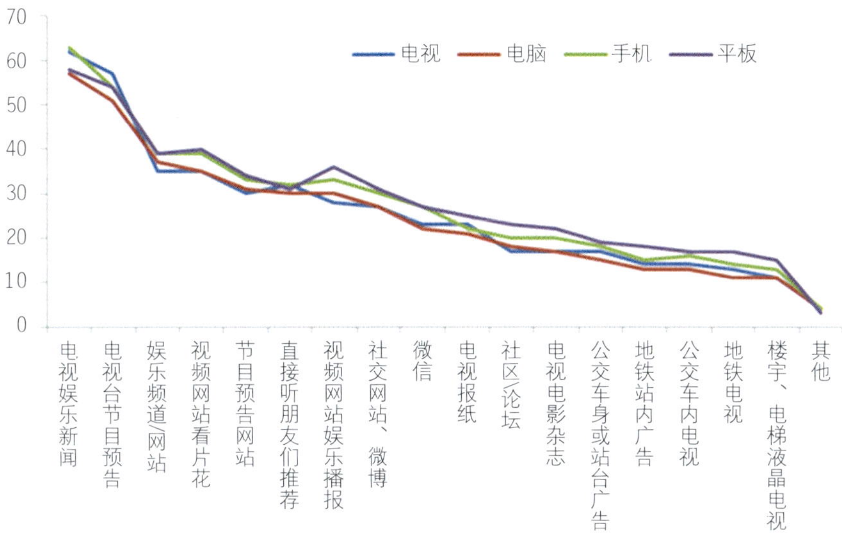

图19 网民获取影视信息渠道（%）

数据来源：iCTR@四视同堂，2014.1（电脑=4038，手机=2922，平板=1863）

（三）网民观影进入渠道分布及差异

PC用户把搜索引擎作为其搜寻节目的最主要渠道。iCTR跨屏研究四视同堂数据显示，PC网民中，67%通过搜索引擎来寻找想要观看的节目，此种方式最为常见。其次是视频聚合网站（有54%的网民采用该方法）、站内搜索、站内榜单列表等。新闻网站也是主要的搜寻手段，有20%以上的受众采用；另外，微博和社交媒体作为另一大进入渠道，也有17%的网民使用。

而用户在手机端的观影进入渠道则显示出与PC显著的不同：视频聚合网站/客户端是最常用的方式，44%的人群通过此路径搜索节目；微信和微博分别以30%和27%分列第二位和第四位；搜索引擎也是手机视频用户较为熟知的方法，有28%的受众使用。从平板用户搜寻节目的渠道来看，视频聚合网站/客户端依然最受欢迎，44%的人群使用；搜索引擎位列第二，31%的网民使用此方式寻找节目；站内搜索居第三位，有24%的用户使用。而通过微博和微信搜寻节目的比例要远远低于手机用户。

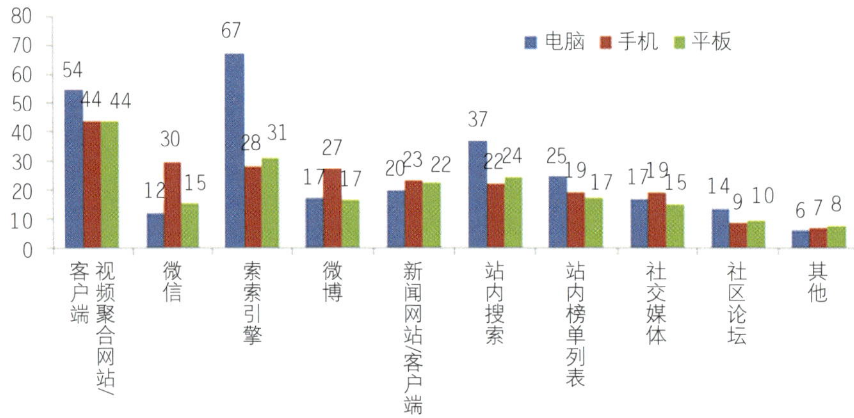

图20 网民观影进入渠道（%）

数据来源：iCTR@四视同堂，2014.1（电脑=4038，手机=2922，平板=1863）

（四）各屏收视频次

iCTR跨屏研究四视同堂数据显示，视频受众对各屏幕的观影使用率均较高，各屏幕的周到达率（每周至少使用一次）均高于95%，而日到达率也均超过50%。电脑是日均使用频率最高的一块屏幕，平均每天有75%的视频受众会使用该屏幕看视频节目；电视屏幕居第二，日均使用率为73%；再次是手机，为56%；平板电脑虽然排名最后，但也达到53%。

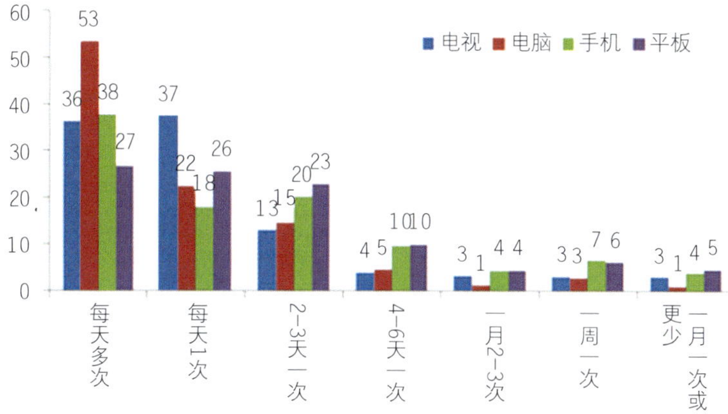

图21 各屏收视频次（%）

数据来源：iCTR@四视同堂，2014.1（电脑=4038，手机=2922，平板=1863）

（五）各屏收视时长

从网民工作日的收视时长来看，PC端网民平均每天的收看时长明显多于电视、手机与平板端。电视、电脑、手机与平板四块屏幕工作日平均每天的收视时长依次为1.4、1.8、1.3与1.2小时，四块屏幕上每天观看时长在两小时及以上的网民分别占31%、45%、26%与23%。

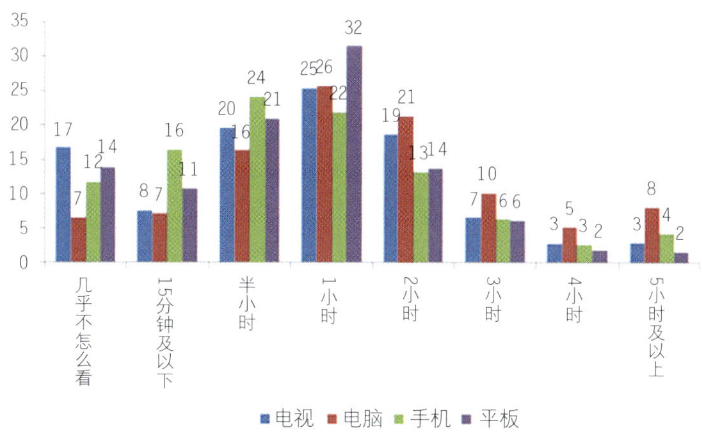

图22 各屏收视时长——工作日（%）

数据来源：iCTR@四视同堂，2014.1（电脑=4038，手机=2922，平板=1863）

由于假日有更宽松的时间支配，网民周末及节假日在各屏上看视频的时长多于工作日。

电视、电脑、手机与平板四块屏幕周末及节假日平均每天的收视时长依次为2.1、2.6、1.6与1.8小时，四块屏幕上每天观看时长在两小时及以上的网民分别占55%、70%、35%与45%。

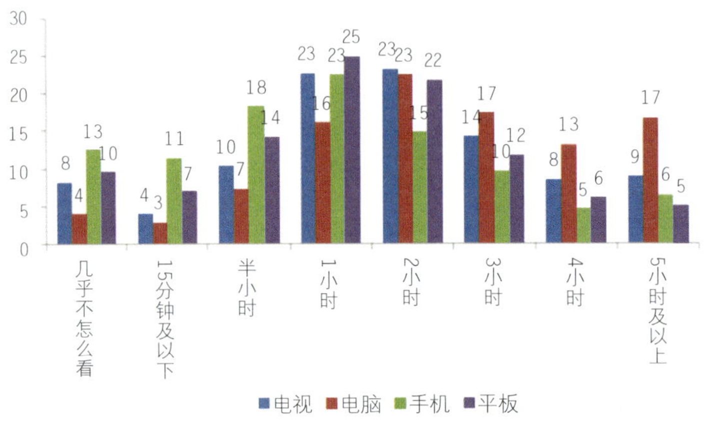

图23 各屏收视时长——周末及节假日（%）

数据来源：iCTR@四视同堂，2014.1（电脑=4038，手机=2922，平板=1863）

（六）各屏收视时间段

从数据可见，四块屏幕在工作日的收视时间分布呈现大趋势一致的规律，基本都会在午间和晚间形成两个收视高峰，但细微观察，仍可以看到不同的差异。

电视上，每天会出现三次收视高峰：7:00—7:59为第一次小高峰，这段时间同时也是手机的收视高峰，分别有8%和10%的网民起床后习惯打开电视或浏览手机；12:00—12:59为第二次收视高峰，四块屏幕上的网民们都会利用午休时间段来进行短暂的娱乐消遣，其中，办公室的电脑与随身手机的观影率明显高于电视与平板；20:00—20:59作为收视的黄金时段，各屏幕上的观众均爱在这段时间看电视或视频节目。其中，电视的高峰时间比视频终端开始得早，结束得也早。而视频终端上，手机的随身性使得其高峰收视时间出现得最晚。

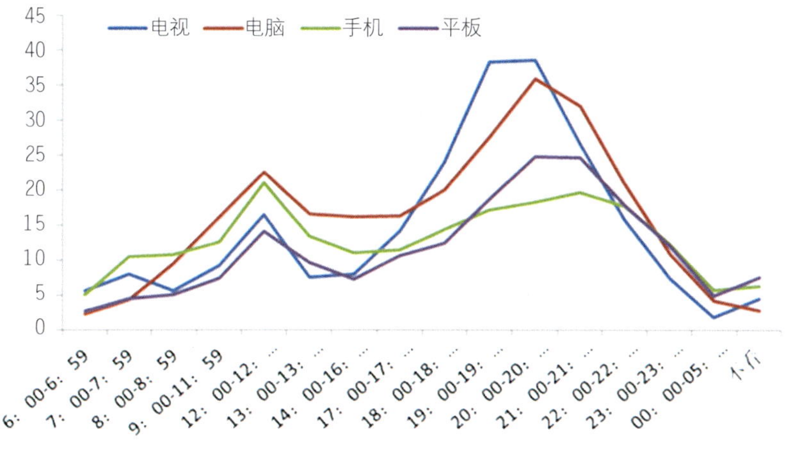

图24 各屏收视时间——工作日（%）

数据来源：iCTR@四视同堂，2014.1（电脑=4038，手机=2922，平板=1863）

在周末及节假日，自由时间充裕，网民在各屏幕上呈现不同的收视选择。

从电视终端来看，大部分网民会在家收看电视节目。中午12:00—12:59出现收视小高峰，有26%的网民会在午餐时间打开电视机；20:00—20:59出现大高峰，40%的受众会在这个时间观看电视节目。显而易见，电视的收视晚高峰出现的时间比视频终端早。

从PC终端来看，网民通常会在各个时间段收看视频节目，因此会出现多次小高峰，其中20:00—20:59是最高峰，38%的受众会在这个时间段看视频。从图中可以看出，PC端的收视晚高峰比移动端结束得早。

从手机、平板等移动终端来看，七成以上的移动视频用户会在20:00—22:59间收看视频节目，21:00—21:59间是收视的最高峰，分别有23%的手机用户和26%平板用户看视频。相对而言，移动用户的晚高峰持续时间最长，结束得也最晚。

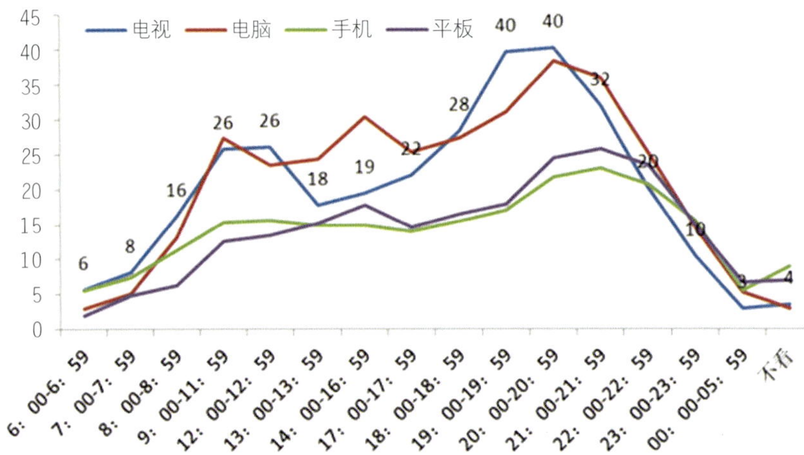

图25 各屏收视时间——周末及节假日（%）

数据来源：iCTR@四视同堂，2014.1（电脑=4038，手机=2922，平板=1863）

五、视频服务商跨屏发展趋势展望

由前文可见，跨屏收视已经是大势所趋，不同条件、不同场景下，用户会选择不同设备来观看影视节目。要想取得跨屏传播时代的胜利，全面发展是现阶段各类媒体的集体选择。2014年起，传统的广播电视媒体开始发力网络新媒体，而网络视频行业则在2013年就开始针对自身“内容”和客厅大屏的缺陷，开始发力自制内容与进击大屏。广电系与网络视频系各自在自己不足的部分——一个是新媒体渠道能力，一个是优质内容生产运营能力，尽力补足，构成了2014年大视频行业最大的特征。而视频服务商的改变，又将进一步影响视频受众的观影行为。

（一）以湖南卫视为代表的省级卫视发力新媒体

1. 内容为王——收回网络版权

2014年4月20日起，湖南卫视宣布旗下拥有完全自主版权的优质内容除了已经销售的在外，今后将不再分销，仅在旗下网络平台芒果TV独家播出。此举被认为是传统广电向互联网视频新媒体的最新竞争战略，也将之前躲在卫视羽翼保护下的“芒果TV”高调推入了国内视频竞争的红海市场。

iCTR研究认为，根据之前@四视同堂的数据，不管是在哪块观影屏幕上，受众对内容的观影选择趋于一致，即优质的内容是吸引受众的第一要素。众所周知，湖南卫视在国内拥有多个广泛且忠诚的受众自制节目，其号召力十几年如一日，如《快乐大本营》《天天向上》，而2013年推出的《爸爸去哪儿》《我是歌手》等热门节目更是成为年度焦点，受众规模上亿，优质内容的垄断和回归将在短期内帮助媒体平台迅速聚集人气。

2. 网络平台建设——多平台融合，统一运营

湖南卫视旗下的新媒体平台“金鹰网”“芒果TV”两大平台改版，融合成新的“芒果TV”全平台，统一由湖南卫视全资新媒体公司——湖南快乐阳光互动娱乐传媒有限公司运营。

广电系统的新媒体平台呈现的状态往往是多平台、多定位、多头运营，使得并不丰富的资源和运营力被分散成几块，极大地削弱了自身的竞争能力。此次湖南卫视将所有资源集中，并加大新媒体平台的投入，同时iCTR惊喜地看到，芒果TV开始在网络流量入口建设以及网络运营能力上开始发力，如与流量大户360导航合作宣传《爸爸去哪儿》第二季，积极在网络流量入口加强建设，将网络流量导入至网站；迅速招募技术人员改善网络运营能力，快速解决对于视频网站来说致命的卡顿等问题，在短时间内极大地提升用户体验。

3. 客厅大屏争夺——发力网络电视

网络视频对于年轻受众的分流趋势明显，而网络电视是拉动受众回流的有效工具。芒果TV采用内容合作的方式，芒果TV inside战略执行值得关注。根据公开信息，截至目前，芒果TV inside的合作成员包括：在互联网电视方面，与三星、TCL、长虹等厂家的合作，使得芒果互联网电视得以覆盖4K超高清、全尺寸、全品类产品；在智能盒子方面，继与海美迪开启合作之后，与英菲克、亿瑞格、清华同方、TCL等的合作也相继进行，并陆续推出新的产品；在其他智能终端合作上，芒果TV的内容也搭载在最新的百度影棒3产品上为用户提供内容服务；此外，2014年6月开始，电视终端市场的领导者品牌之一——三星对外宣布将其互联网电视平台由百视通切换到芒果TV。

由此可见，芒果TV此次全面发力新媒体是做了充分的准备并全面布局的。作为广电系的代表，湖南卫视以创新和运作能力知名，此次发展新媒体也为其他广电系探索新媒体发展提供了参考。虽然芒果TV开局获得不错的成绩，根据iCTR网民行为监测数据产品@SmartClick数据显示，在独播战略实施一个月之后，2014年5月芒果TV的PC网络流量（日均覆盖人数）环比4月出现了2.5倍的增长；但相比成熟的视频网站而言，芒果TV想要获得持续的增长力，需要快速加强在市场宣传、版权和运营方面的能力，而这正是传统的广电系统在运营网络视频新媒体时需要迅速补足的能力。

（二）视频系软硬件同步逆袭

1. 内容逆袭——大力发展独具特色的网络自制内容

在内容竞争上处于劣势的视频网站用投资工作室或者收购影视制作公司的方式布局内容制作这一产业链上游，自制剧制作在2014年得以全面铺开。视频网站对自制网剧的探索始于2010年，其间陆续有较大影响力的作品问世，如《钱多多嫁人记》《泡芙小姐》《屌丝男士》等，但基本上都以搞笑短剧为主，演职人员的阵容与专业的电视剧制作仍有较大差距。但2014年，各主流视频网站均公开表示要加大自制剧投入，2014年可称为是“自制剧元年”，体现在以下三点。

①战略高度的重视：优酷、搜狐、爱奇艺等主流视频网站的高层人员在各种公开场合为自制剧宣传呐喊，纷纷宣布将有“亿”级别的资金投入，视频网站自制剧开始正式进入高调宣传期，不仅仅是吸引业内专业的导演、演员等开始关注自制剧，也将通过各种宣传方式和渠道吸引受众对网络自制剧的关注和讨论。

②专业性的提升：视频网站近年来吸引到众多优秀电视人的加盟，为视频网站自制剧的制作奠定了良好基础，且随着视频媒体影响力和话语权的提升，专业的一线演员和导演对视频媒体的支持力度将持续升温。如爱奇艺相继吸引到马东、刘春和高晓松等在内容制作上拥有资源、经验和能力的知名媒体人加盟，通过开办工作室的方式展开内容合作；搜狐视频的《屌丝男士》系列也陆续吸引到吴秀波、汤唯、文章、林志玲等知名演员加盟捧场；而搜狐视频也将首度打造电视标准的网络长剧，研发并制作《匆匆那年》等时长45分钟的周末剧情剧等。

③受众市场开始成熟：经过前几年自制网剧的宣传，受众开始知道并且关注视频媒体的自制剧。各大视频网站的代表性自制网剧点播量均过亿就很好地说明了这一点。随着视频媒体加强对自制剧的宣传力度，并配以好的入口资源的倾斜，如网站首页广告宣传、开通自制剧频道等，将吸引更多受众点击观看自制剧。同时，专业演员的加盟，也将极大地提升自制剧对受众的吸引力。

除了在自制网络剧方面，在综艺和电影等网络视频受众最喜爱的节目类型自制上，视频网站也开始探索，爱奇艺与河南卫视联合打造的《汉字英雄》的成功便成为其中典范；而乐视影业、爱奇艺、搜狐等相继发力电影内容制作，其中乐视影业更是已经成功推出《归来》《小时代》等过亿票房电影，未来电影作为视频网站的优势内容将能为其带来持续的竞争力。

2. 渠道逆袭——客厅大屏竞争，发力OTT

除了在内容上努力开拓自制，弥补版权竞争的劣势外，视频网站也看到了客厅大屏幕的价值和意义，通过自建硬件及内置内容等方式开展渠道逆袭。

截至2014年6月，视频网站基本都已布局了OTT网络电视，其中乐视在2013年5月便率先推出了乐视电视，以超低的硬件价格搅动电视机市场，并获得消费者追捧；随后爱奇艺也与TCL、创维等传统家电生产企业合作共同推出爱奇艺电视及盒子等产品；而以优酷、搜狐视频为代表的其他视频网站则主要通过内容内置的方式与各大电视机及智能盒子硬件厂商进行合作。

不管是以何种方式，网络视频服务商已经在新兴的OTT行业展开布局，在受众多屏、跨屏收视渐成趋势的今天，以渠道的垄断获取竞争利益的时代已经一去不返，要想在多屏多渠道竞争的市场中取得胜利，渠道、内容、运营等各方面的能力缺一不可。目前各大体系各自有自己需要补足的部分，谁能快速弥补劣势，并继续放大优势，iCTR将持续关注。

3.3 网络视频市场发展趋势

2013年是网络视频快速发展的一年，竞争加剧，各大视频网站加大了内容投入来获得竞争优势，优秀的视频资源版权费屡创新高，多屏、版权、并购、自制风起云涌。台网联动、网络独播、海外版权引进、重金投入自制、内容营销成为网络视频的发展趋势。

在网络视频行业的竞争中，资本驱动成为重要的推力，继2012年8月优土合并成为行业老大后，2013年5月爱奇艺和PPS合并，8月SMG旗下的百视通控股风行，10月苏宁投资PPTV。在资本驱动下，多足鼎立的竞争格局正在形成。

网络视频包括互联网和移动互联网两个部分，本章研究的网络视频是指通过台式机和笔记本电脑收看的视频。通过手机和平板电脑收看的移动视频将在下一章研究。[2]

---

2 本章所使用数据主要来自央视市场研究的全国城市居民调查（简称CNRS）36个城市的数据和iCTR四视同堂网络调查数据。CNRS采用入户抽样调查，调查对象为城市居民；四视同堂采用网络调查，调查对象为网民。由于调查方法和范围不同，两组数据略有差异。

一、网络视频市场发展规模

（一）网络视频用户规模

CNNIC（中国互联网络信息中心）在2012年针对中国网民网络视频调查发现，网络视频用户呈现持续稳定的增长态势，2012年底用户规模是3.72亿，较2011年底增长了14.3%，净增长4652万人。而根据最新的CNNIC网络报告，2013年底，全体网民中对网络视频的使用率达到69.3%，总规模突破4亿，达到4.28亿人。

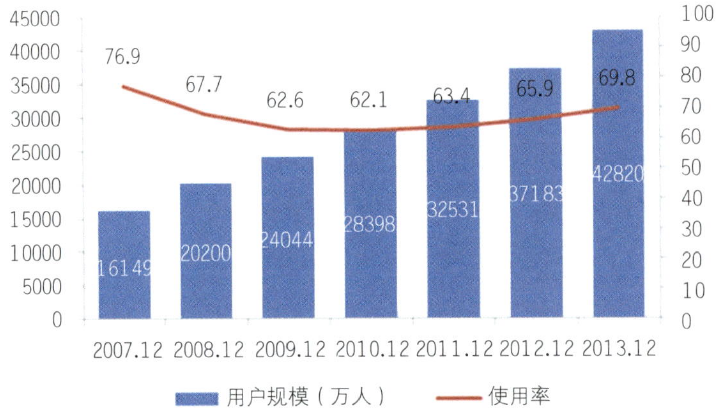

图1 2007—2013年中国网络视频用户规模和使用率（%）

数据来源：CNNIC2012年中国网民网络视频应用研究报告，CNNIC第33次中国互联网络发展状况统计报告

（二）网络视频用户特征

在多屏环境下，视频内容不仅在一种视频终端播出，内容在多屏的流动已成为常态，用户可以通过一种或多种视频终端来观看视频。为了比较电视视

频、网络视频、移动视频用户的差异，下面我们专门将三类视频的用户放在一起进行比较。

以下所使用央视市场研究的CNRS36个城市调查数据，数据显示了城市居民中电视视频、网络视频和移动视频用户的基本特征和差异。

1. 性别特征：不同性别在视频类型的选择上无明显差异

通过对三大类视频用户的性别特征分析发现，其性别分布趋同。男女两性占比基本均等，也就是说不同性别在视频类型的选择上无明显差异。

网络视频用户中男性占比51.8%，女性占比48.2%，两性占比基本相同。

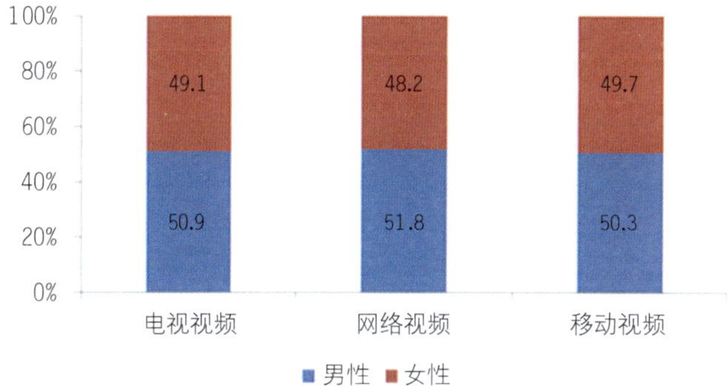

图2 三大类视频用户性别特征比较（%）

数据来源：CNRS 2013.1—2013.6（36个城市）

2. 年龄特征：平均年龄31岁

CNRS36个城市2013年调查数据显示：

网络视频用户主要是在15～34岁之间，平均年龄为31岁，45岁以上的用户仅占10%左右，15～24岁占了34.7%。相比之下，电视观众则年龄略大，平均年龄达39岁，且在年龄分布上较为平均，各年龄层均有两成左右的用户。

移动视频用户的平均年龄仅为29岁，是这三个用户群中最年轻的。

综上可见，传统电视视频仍然占据主流市场，用户群覆盖较广且分布均衡；网络视频由于近年来的繁荣发展，其在中高年龄层也积累了一部分用户；而移动视频随着近几年智能手机和平板电脑在年轻群体中的普及，其主要用户群年龄较低。

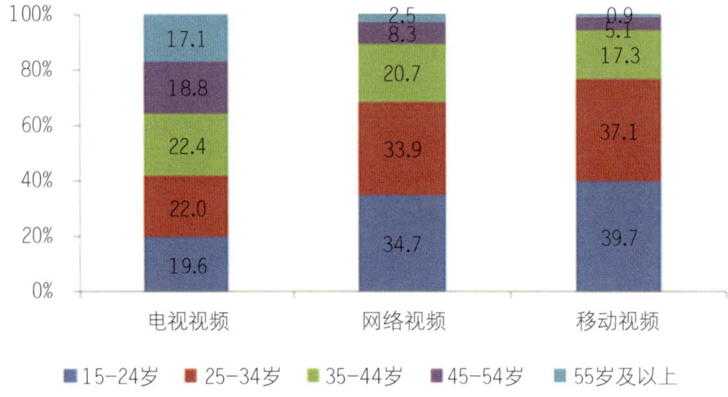

图3 三大类视频用户年龄特征比较（%）

数据来源：CNRS 2013.1—2013.6（36个城市）

3. 学历特征：移动用户学历最高，网络次之，电视最低

三类视频用户的学历差异较为明显：网络视频用户中，64.0%拥有高等学历（大学专科及以上），其中33.9%是本科及以上学历。但移动视频用户的学历水平更高，70.3%都接受过高等教育。相对而言，电视用户的学历水平较低，他们中仅有40.5%是高等学历毕业。

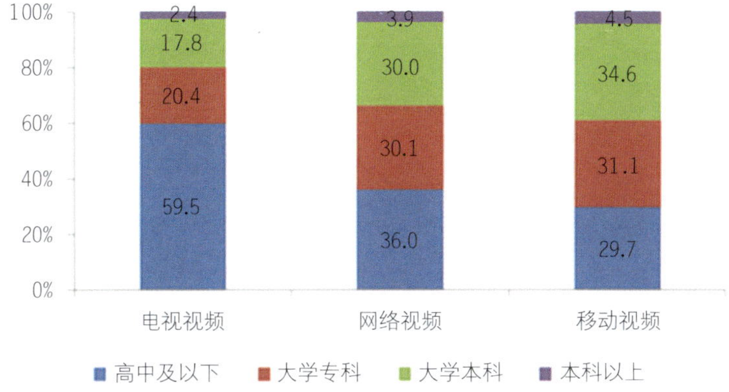

图4 三大类视频用户学历特征比较（%）

数据来源：CNRS 2013.1—2013.6（36个城市）

4. 收入特征：移动、网络与电视用户收入差距明显

在CNRS调查的36个城市中，三类视频用户的个人月收入也有一定程度的差异。2013年网络视频用户的平均个人月收入是4013元；移动视频用户略高，为4079元；而电视这个传统媒体的用户收入最低，仅为3798元。

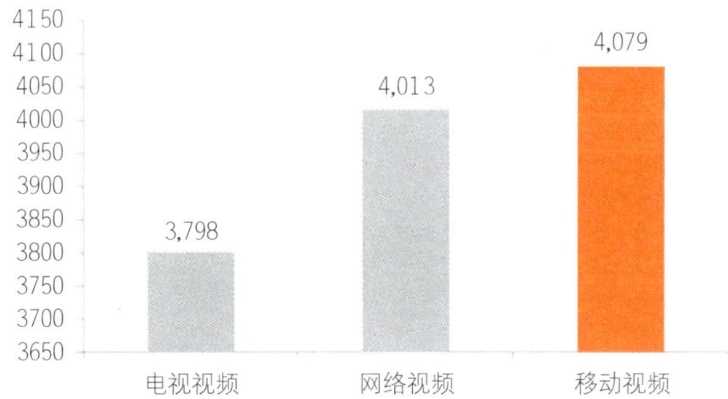

图5 三大类视频用户个人月收入特征比较（元）

数据来源：CNRS 2013.1—2013.6（36个城市）

三类视频用户的家庭月收入差异更加明显。网络视频用户的平均家庭月收入是9394元；移动视频用户略高，达到9733元；同样是电视视频用户收入最低，仅为8589元。

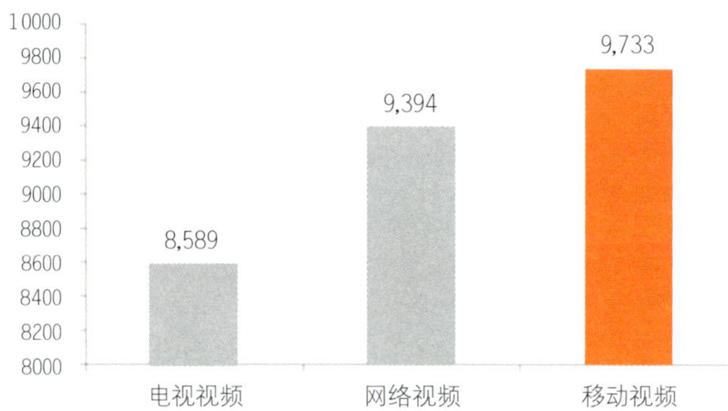

图6 三大类视频用户家庭月收入特征比较（元）

数据来源：CNRS 2013.1—2013.6（36个城市）

5. 不同级别城市用户特征：一线城市用户更年轻，学历更高

中国地域广阔，不同地区经济发展水平差异显著，互联网和网络视频的发展也存在差异。但是，从不同级别城市网络视频用户的特征看，相比经济发展水平的差异，互联网和网络视频发展的差异要小得多。其差异主要表现在，一线城市用户更年轻，学历水平更高。

不同城市级别中网络视频用户的性别占比无显著差异，男女两性用户构成大体相同，其中男性比例都略高。相对而言，三线城市男性比例略高于一、二线城市。

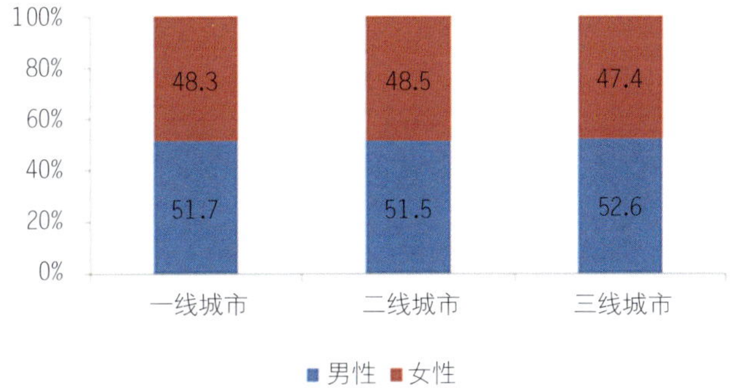

图7 不同城市级别网络视频用户性别特征比较（%）

数据来源：CNRS 2013.1—2013.6（36个城市）

在不同城市的网络视频用户中，15～34岁的年轻人都是主体。其差异主要体现在一线城市网络视频用户更加年轻，15～34岁的用户占了73%，二线城市占了67.7%，三线城市为64.4%。

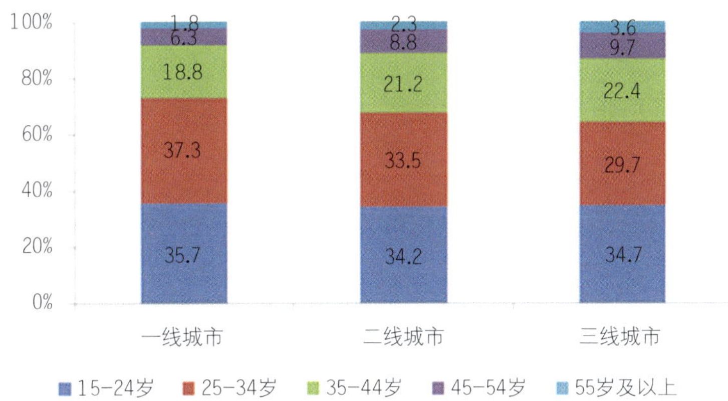

图8 不同城市级别网络视频用户年龄特征比较（%）

数据来源：CNRS 2013.1—2013.6（36个城市）

不同城市网络视频用户特征的差别，一方面反映了城市人口结构的差异，另一方面也反映了网络视频从中心城市向下线城市梯度发展的特点。

不同级别城市网络视频用户的学历差别非常显著。一线城市用户中有七成拥有高等学历，二线城市也有65.8%，而三线城市中仅为51.5%。学历结构的差别，清晰地反映了高学历人才向高级别城市集中的人口移动趋势。

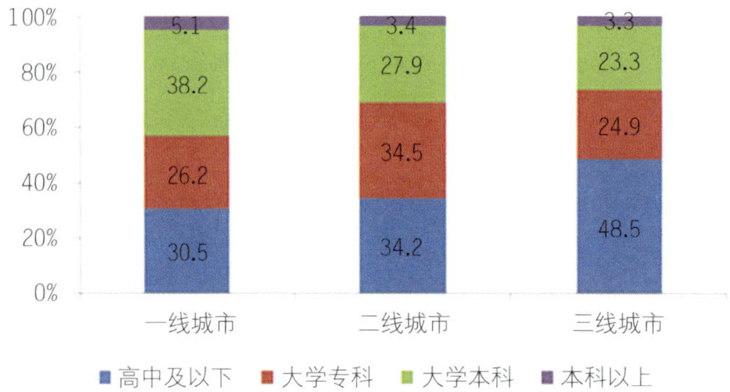

图9 不同城市级别网络视频用户学历特征比较（%）

数据来源：CNRS 2013.1—2013.6（36个城市）

（三）网络视频用户收看内容差异

1. 节目类型偏好

央视市场研究iCTR四视同堂网络调研数据显示，网络用户通过PC屏幕，即网络视频收看的节目与电视观众收看的节目类型非常接近。电影、电视剧、综艺及新闻等电视屏幕上的主流内容也是网络视频收看的主要内容。

其中电影是PC屏幕上的第一需求，占比达到76%；其次是电视剧，占比为73%；再次是综艺节目和新闻，占比分别为59%和42%；而互联网上的其他长尾节目类型，如动漫、搞笑、音乐、微电影等，也获得网民关注，30%以上的网民会经常观看这些类型的节目；视频网站自制内容以及网友制作上传的内容（以下简称UGC）也颇受欢迎，分别有14%和17%的网民会在PC屏上经常观看这些内容。

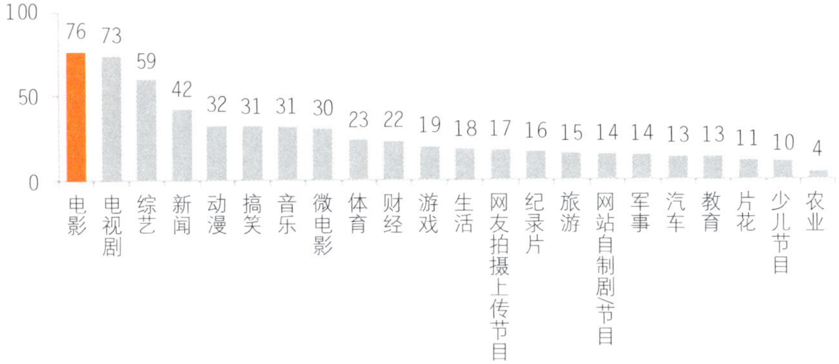

图10 网络视频节目类型（%）

数据来源：iCTR@四视同堂，2014.1（N=4038）

2. 不同性别用户收看内容偏好

不同性别的视频网民喜好的节目类型差异明显。虽然均是最爱看电影、电视剧和综艺，但相对而言，男性用户偏好电影更多些，女性偏好电视剧和综艺节目更明显；此外，男性对新闻、体育和财经类节目的偏好也明显高于女性，特别是体育和财经类节目，差异均在10个百分点以上，甚至达到20个百分点。

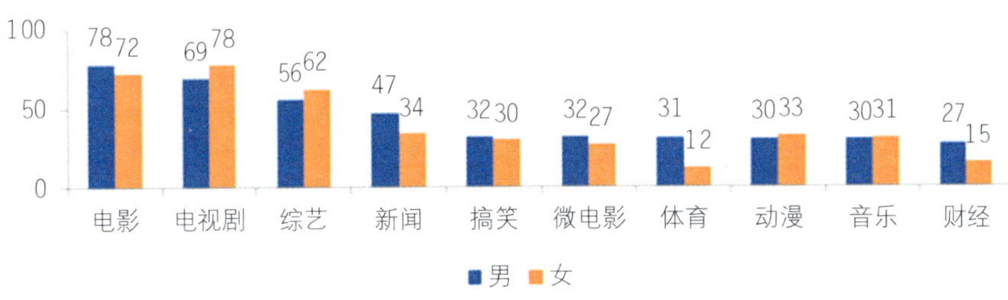

图11 收看各类网络视频的用户性别差异（%）

数据来源：iCTR@四视同堂，2014.1（N=4038）

3. 各年龄段用户收看内容偏好

视频节目类型繁多，根据节目特征，我们将主流视频网站上近30个节目分成了5大类（具体的分类见表1）。从表中数据可见，不同分类的节目对不同年龄段，尤其是构成代际差异的群体，吸引力的差异十分明显。电影和音乐等娱乐休闲类节目更受20～34岁的网民喜欢，其目标群体指数显著高于其他年龄段；新闻资讯和生活服务类视频对特定人群也具有强吸引力，该类节目更吸引40～59岁的用户，其目标群体指数大部分都在130以上，最高可达210；而对于微电影等自制视频，20～39岁的用户对其关注热情较高，目标群体指数大部分也达110。

表1 收看各类网络视频的用户年龄差异

分类	节目类型	合计	群体目标指数								
		（%）	15-19	20-24	25-29	30-34	35-39	40-44	45-49	50-59	60及以上
大众类	综艺	59	63	114	120	104	97	100	96	81	76
	电视剧	73	70	112	114	102	98	98	93	101	110
	电影	76	67	111	112	109	108	99	88	76	88
娱乐休闲类	动漫	32	115	156	124	94	74	52	39	33	29
	少儿节目	10	57	64	114	169	104	91	67	42	48
	搞笑	31	63	125	121	108	84	90	97	78	81
	片花	11	50	111	106	115	108	119	101	82	67
	音乐	31	45	110	112	106	107	128	106	92	65
	游戏	19	59	106	117	108	98	94	128	94	83
新闻资讯类	新闻	42	29	89	101	103	119	145	160	155	73
	体育	23	45	86	108	117	96	132	175	98	90
	财经	22	22	50	88	116	118	166	208	195	143
生活服务类	旅游	15	35	82	113	112	103	126	151	129	142
	汽车	13	18	69	110	133	124	134	154	102	53
	生活	18	31	86	93	117	90	152	177	170	92
	教育	13	37	78	106	123	102	138	116	143	106
	纪录片	16	18	84	94	126	113	147	166	149	67
	军事	14	18	86	84	110	116	176	210	154	58
	农业	4	19	94	81	181	67	164	111	81	114
网站PGC&UGC内容	微电影	30	39	126	131	113	87	105	76	66	52
	网站自制剧	14	38	126	108	114	115	103	68	117	84
	网友拍摄上传节目	17	39	109	111	118	115	104	96	102	135

数据来源：iCTR@四视同堂，2014.1（N=4038）

4. 不同收入用户收看内容偏好

iCTR跨屏研究产品@四视同堂数据显示，电影、综艺等大众类节目较受一线城市中、高收入和二线城市的中、高收入网民喜欢[3]，其目标群体指数显著

表2 收看各类网络视频的用户个人月收入差异

分类	节目类型	合计（%）	群体目标指数					
			一级城市低收入	一级城市中收入	一级城市高收入	二级城市低收入	二级城市中收入	二级城市高收入
大众类	综艺	59	91	105	89	97	111	109
	电视剧	73	96	109	99	103	107	101
	电影	76	90	109	104	98	107	104
娱乐休闲类	动漫	32	123	91	83	143	101	89
	少儿节目	10	80	95	112	49	94	120
	音乐	31	92	101	80	93	111	106
	搞笑	31	94	94	98	108	104	111
	片花	11	87	88	98	65	115	109
	游戏	19	117	107	90	79	104	109
新闻资讯类	新闻	42	74	116	112	68	112	109
	体育	23	85	96	132	53	97	141
	财经	22	42	107	136	32	105	131
生活服务类	旅游	15	78	151	137	49	102	147
	汽车	13	53	108	173	23	95	162
	生活	18	75	127	135	53	99	121
	教育	13	95	99	127	47	89	140
	纪录片	16	65	127	125	70	104	141
	军事	14	64	67	101	28	116	107
	农业	4	75	53	56	67	114	81
网站PGC&UGC内容	微电影	30	90	102	112	75	109	122
	网站自制剧	14	89	117	133	83	103	129
	网友拍摄上传节目	17	79	94	138	55	108	130

数据来源：iCTR@四视同堂，2014.1（N=4038）

3 一级城市低收入指在一级城市个人月收入在4000元以下，中收入指在4001～8000元间，高收入指在8000元以上；二级城市低收入指在二级城市个人月收入在2000元以下，中收入指在4001～6000元，高收入指在6000元以上。

高于其他城市受众；像动漫、音乐等娱乐休闲类节目更吸引二线城市的中、高收入人群；而新闻资讯、生活服务以及网站PGC&UGC内容，一、二线城市的高收入网民关注热情较高，其目标群体指数大部分均超120。

二、网络视频用户收视行为

（一）用户对视频服务商的品牌认知和使用

1. 品牌认知：优酷、爱奇艺、搜狐、腾讯位居前列

随着网络视频的迅速崛起，节目类型越来越多样化，而视频服务商的竞争也日趋激烈。经过多年的市场培育，众多视频网站均在用户心中取得了不低的品牌认知

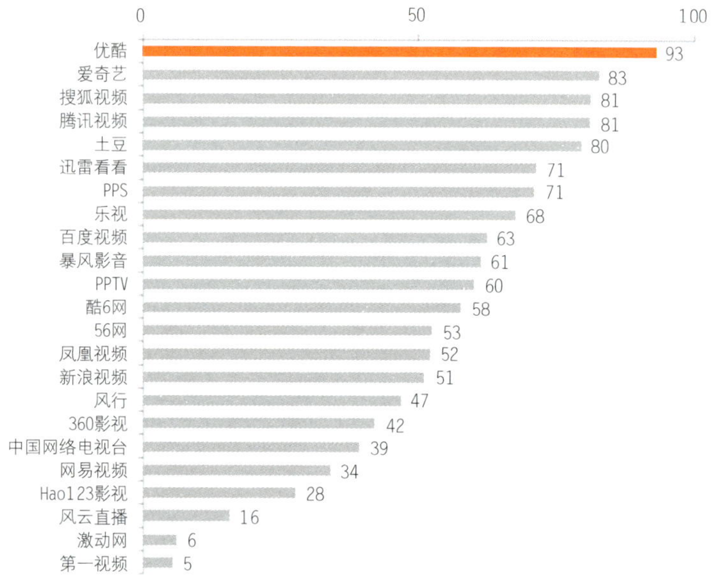

图12 网络视频用户对视频服务商的认知（%）

数据来源：iCTR@四视同堂，2014.1（N=4038）

度。其中优酷网最高，93%的视频受众表示知道该品牌；其次是爱奇艺，知晓的用户占83%；搜狐视频、腾讯视频和土豆网的知名度也较高，分别占81%、81%和80%。

2. 对视频服务商的使用：优酷、爱奇艺、搜狐、腾讯分居前列

近两年来，网络视频行业从“群雄逐鹿”走向“合纵连横”，视频服务商间的竞争越来越激烈。iCTR数据显示，近六个月内，使用优酷网的受众占80%；而爱奇艺居第二，有56%的受众使用过；搜狐视频和腾讯视频的使用人数分别占47%和43%，位居第三、四位。

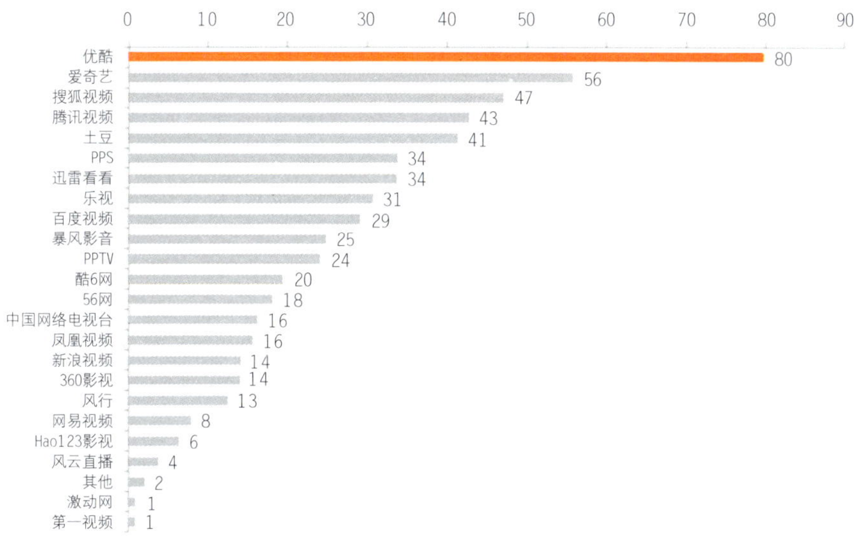

图13 网络视频用户对视频服务商的使用（%）

数据来源：iCTR@四视同堂，2014.1（N=4038）

（二）收看频率及时长

1. 收看频率：过半网民日均观看多次

网络视频已高度普及，成为人们日常的收视习惯，大部分网民每天都会观

看网络视频。iCTR跨屏研究四视同堂数据显示，75%的网民每天至少看一次视频，有过半人群每天会看多次。

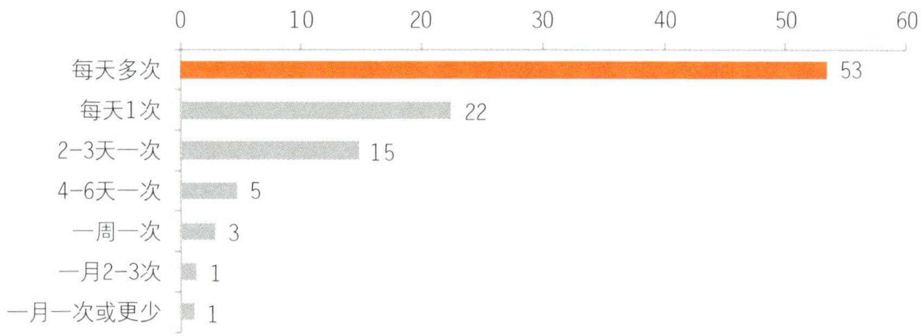

图14 收看网络视频的频率（%）

数据来源：iCTR@四视同堂，2014.1（N=4038）

CNRS36个城市调查数据发现，三线城市的网络视频用户每天收看网络视频的时间更长一些，平均每天收看78分钟；而在一线城市中，这一数据为61分钟。三线城市收视时间更长反映了该区域用户对网络视频的依赖性更强。

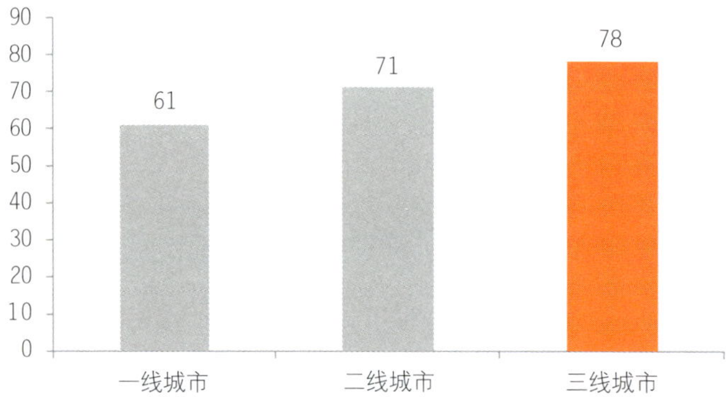

图15 不同城市级别网络视频用户每天收看网络视频的时长（分钟）

数据来源：CNRS 2013年1月—2013年6月（搭车项目数据）

2. 收看时长：周末、节假日明显高于平日

从视频用户的收看时长来看，由于假日有更宽松的时间支配，网民周末及节假日看视频的时长明显多于工作日。数据显示，在工作日，网民平均花费1.8小时看视频，仅有33%用户花费两个小时以上的时间看视频；而在周末及节假日，网民平均收看时长达2.6小时，超出工作日0.8小时。其中花两小时以上的用户占49%，比工作日高16%，甚至有30%的网民收看时长超过4个小时。

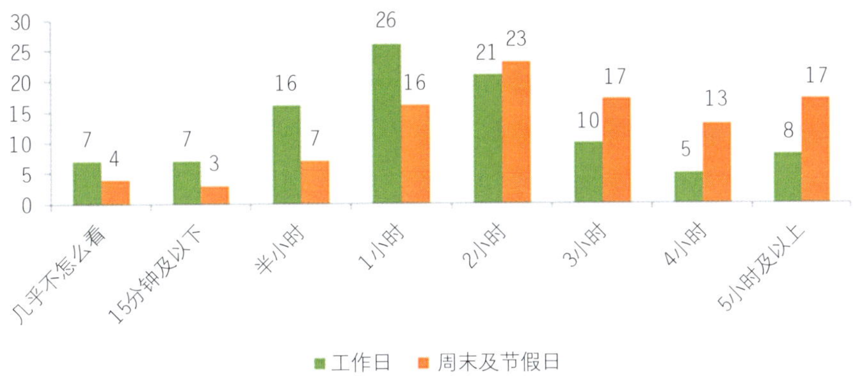

图16 网络视频收视时长（%）

数据来源：iCTR@四视同堂，2014.1（N=4038）

3. 收视时间：电视黄金时间也是网民观看高峰

一般说来，晚间20:00—20:59是电视的黄金时段，但这也是网民观看视频节目的最高峰时段。在工作日，网民收视时段出现两个高峰：一是12:00—12:59的小高峰，23%的用户会利用午休时间段来进行短暂的娱乐消费；二是20:00—20:59的大高峰，36%的网民会集中在这段时间看视频。在周末及节假日，自由时间充裕，PC用户通常会在各个时间段观看视频节目，因此会出现多次小高峰，其中20:00—20:59是最高峰，38%的用户会在这个时间段看视频。

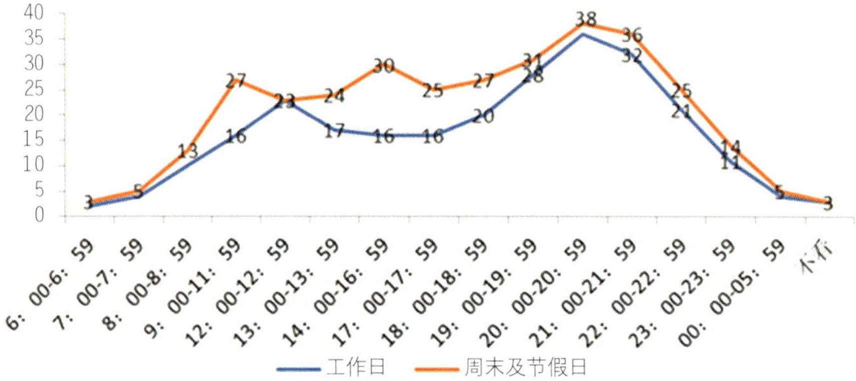

图17 网络视频收视时间分布（%）

数据来源：iCTR@四视同堂，2014.1（N=4038）

（三）观看形式和搜寻节目路径

1. 观看形式：八成以上网民点播观看

网络视频的随时性，方便人们通过点播的方式观看，采用此方式的网民占83%。在用点播方式看视频的受众中，69%是为了追剧，而不容忽视的是，80%的视频受众会通过在线视频观看电视直播节目——在线视频运营商利用网络渠道的包容性，正在快速抢夺传统电视的受众时间。

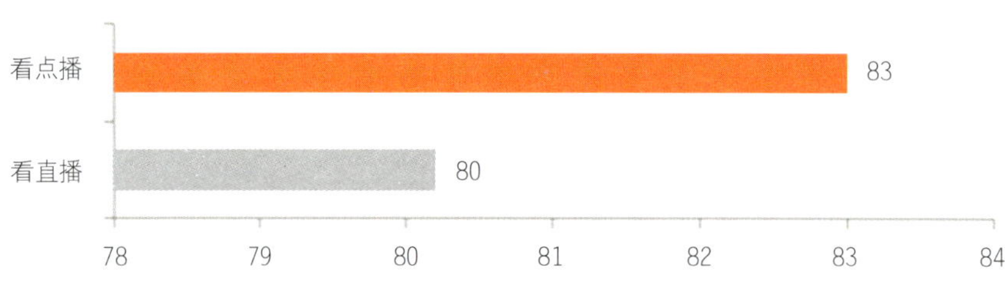

图18 网络视频的观看形式（%）

数据来源：iCTR@四视同堂，2014.1（N=3452）

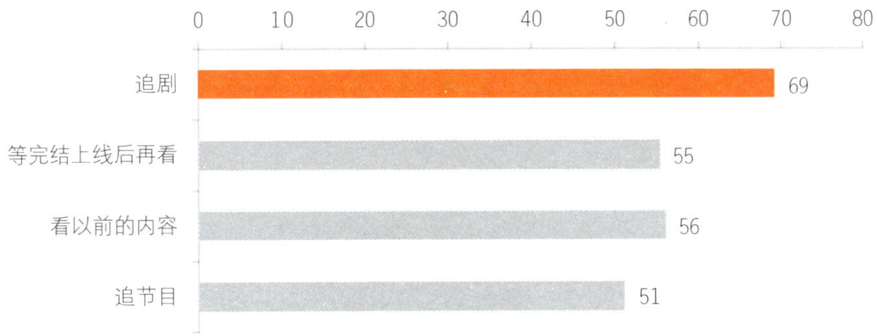

图19 用户点播网络视频节目的方式（%）

数据来源：iCTR@四视同堂，2014.1（N=2865）

2. 搜寻路径：以搜索引擎为主

用户的视频进入方式不一，以使用搜索引擎为主。在PC用户中，67%通过搜索引擎来寻找想要观看的节目；其次是视频聚合网站，有54%的网民采用该方法，如站内搜索、站内榜单列表等；新闻网站也是主要的搜寻手段，有20%以上的受众采用；另外，微博和社交媒体作为另一大进入渠道，也有17%的网民使用。

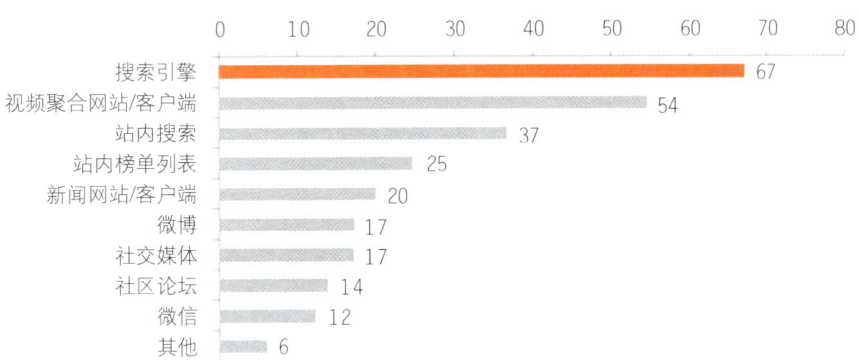

图20 用户看网络视频的搜寻路径（%）

数据来源：iCTR@四视同堂，2014.1（N=4038）

（四）用户对付费视频的态度及使用

目前，免费收看视频节目依然是主流，但有45%的被访网民表示在近六个月内曾付费观看过视频节目。全体PC端用户看视频平均月花费为13元，55%的网民坚持看视频要免费，支出在50元以上的网民仅占10%。而在付费网民中，四成以上用户是购买流量包或者是会员包月套餐。

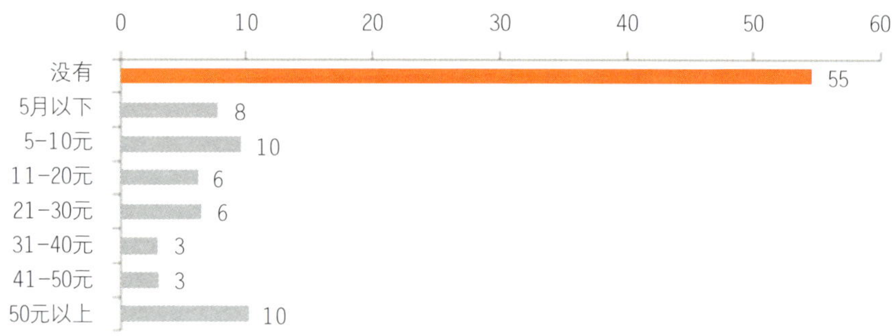

图21 看网络视频的花费（%）

数据来源：iCTR@四视同堂，2014.1（N=4038）

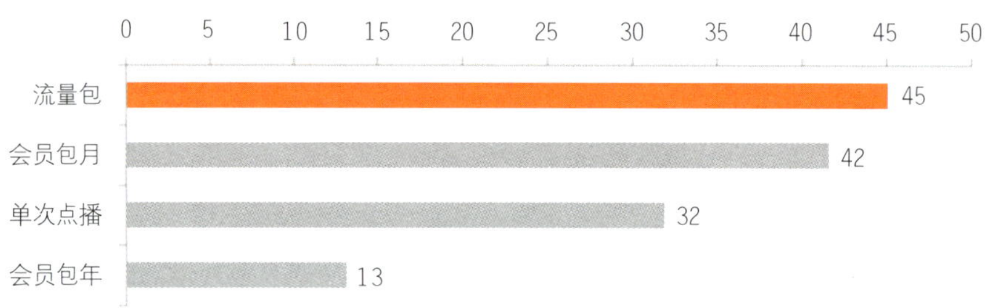

图22 用户看网络视频的花费类型（%）

数据来源：iCTR@四视同堂，2014.1（N=1837）

（五）用户对视频广告的态度

半数受众会观看网络视频的广告。iCTR跨屏研究四视同堂数据显示，55%的PC用户会或多或少地观看视频广告，17%的网民对感兴趣的广告还会点击。

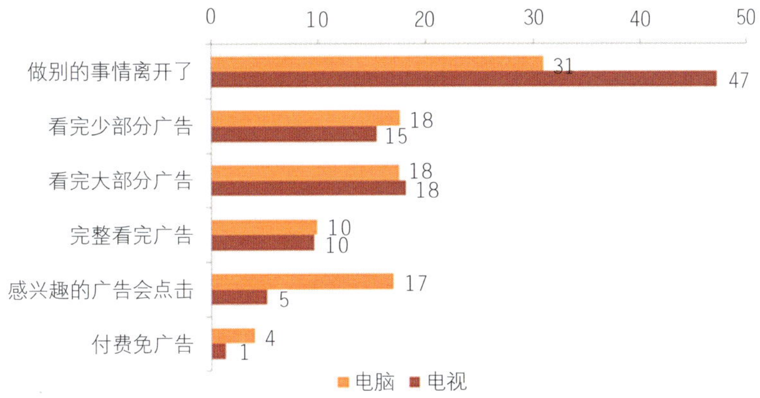

图23 用户对网络视频广告的态度（%）

数据来源：iCTR@四视同堂，2014.1（N=4038）

三、新闻类节目

（一）网络视频新闻节目的发展特征

互联网的快速发展无疑给新闻传播带来了一场革命，而随着视频技术和网络技术的进步，网络视频以其来源丰富、内容多样、题材自由、短小快捷、直观、可参与互动和分享打破了传统新闻传播的垄断，创造出新的新闻传播方式。

1. 新闻来源丰富

视频网站上的新闻节目按来源可分为电视新闻、用户拍摄上传新闻（UGC

新闻）以及其他专业机构制作的新闻（PGC）。其中电视新闻观看方式又包括直播和点播两种，目前除直播大户央视网外，视频网站中的搜狐视频、乐视、腾讯视频等都已经设置直播频道，用户可通过视频网站直接收看其制作加工的新闻或其他电视台播出的新闻节目；而点播观看新闻内容则更为丰富，除了各大电视台热点新闻的片段剪辑外，用户在实际生活中对突发事件、奇异事件、娱乐搞笑事件拍摄上传的内容，以及专业拍客围绕一些社会民生热点拍摄上传的新闻也成为用户关注点击的热点；此外，视频网站更能通过大数据挖掘、了解热点内容背后的规律性，从而有针对性地重点自制该类新闻节目，以吸引更多受众关注和停留。

2. 体裁自由、篇幅短小

不同于电视台动辄半个小时的板块新闻，网络新闻多集中在几分钟内。通过网站编辑基于数据或者经验的判断，选择当天热点新闻中的片段上传至网站；大型网站都有UGC平台，有为用户提供快速上传的通道，用户用手机拍摄的具有新闻价值的突发事件可以在第一时间上传至网络平台供网友点击观看，而上传的用户也能获得相应的奖励。这种众包式新闻素材采集方式，使人人都是新闻记者，为视频网站创造了海量的新闻内容。如“习大大现身南锣鼓巷”“花季少女CBD跳楼”等热点突发事件，各大视频网站上几乎都有现场网民用手机拍摄的实时视频片段。这些片段虽然画面不够清晰，镜头摇晃得甚至看不清拍摄内容，但正是这种不完美融合了当事人激动、惊恐、惊喜、哀伤、愤怒等各种情绪的真实感，让网民趋之若鹜。

3. 自制新闻获关注

传统门户网站新闻资讯资源丰富，结合各自的视频频道，均推出了自制新闻节目。如腾讯视频的《新闻晚8点》，以当天出现的社会、民生、娱乐等各种热点话题为内容，将新闻片段、自制图片、照片等素材用简单方式剪辑，配以轻松搞笑的调侃式旁白而成，一般时长5分钟，每天一期。该节目利用腾讯强大的渠道资源向用户进行推荐，其推荐渠道包括腾讯QQ新闻弹窗、腾讯视频及腾讯新闻，每期均能获得10万级别以上的点击量。

此外，搜狐视频也有类似的新闻自制节目——《策划长镜头》。目前，视频网站的新闻自制节目都以非严肃类新闻为主，以轻松调侃方式来吸引受众。

（二）网络视频新闻节目的用户特征及收看偏好

随着互联网的发展和普及，网络视频新闻已经成为一种被受众广泛接受的新闻传播形式。如前文所述，视频新闻是视频网民最常看的节目类型之一，PC网民中有42%的人会经常观看视频新闻，视频新闻已经普遍获得了用户的青睐。在各类视频节目中，新闻视频用户的特征与其他节目显著不同，这也体现了新闻关注者的群体特征。

1. 用户特征：男性多于女性，25～44岁的人群是主力，收入水平高于总体

iCTR四视同堂网民调查显示，网络视频用户中，男性比例明显高于女性，达58%。而对于新闻类视频节目，男性更加偏爱，高达65%的男性近六个月会经常观看新闻，而女性仅为35%。

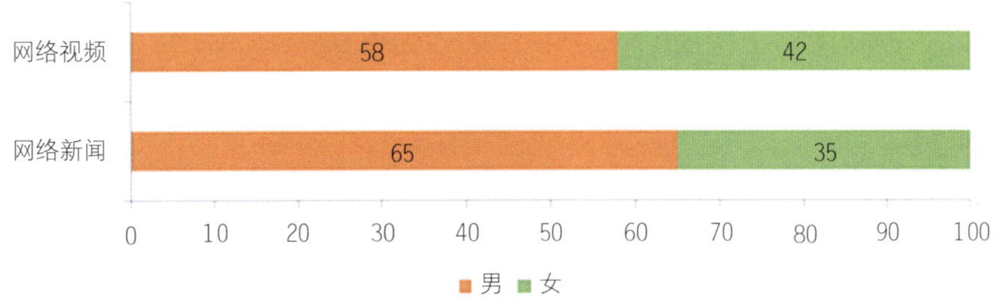

图24 网络视频新闻节目的用户性别构成（%）

数据来源：iCTR@四视同堂，2014.1（N=1676）

偏好新闻类节目的网民相对全体网络视频用户，年龄偏大，平均年龄达到34岁（网络视频用户为31岁）。新闻视频受众以作为社会中坚力量的中青年群体为主，71%集中在25～44岁。

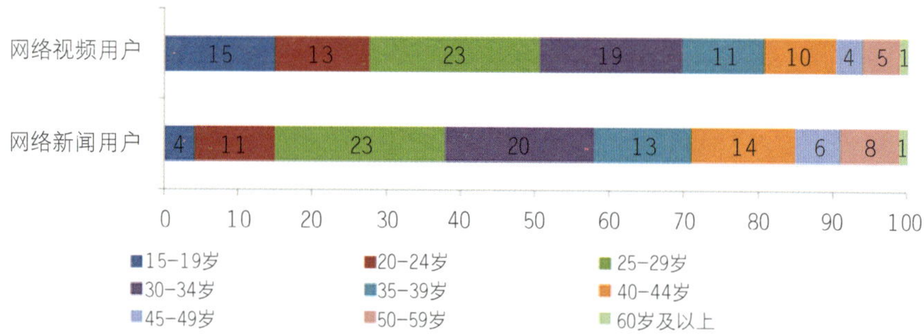

图25 网络视频新闻节目用户年龄构成（%）

数据来源：iCTR@四视同堂，2014.1（N=1676）

看新闻的网络视频用户个人月收入相对也较高，平均达到5553元，而网络视频用户平均为5106元。网络新闻的主体人群集中在2000～8000元的中等收入人群中，而且随着收入水平的提高，关注视频新闻的倾向也在提高。

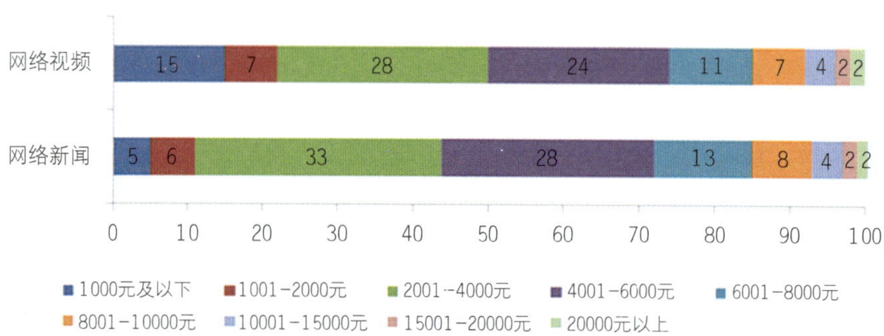

图26 网络视频新闻节目用户个人月收入构成（%）

数据来源：iCTR@四视同堂，2014.1（N=1676）

2. 用户对网络新闻的偏好：时政与社会新闻最受关注

iCTR跨屏研究@四视同堂数据显示，网民对各类新闻均较有兴趣，各类新闻题材的受众占比均较高。其中，时政和社会作为新闻节目的主打类型，分别有75%和74%的网民在PC端经常观看；民生、财经和娱乐题材也广受青睐，占比均在60%以上；排名最低的评论类新闻，用户占比也达44%。

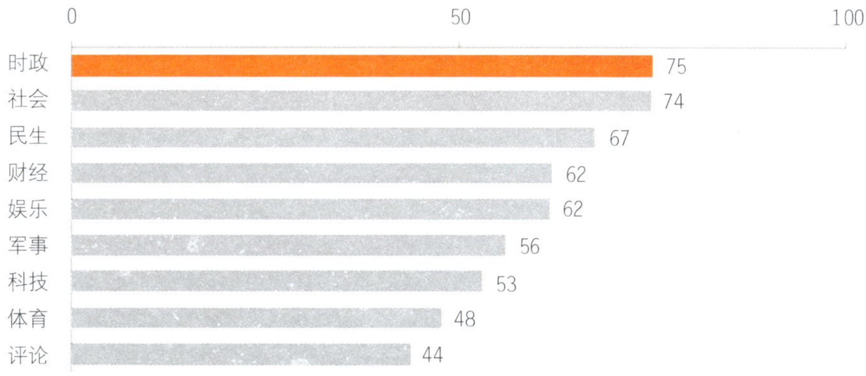

图27 网络视频新闻节目用户偏好（%）

数据来源：iCTR@四视同堂，2014.1（N=1676）

（三）网络视频新闻节目的发展趋势与展望

1. 新闻视频化趋势明显，UGC视频广泛使用

真实、客观、及时是民众对新闻的最基本要求，而具有声音、图像与说明的视频类新闻无疑是最能真实清晰还原新闻场景的表现方式。随着移动网络的快速建设和完善、智能手机的普及，越来越多的突发新闻素材是来源于现场用户用手机拍摄的非专业视频，这些视频虽然图像质量不高，但正因为其一快遮百丑，第一时间、第一现场的价值，目前，各大视频网站的新闻或资讯频道大量使用这类UGC新闻，而且其数量越来越多，再往下发展甚至会出现用户UGC视频直播。

2. 将以做深、加厚、独到观点和包罗万象的海量内容取胜

根据iCTR四视同堂数据，大量观众喜欢使用电视看新闻的众多原因中，固定时间形成观看习惯是最主要的。除了受众的观看习惯，新闻是各大电视台最核心的自制内容，多年来也形成了新闻源和新闻生产的竞争壁垒，视频网站难以在短时间内在自制新闻上形成大的突破。

但与电视新闻的线性播出不同，网络视频媒体的平台化模式，可以包容海量新闻内容，并以各种形式呈现和推荐给受众。围绕当前的一个热点话题，如“习大大南锣鼓巷之行”，视频网站可以组织卫视台播放的新闻片段、谈话评论类节目片段、用户手机拍摄上传视频以及视频网站自制新闻节目等各种素材，构成一个热点播报内容包，让受众可以方便快捷地获取各种新闻内容，更深层次地满足他们对该新闻的了解。

在独到新闻很难获取的当下，围绕新闻热点做深、加厚、海量、独到观点是网络新闻日益凸显的竞争特色。

四、电视剧类节目

在传统电视节目中，电视剧是观众最欢迎的节目之一，随着网台融合的不断发展和深入，通过PC看电视剧已经成为一种普遍的现象。网络电视剧业已从简单的电视台的热播剧发展到独自引进和自制。而台网之间的版权授权之争和网络电视剧监管、审查的规范都预示着网络视频电视剧的发展正在从无序走向有序。

（一）网络视频电视剧发展特征

1. 优质剧目拼独播

据CNNIC2013年底发布的最新网络统计报告，网络视频用户规模已达4.28

亿，视频在网民中的使用率达到69.3%。在经历了早期无序混乱的市场发展之后，当下视频网站需要利用内容差异来建立品牌区隔，真正让用户形成品牌黏性，故此，对于优质版权内容的“独播”年已正式开启。

根据iCTR四视同堂调研数据，电视剧类别中大陆剧、美剧、韩剧分列视频网民常看剧类的前三位。对这三类吸引眼球的利器，各视频网站铆足了劲儿购买优质内容的独播权。从下表可见，2014年各大主流视频网站均已经囤积了一批好剧的独播权。

表3　2014年部分知名独播剧说明

剧类	剧集名称	独播（首轮独播）网站
大陆剧	爱情公寓4	爱奇艺
	离婚律师	腾讯
英美剧	纸牌屋2	搜狐
	唐顿庄园4	优酷
	妙女神探4	乐视
韩剧	来自星星的你	爱奇艺
	危情三日	优酷

数据来源：根据网络公开资讯整理

2. 重金投入自制剧

电视剧是网络视频节目内容中最受欢迎的类型之一。视频网站的主要商业模式仍是依靠广告，电视剧集数多、时间长，一部热剧能吸引海量受众长达数十个小时的观影时长，其中的广告效益不言而喻。

在接下来的发展中，视频网站除了继续采购全球优质版权内容以外，投入重金拍摄自制剧也成为各大主流视频网站2014年的发展重点。据公开数据，爱奇艺、优酷、乐视、搜狐等媒体2014年投入自制内容制作的费用都将是上亿级别。据艺恩咨询预测，2014年我国网络自制剧制作集数将达到1700集左右；2015年，这一数字预计可达3000集。

表4 2014年视频网站自制网剧举例

视频网站	代表自制网剧	播放量
优酷	万万没想到	3462万
乐视	唐朝好男人	28031万
爱奇艺	非常宅	1255万
搜狐视频	屌丝男士1	12092万
腾讯视频	美人季	3212万

说明：数据由iCTR根据各网站公开数据统计而得，统计时间截至2014年3月21日

（二）网络视频电视剧用户的特征及收看偏好

在各类视频节目中，电视剧几乎与电影并驾齐驱，是用户广为关注的节目类型，73%的视频网民会经常观看，处于视频网民观看节目类型的第一阵营。

1. 用户特征：男性高于女性，青年群体是主力

由于网络视频用户中男性多于女性，网络电视剧的受众也以男性为主，占比达到55%。女性比例虽少于男性，但相对于其他节目类型来说，女性对电视剧的偏爱非常突出，其比例要明显高于女性所有节目类型的平均数3个百分点，达到45%。

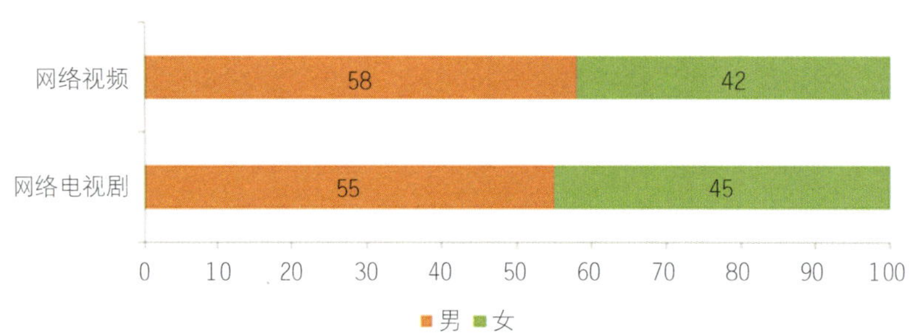

图28 网络视频电视剧用户性别构成（%）

数据来源：iCTR@四视同堂，2014.1（N=2943）

就平均年龄而言，电视剧的视频受众平均年龄为31岁，与全体视频网民的平均年龄相当。相对而言，20～34岁的用户更喜欢看电视剧，占比达59%，其中，尤以20～29岁的年轻网民更加偏好电视剧，占比达到40%。

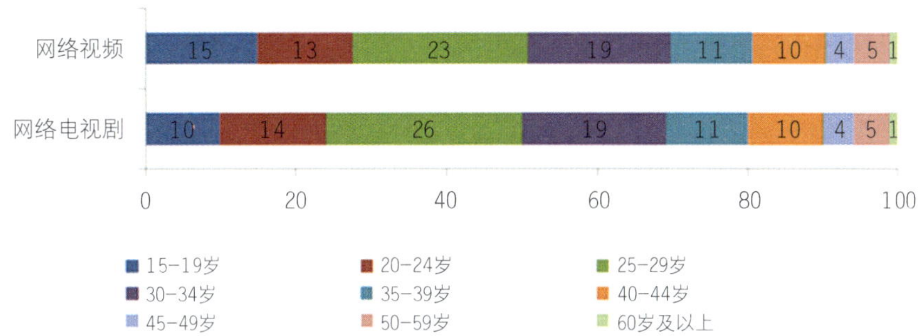

图29　网络视频电视剧用户年龄构成（%）

数据来源：iCTR@四视同堂，2014.1（N=2943）

电视剧节目的视频受众平均月收入为5272元，低于新闻节目视频受众。其中，近七成用户月收入水平在2001～8000元，而在2000～6000元的用户集中度更高，达到55%。

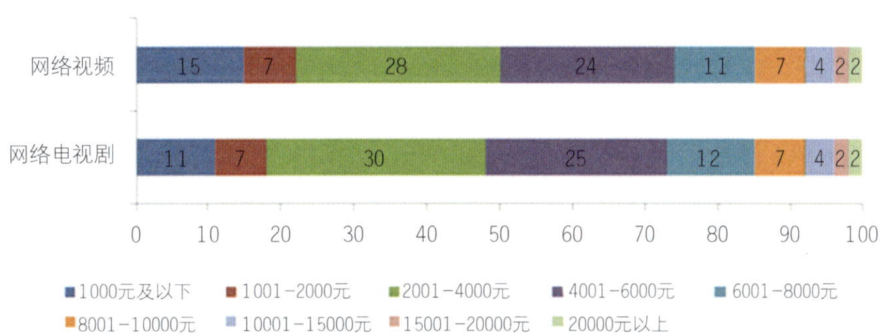

图30 网络视频电视剧用户个人月收入构成（%）

数据来源：iCTR@四视同堂，2014.1（N=2943）

2. 网络电视剧题材偏好：都市、偶像、古装居前三

视频网站上有海量的电视剧内容，各类题材包罗万象。根据iCTR跨屏研究产品@四视同堂数据，各类题材均有相当比例的受众喜爱。但总体来说，都市、偶像和古装题材居前三。都市题材受到近六成网民的欢迎；其次是偶像剧，50%的网民关注；还有四成以上的网民青睐古装剧和家庭剧。

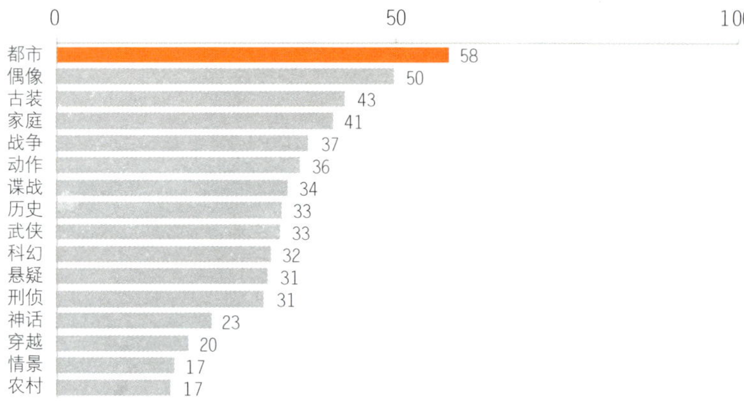

图31 用户对网络视频电视剧的题材偏好（%）

数据来源：iCTR@四视同堂，2014.1（N=2943）

3. 网络电视剧的产地偏好：内地、香港居前列，美剧、韩剧受欢迎

从电视剧的产地来看，中国内地剧稳居霸主地位，海外剧竞争激烈。在中国内地市场，中国本土产出的电视剧依然是视频网民最喜欢观看的类型，内地和香港分别占83%和58%；美剧、韩剧等国外电视剧也越来越受网民们的欢迎，二者的比重分别达49%和42%。而英剧、日剧、泰剧等虽然受众量偏小，但也有部分忠诚粉丝。

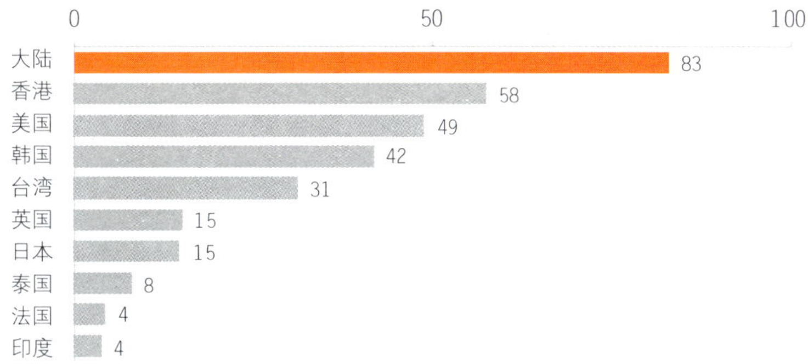

图32 用户对网络电视剧的产地偏好（%）

数据来源：iCTR@四视同堂，2014.1（N=2943）

4. 引进剧《来自星星的你》热播分析

《来自星星的你》是韩国SBS电视台2013年12月末播出的水木剧[4]，由张太侑导演，朴智恩编剧，金秀贤、全智贤主演。是一部讲述从外星球来到朝鲜古代的神秘男人都敏俊一直生活至400年后的现代，在和身为国民顶级女演员的千颂伊陷入爱情的过程中，不同星球的两个人消除彼此之间的误解，克服危险追寻真爱的浪漫爱情喜剧。

据公开数据，该剧在韩国收视水平一般，从开播时的20%左右到28.1%的收视率收官，始终都没有超过30%。《我的名字叫金三顺》《面包王金卓求》等都曾在韩国创下50%以上的最高收视率，《灿烂的遗产》《玫瑰人生》《王氏家族》等多部韩剧收视率都曾超过40%。[5]而在中国，《来自星星的你》却

---

4 韩国电视剧的剧种之一。在韩国和日本，星期几是承袭了古代中国的叫法，从周日开始分别用日、月、火、水、木、金、土来表示。所以，水木剧就是在星期三、星期四播出的电视剧。（周一、周二播出的剧叫月火剧；周六、周日是土日剧，在韩国叫周末剧；周五两集连播叫金曜剧；周一到周五每天都有，每集30分钟的叫日日剧。）水木剧主打偶像时装剧，以年轻受众为主体。

5《“星星的你”走红中国背后推手有哪些》，商业价值。
http://biz.jrj.com.cn/2014/03/18092616883846.shtml

成为话题级的“神剧”，爱奇艺率先获得独家版权，后乐视网也获得版权跟进，截至2014年3月17日，据CTR统计，两个网站该剧正剧的总点击量达到15亿次[6]（正剧仅指电视剧本身，不包含花絮及精彩剪辑等其他衍生品）。

作为2014年开年“神剧”，《来自星星的你》不仅掀起全民观影、讨论热潮，还直接使得近年被美剧“压制”的韩剧热潮再现，带动国内韩剧版权购买潮。该剧在仅通过视频网站面向受众首播、电视台未参与的情况下，获得如此高的关注度和收看点击率，说明视频媒体的影响力正在快速提升。我们认为，该剧获得成功的因素可归结为如下几点。

《来自星星的你》由韩国SBS电视台出品，是在国内80后、90后心中拥有“女神”地位的韩国女星全智贤阔别电视屏幕14年后的首次回归。演员细腻的表演、紧凑复杂的剧情、一集平均250万制作经费的高投入，打造出这部集偶像、爱情、时尚、凶杀、玄幻为一体的穿越偶像剧。制作精良、内容经得起市场考验，是该剧流行的真正基础。

社交媒体日益成为热剧的推手。微博、微信朋友圈热议的电视剧话题，特别是意见领袖的关注和引领，对形成舆论场、形成观剧潮影响甚大。《来自星星的你》吸引了如白百合、李小璐、Angelababy、杨幂、赵薇、高圆圆等拥有上千万粉丝的大V发帖讨论和宣传，各自快速创造了上万的转发，很快吸引了大量女性的关注。尔后网上对该剧的各种热门话题层出不穷，如“啤酒与炸鸡”“Q萌表情”等，将该剧成功打造成“潮流剧”，似乎谁要开口不谈“星星”就显得与时尚潮流绝缘，成功裹挟了越来越多的网民加入“追星大军”。

作为《来自星星的你》最主要的播放平台，爱奇艺在北京市重要商业地段投放数十块以“都教授”金秀贤为主角的巨幅广告，吸引路人拍照分享，创造“星星”话题。此外，爱奇艺还通过自身网站不遗余力地宣传，通过微博、微

6 数据来源：CTR根据爱奇艺与乐视网标注点击次数相加而得，其中爱奇艺是8.9亿次、乐视是6.9亿次，统计时间为2014年3月17日。

信话题炒作、网站优质入口拉动、搜索引擎关键词购买、线下广告投放等等手段，造势和扩大该剧的影响。

此外，2014年情人节，《来自星星的你》男主角“都教授”的女粉丝们筹资30多万为他在《新京报》投放广告，表达自己对男神的爱意和祝福；淘宝等多个购物网站打出“星星同款”产品卖断货等粉丝经济营销宣传，无疑也是该剧扩大影响力的重要因素之一。

5. 网络自制剧《屌丝男士》热播分析

《屌丝男士》是搜狐视频自制剧代表之一，为周播短剧形式，每集时长十几分钟，每季有6~8集。该剧从2012年10月开始推出第一季，受到网民热捧，在2013和2014年相继推出第二、三季。根据搜狐视频公开数据，每季的播放量均超过4亿，其中第三季的点播量截至2014年4月22日达到6.28亿。

《屌丝男士》的兴起顺应了国内“屌丝现象”的出现潮流。“屌丝”是兴起于网络的流行词，关于“屌丝”的定义和范围也曾是近年来网络热议话题之一。搜狐视频团队抓住网民关注的热点话题，创作出了吸引眼球的作品《屌丝男士》系列。我们认为，该剧获得成功的因素可归结为如下几点。

《屌丝男士》第一季推出时，正是网络流行词“屌丝”最火热的时期，网民对于“屌丝”有较高的关注度，该剧以“屌丝男”为名，容易吸引网民眼球，获得高关注度。此外，搞笑短剧类形式也非常贴合网民的快餐娱乐文化，每集十几分钟的篇幅，由2~3个小故事组成，笑点密集，让网民在轻松娱乐的氛围中完成整集收看，体验非常好。

节目内容贴近草根民众生活也是该剧成功吸引眼球的因素之一。节目中的段子，如早高峰挤公交碰撞矛盾、公交车上情侣亲热现象、朋友请客却不掏钱、路边摊儿算命大师等，基本上都是日常生活中的片段，经过艺术加工后以夸张的表演重现，使得网民在开心看剧的同时，能获得会心一笑的熟悉感和认同感。

《屌丝男士》是搜狐重点自制剧，搜狐旗下拥有众多的宣传资源，因此其巨大的号召力使该剧比较容易邀请到明星客串，而明星的宣传效应也帮助该剧吸引到更多的用户，如下表所示。

表5 《屌丝男士》各季参演明星

节目	参演明星
《屌丝男士》第一季	孙俪、吴奇隆、何云伟、李菁、吴孟达等
《屌丝男士》第二季	林志玲、吴秀波、汤唯、邓超、王学兵等
《屌丝男士》第三季	文章、黄海波、白百合、腾格尔等

数据来源：根据网络公开资讯整理

（三）网络视频电视剧的发展趋势与展望

1. 网络媒体的开放性将刺激海量创新内容的生产

网络视频媒体通过采购优质版权、提供播放平台、提供利益分享等多种方式鼓励用户UGC、专业机构PGC生产适销电视剧等，推动了国内网络视频内容制作的快速发展。首先，由于现阶段国家对视频网站自制的节目监管尚没有电视台严格，使得网络平台可以有更多的自由发展空间，鼓励个人及小团体专业机构大量创新；再次，网络平台不存在电视台的线性播放时间限制，可以为海量内容提供空间，让不同喜好的受众在平台上获得各种个性化内容；第三，网络视频媒体更创新灵活的商业模式，也能给内容生产者提供更多的获益方式，如植入广告的收益分成、受众点击获得的收益分成、受众付费分成等多种方式，从而刺激内容提供方生产更多优质内容。

2. 自制剧将成为视频网站的投入重点

视频网站对自制网剧的探索始于2010年，这期间陆续有较大影响力的作品问世，如《钱多多嫁人记》《泡芙小姐》《屌丝男士》等，但基本上都以搞笑短剧为主，演职人员的阵容与专业的电视剧制作仍有较大差距。但2014年，各主流视频网站均公开表示要加大自制剧投入，2014年可称为是“自制剧元年”，体现在以下三点。

①战略高度的重视。优酷、搜狐、爱奇艺等主流视频网站的高层人士在各种公开场合纷纷高调宣称将有“亿”级别的资金投入自制剧，意在不仅仅是吸引业内专业的导演、演员参与其中，也希望通过各种宣传方式吸引受众对网络自制剧的关注和讨论。

②提升专业水准。视频网站近年来一系列试验自制剧的成功，为下一步的发展奠定了良好基础，且随着视频媒体影响力和话语权的提升，一线演员和导演对视频媒体的支持力度将持续升温。如搜狐视频的《屌丝男士》就陆续吸引到吴秀波、汤唯、文章、林志玲等知名演员加盟捧场，而搜狐视频也将首度打造电视标准的网络长剧。

③受众市场开始成熟。经过前几年自制网剧的培育，受众开始知道并且关注视频媒体的自制剧。各大视频网站的代表性自制网剧点播量均过亿就很好地说明了这一点。随着视频媒体聚集质量的不断提高，加强对自制剧的宣传力度，并配以好的入口资源的倾斜，如网站首页广告宣传、开通自制剧频道等，将吸引更多受众点击观看自制剧。

五、电影类节目

（一）网络视频电影发展特征

中国电影市场已经进入一个新的发展周期，电影市场的繁荣也极大地促进了网络视频电影的发展。网络电影虽然不及电影院的观看效果，但巨大片库带来的满足个性化收看、不受时间限制、收看低成本等优势，使电影成为视频用户最为关注的节目。

1. 微电影是视频网站的重要发展战略

近年来，因低成本、低门槛并且易于植入广告等特性，微电影伴随着新媒体技术的发展迅速兴起。

视频网站热衷于支持微电影发展，首先是因为微电影符合其发展战略：微电影类型丰富、叙事简单、制作周期短、成本低的特点使其迅速成为视频网站重要独特内容；其次，微电影是企业品牌宣传的良好载体，是网络重要的品牌植入营销阵地，商业价值很高。以微电影为载体，企业广告通过视频网站和社交媒体进行传播，能达到让用户主动关注并帮助传播的效果，较之被动式硬性广告，微电影的植入广告方式受到广告主的追捧。

2. 拭目以待网络大电影

网络大电影是在微电影发展基础上的延伸。网络大电影其时长在60分钟以上，具备完整的电影结构，一般由专业机构制作，质量精良。相比院线电影，网络大电影的门槛和成本都比较低，而且周期短、上线快，题材和尺度相对宽松，可以更快地反映社会热点。2014年初，爱奇艺率先启动“网络大电影”项目，搭建起网络播放平台、投融资平台、青年导演成长平台三大支持系统。

作为介于电影和微电影之间的一种节目形态，“网络大电影”与西方国家盛行的“电视电影”很相似，其在网络上的发展前景，业内外还将拭目以待。

3. 在线电影付费市场将快速发展

现阶段中国电影产业90%以上的收入都来自票房，而在美国票房收入只占电影产业的25%，另外75%全都来自其他销售。根据国家新闻出版广播电影电视总局电影局授权新浪网发布的电影市场数据，2013年中国电影票房达到218

亿元。如参照西方电影市场收入比例估算，我国其他电影发行渠道市场空间可达700亿~800亿元，而其中视频网站付费电影市场就存有百亿的巨大空间。随着打击盗版力度的加强，通过引入院线热播电影、经典电影等优质内容服务方式，而随着网络支付，尤其是移动支付的快速发展，用户付费观看电影的流程也会便捷许多，在线电影付费市场前景广阔。

（二）电影是最受欢迎的网络视频内容

在电视节目中，电影的收视率并不高，但在网络视频节目中，电影却是最受观众欢迎的节目类型，这是网络视频与电视节目最明显的差异之一。调查显示，76%的视频受众在近六个月经常观看网络视频电影。

1. 网络电影用户特征：男性多于女性，青年群体是主力

iCTR跨屏研究@四视同堂数据显示，电影作为收看群体最多的网络视频类型，其观众的特征分布与全体PC用户基本一致，这也显示了电影在网络视频节目中的重要性。

相对来说，男性视频网民比女性更爱看电影。男性占比为60%，超总体男性网民两个百分点。

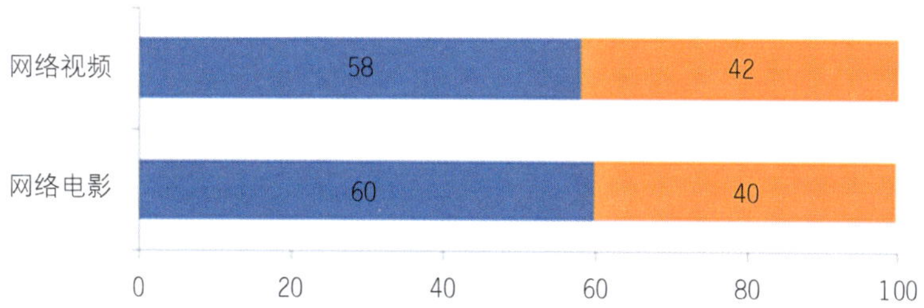

图33 看电影的网络视频用户性别特征（%）

数据来源：iCTR@四视同堂，2014.1（N=3061）

电影的视频受众平均年龄为31岁，与电视剧受众一致。其中，25～34岁的网民明显偏爱电影，占比达到61%。

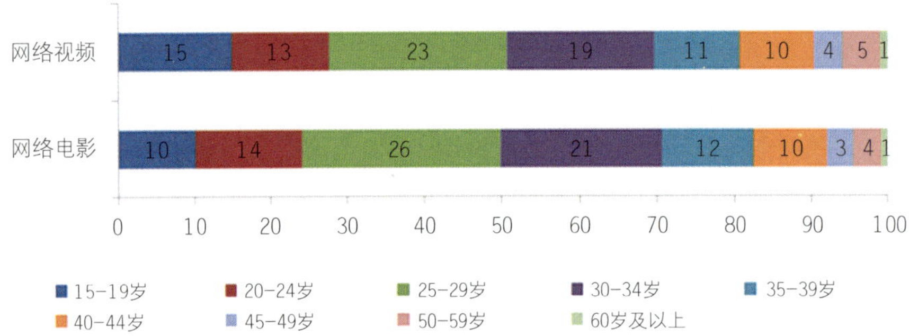

图34 看电影的网络视频用户年龄特征（%）

数据来源：iCTR@四视同堂，2014.1（N=3061）

电影节目受众的平均月收入为5350元，高于电视剧受众。其中，近七成用户的月收入处于2001～8000元间。

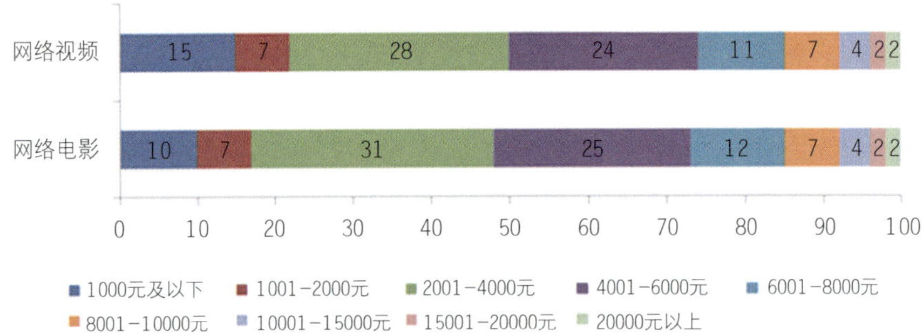

图35 看电影的网络视频用户个人月收入特征（%）

数据来源：iCTR@四视同堂，2014.1（N=3061）

2. 网络电影类型偏好：动作、喜剧、科幻竞争力强

与电视剧一样，视频网站上的电影类型也同样丰富多彩，不同题材电影的受欢迎程度差异较大。动作、喜剧和科幻类影片竞争力最强，分别有70%、64%和51%的网民喜欢观看，高出其他类型影片10个百分点以上；爱情和战争军事题材也较受欢迎，有近四成用户观看。与其他终端情况类似，看戏曲电影的用户相对较少，仅占3%。各大视频网站在电影题材选择上都有所侧重，凸显特色，进行差异化竞争。

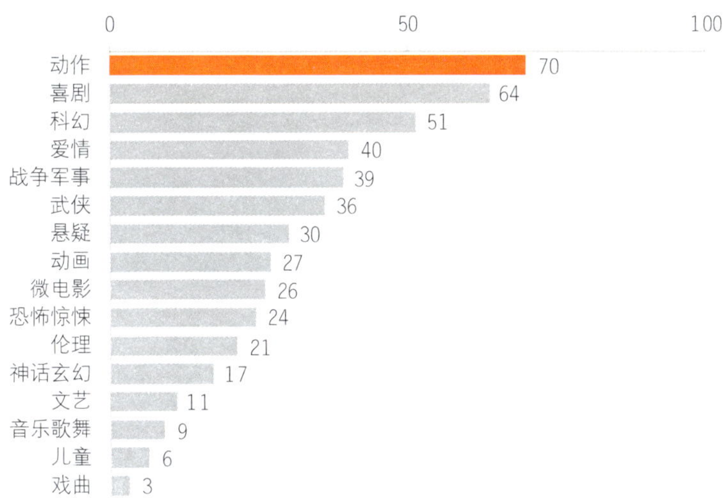

图36 看电影的网络视频用户偏好（%）

数据来源：iCTR@四视同堂，2014.1（N=3061）

3. 网络电影产地偏好：中国内地、美国、中国香港电影最受关注

iCTR数据显示，观看中国内地、美国和中国香港影片的网民最多，占比分别为76%、74%和68%，远远高出其他地区的影片。其次，韩国、中国台湾和日本等亚洲地区的电影也较受欢迎；英国、法国、泰国、印度电影相对小众。

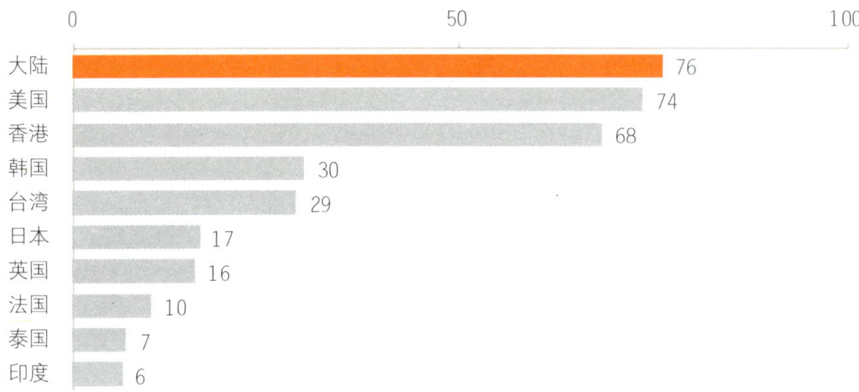

图37 网络电影产地用户偏好（%）

数据来源：iCTR@四视同堂，2014.1（N=3061）

4. 网络微电影的发展

微电影，顾名思义，是指微型电影，它是在电影和电视剧艺术的基础上衍生出来的小型影片，具有完整的故事情节和可观赏性。2011年由青年导演杨志平率先提出“微影”概念，被称为“微电影之父”。随后，微电影的知名度一路飙升，吸引了多位知名导演和演员加入。

观察视频网站对微电影的分类，按题材可分为伦理、爱情、惊悚、喜剧、动作、悬疑、文艺、励志、恶搞等数十种，按片种可分为剧情片、动画片、纪录片、音乐片等。微电影长度不一致，有5分钟以内的超短片，有十几分钟的，也有半小时左右的，少数也会超过半小时，但一般都短于一个小时。点击量也参差不齐，多的如《老男孩》系列，可接近上亿次点击，少的仅几十次、上百次。微电影方兴未艾，其制作水准、题材关注度、宣传力度等各方面的差异都会对点击率造成较大影响。

作为一种创新的艺术形式，微电影以其短小、自由的特点符合网络时代碎片化文化需求，深受年轻网民喜爱。根据iCTR四视同堂数据，26%的网民都曾经看过微电影，其中25～35岁，一、二线城市的较高收入群体尤其关注，说明微电影受到精英群体的喜爱。目前，主流的视频网站都对专业机构和个人开放，有专门的“微电影”频道或者“原创”频道为其宣传。微电影类型丰富、题材多样，对拍摄器材要求不高，进入门槛低，吸引了众多年轻创作人才和年轻演员的加入，他们的大胆创意则进一步推动了微电影的发展。

5. 微电影《酸甜苦辣》热播分析

《酸甜苦辣》系列微电影从2011年开始已经推出了两部，现还在继续制作。前两部由人气演员桂纶镁和彭于晏主演，第三部由白百合与郭晓冬主演。该剧每部分为酸、甜、苦、辣四个小故事，每个小故事为一个独立的单元，时长为1～3分钟。

《酸甜苦辣》不仅获得了受众的口碑和关注，也成为营销领域的典型案例，树立了商业微电影新的标杆：该剧帮助赞助商益达产品迅速提升了品牌知名度和市场占有率，并获得亚洲实效营销金奖、艾菲实效营销金奖以及微电影金瞳奖等诸多奖项。

《酸甜苦辣》首先推出的是一个广告短片，在电视、地铁、公交车及户外屏幕上投放后，其未完故事吸引了网民纷纷到视频网站上搜索完整版的故事来观看，为影片点击及益达品牌的宣传起到了良好的推动效果。广告主一直希望向消费者传达出“吃完喝完嚼益达”的概念，在《酸甜苦辣》系列广告推出后的8个月内，调查显示，消费者对这一诉求的认知增长了40～50个百分点。我们认为，该片获得成功的原因可归纳为如下几点。

①故事情节设置合理，贴近生活打动人心。《酸甜苦辣》系列取材来自爱情的四个味道，跟随桂纶镁和彭于晏浪漫爱情的进展，结合四个不同场景将爱情四味很好地融入其中，引起各个年龄段受众的同感，特别是受到80后、90后人群的关注和讨论，形成了线上与线下广泛的口碑传播。

②专业制作水准，人气偶像引关注。《酸甜苦辣》从创意、拍摄到后期制作均是专业的团队投入巨大的精力精心制作：创意出自BBDO环球网络公司，

是世界范围内以广告创意闻名的顶尖广告公司之一。据网络公开资讯，该创意的诞生历时两个多月；摄制组辗转北、上、广多地，拍摄时间长达八九个月，且在拍摄过程中创意人员、广告主与导演等还进行了多番讨论修改，保障片子的质量与意境的表达；而桂纶镁、彭于晏、连凯等专业演员的加入，其精湛的演技则保障了能更好地展现故事情节，同时他们作为青春偶像演员的高人气也能更大限度地促进影片的传播度。

③线上线下多渠道推广。《酸甜苦辣》最初的“沙漠相遇”版本作为电视TVC广告投放后，取得了像电影一样的传播效果，反响热烈，主创与广告人员马上跟进，在沿用该创意继续拍摄其他系列的同时，将广告片通过各种线上线下渠道进行全方位投放，让未完的故事悬疑掀起社交网站和视频网站上搜索和讨论的热潮，受众在所有的视频网站上几乎都能搜索到该系列的完整故事版本，社交网站上也形成了大量话题讨论和视频链接传播。线上线下全媒体的多渠道传播推广最终成就了《酸甜苦辣》微电影系列。

（三）网络视频电影的发展趋势与展望

1. 网络电影发行正日益成为电影票房的重要补充

伴随着网络平台的崛起，网络院线在电影发行中的作用日益明显。院线热播电影，视频网站是重要的宣传渠道，各种电影片花和宣传片，以及片中人物访谈类节目，均成为电影迷了解院线热播电影的重要渠道；此外，电影从院线下线后，视频网站可再次掀起一轮宣传攻势，借着院线的热度，吸引受众以相对院线仅1/5或更低的价格点击付费观看。该领域是一块巨大的市场蛋糕。

2. 互联网电视大屏崛起将进一步推动网络电影的发展

2013年被称为“互联网电视元年”，乐视、爱奇艺、百度、小米等众多互联网公司纷纷联合传统电视机生产商推出各种硬件设备，目的只有一个，让网络与电视大屏联网。

电影与大屏天生就是好搭档。随着智能家居生活概念的流行，未来的电视都将有智能操作系统，可以轻松实现上网。而电视屏幕技术的发展也日新月异，目前60英寸以上的电视大屏价位已经低到6000元左右，各种高清、3D技术使家庭影院的概念再度流行。物质生活富裕后，精神生活的追求将是国人下一个追求热点，院线票房每年的高速增长便说明此点。而院线的数量毕竟有限，观看电影的价格成本和时间成本也阻碍了一些观众的消费，而在电影下线后，以更低的价格通过网络观看，将是一个极有潜力的市场。市场人士预言，2017年左右网络付费电影市场将形成。

六、综艺娱乐类节目

综艺娱乐节目是电视媒体的核心资源，深受观众青睐。网络视频虽然有自办的综艺娱乐节目，但影响力还远不及电视节目。购买电视综艺娱乐版权是目前网络视频的主要节目来源。但湖南卫视对视频网站停止版权分销的举动，预示着电视与网络视频网站的竞合博弈将发展到新的阶段。

（一）网络视频综艺娱乐类节目的发展

2014年初，在各大视频网站的营销推介会上，独播绝对是高频词。如表6所示，2014年的热播综艺节目基本已经被各家视频网站瓜分，其中爱奇艺无疑是综艺最大的赢家，其获得的节目既有长盛不衰的王牌综艺节目《快乐大本营》《天天向上》等，也有季播热点节目《爸爸去哪儿》第二季。

根据iCTR跨屏研究产品@四视同堂数据，综艺节目是视频网民最爱看的视频节目内容之一，且以25～44岁的中青年社会消费主力人群为主，受众规模大、营销价值高是视频网站纷纷巨资购进热门综艺节目的主要原因。根据市场公开数据，2013年夏季的《中国好声音2》，搜狐视频虽然花费了近亿元购买版权，但各种网络冠名费、贴片广告等收入使得该节目实现了盈利；而爱奇艺购买的湖南卫视《爸爸去哪儿》第二季，则获得了银鹭集团6600万的网络独家冠名权收入，创下中国季播节目网络独家冠名费新纪录。

网络独播使得视频网站能更深入对接版权方，能更充分挖掘节目资源，如表6中以乐视《我是歌手》为例——视频网站将最宝贵的入口资源给独播节目，自制一系列栏目，并由市场团队精心打造营销方案，力求将独播节目的网络影响力放到最大。综艺独播节目已成为视频网站品牌竞争的重要手段。

表6 2014年视频网站代表独播综艺节目

视频网站	代表独播节目	涉及卫视	涉及版权价格
爱奇艺	《快乐大本营》《天天向上》《百变大咖秀》《爸爸去哪儿2》《康熙来了》	湖南卫视 台湾东森电视台	2亿左右
乐视	《我是歌手2》	湖南卫视	5000万左右
PPTV	《非诚勿扰》《最强大脑》《一站到底》《芝麻开门》《非常了得》	江苏卫视	2亿左右
腾讯视频	《中国好歌曲》《中国好声音3》	央视 浙江卫视	《中国好声音3》达2.5亿

数据来源：根据网络公开资讯整理

注：表中版权价格均引用自网络数据，仅供参考。

（二）网络视频综艺娱乐类节目的用户特征及收看偏好

综艺节目也是网民最喜爱的节目之一，与电影、电视剧同处于网民观看视频节目类型的第一阵营，有近六成的网民经常观看。

1. 用户特征：女性网民最多，青年人是收视主力

虽然网络综艺节目男性受众比例明显高于女性，但相比网络视频用户总体，女性网民更喜欢收看综艺节目，比重为45%，超出总体3个百分点。

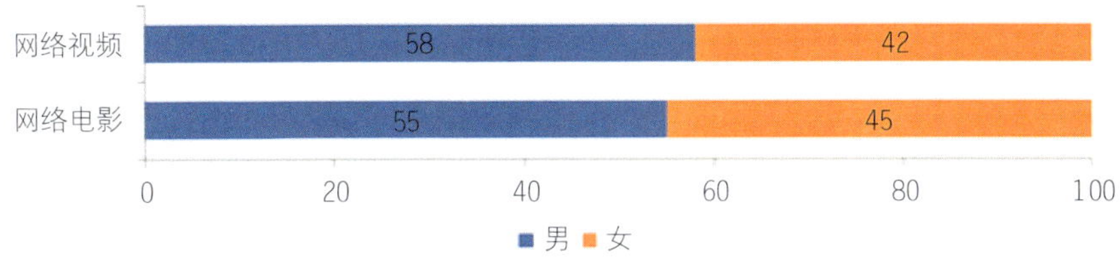

图38 综艺节目网络视频用户性别构成（%）

数据来源：iCTR@四视同堂，2014.1（N=2367）

与电影受众一样，综艺节目受众的平均年龄也为31岁。其中，20～34岁的人群最多，占到62%。

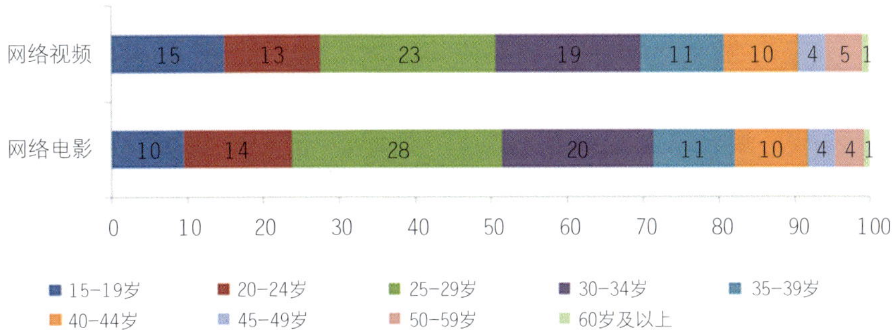

图39 综艺节目网络视频用户年龄构成（%）

数据来源：iCTR@四视同堂，2014.1（N=2367）

网络综艺节目的受众平均月收入为5316元，其中，月收入在2001～4000元的网民最多，占31%，而月收入在4001～6000元的受众也达到25%。

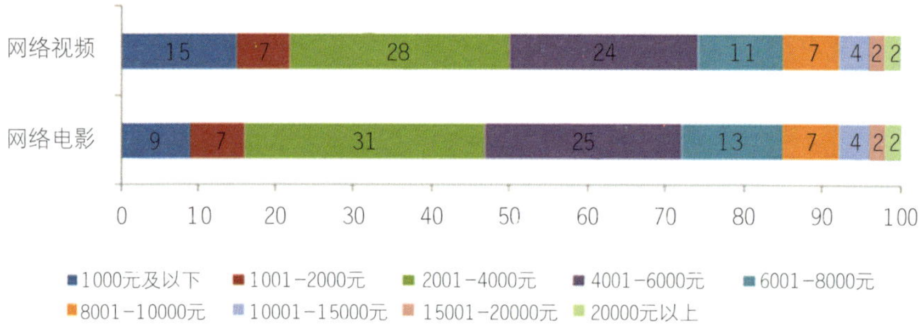

图40 综艺节目网络视频用户个人月收入构成（%）

数据来源：iCTR@四视同堂，2014.1（N=2367）

2. 节目类型偏好：真人秀、游戏、脱口秀最受欢迎

iCTR跨屏研究四视同堂数据显示，不同类型综艺节目的受众规模差距较大。其中，真人秀是最受欢迎的综艺题材，有70%的用户观看；其次是游戏搞笑和脱口秀节目，分别有58%和57%的受众收看；晚会和访谈节目关注度也较高，也有近40%的网民收看；但曲艺杂谈类综艺节目的关注度相对较低，仅有13%的网民收看。

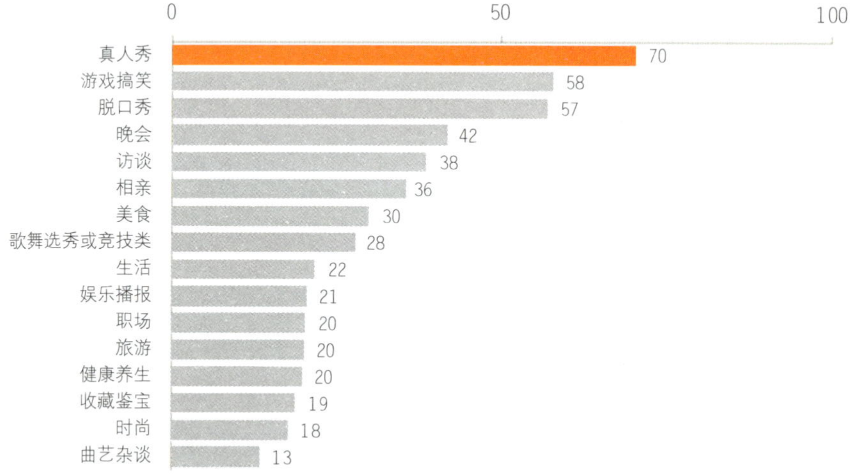

图41 综艺节目网络视频用户偏好（%）

数据来源：iCTR@四视同堂，2014.1（N=2367）

3. 节目产地偏好：大陆节目占90%

来自中国大陆的综艺节目最受欢迎，占有压倒性优势。看网络综艺节目的受众中，有90%喜欢看中国大陆的综艺节目。此外，有43%的受众偏爱中国台湾综艺节目，34%的受众对中国香港综艺节目感兴趣，25%的受众关注韩国综艺节目。

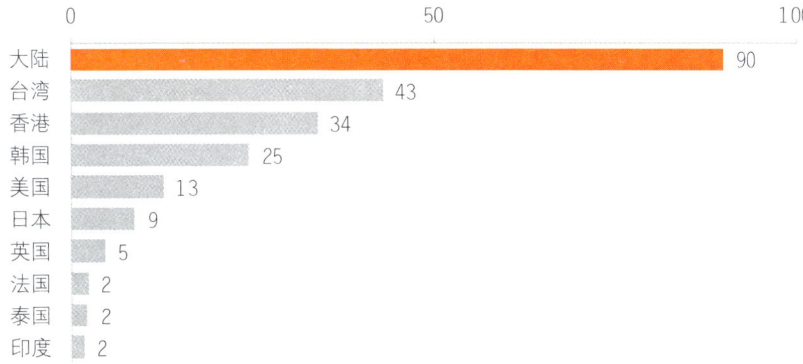

图42 综艺节目产地用户偏好（%）

数据来源：iCTR@四视同堂，2014.1（N=2367）

4. 《我是歌手》热播分析

《我是歌手》是湖南卫视根据韩国MBC电视台节目模式，重金打造的国内首档歌手音乐对决节目，在第一季获得巨大成功后，第二季网络播出版权独家授权给乐视网。

根据乐视公开数据，截至第六期播放完毕（2014年2月7日），乐视网独家播放的《我是歌手》第二季获得了破5亿的全屏播放量（全屏指：乐视超级电视、在线视频、移动端播放），其中仅移动端就贡献了超过50%的流量，乐视APP下载量也几乎是《我是歌手》上线之前的两倍。赛程过半，《我是歌手》就为乐视网带来了近两亿的收入：除了网络首席赞助商唯品会之外，雅诗兰黛、娇韵诗、微软、佳洁士、通用、福特等国际一线品牌均出现在客户名单中。

《我是歌手》是典型的大型电视选秀节目的代表，制作精良、场面宏大、顶级明星加盟、一线卫视主导，所有这些都是海量点击的重要保障。

《我是歌手》每期有7位职业歌手同台现场对决，由500位现场群众和数位专家评审共同投票决定名次，采取末位淘汰制，淘汰一位后再引入一位新的歌手继续比赛。在激烈的生存赛制下，专业歌手无不使出浑身解数，选择最好的歌曲、最好的乐队，精心为观众准备一场音乐盛宴，但结果往往出人意料，每期的排名与淘汰也成为节目最大的看点之一。正是音乐本身的魅力、悬念迭出的“剧情”、专业歌手的吸引力共同支撑起各个平台上的高收视率。

特别值得一提的是，2014年网络综艺独播年正式开始，乐视快速反应拿下《我是歌手2》的网络独播权。与非独播相比，除了正片内容，播出网站只是做少量的拍摄花絮或者精彩片段剪辑等宣传，但独播则不然，各家网站均使出浑身解数，开发各种衍生品来消费受众正片之后的余热。独播战略的开启，除了有利于视频网站优质内容资源独占以外，还有利于进行内容的深度挖掘，达到传播效果最大化。据粗略统计，乐视网为《我是歌手2》开发的各种节目超过10档。

（三）网络综艺娱乐节目的发展趋势与展望

2014年5月，湖南卫视宣布对拥有完整知识产权的自制娱乐节目，将由芒果TV独播，在互联网版权上一律不分销，以此打造自己的互联网视频平台。这预示着电视与网络的综艺博弈将加剧，网络自制综艺潮将到来。

目前，一线卫视至少有一个热门综艺节目，综艺节目的吸金能力和品牌提升力对电视媒体而言的重要性不言而喻。大型综艺节目对制作能力要求非常高，目前，视频网站虽然在发力自制节目，但大型综艺节目尚未触及，综艺仍然是电视媒体最核心的竞争力之一。根据iCTR跨屏研究产品@四视同堂数据，

表7 2014年乐视网《我是歌手》衍生节目表

节目名称	说明	备注
我是歌手	专设频道	在首页专门设有《我是歌手》频道，并高亮提醒，用户无须费力寻找，一键进入
节目进程	节目时间进度展示产品	按照每期时间轴动态展示每期歌手、排名及演唱歌曲，将主要内容清晰展示给用户，用户非常清晰方便就能回顾每期精彩看点
Star	访谈节目	《Star》是互联网唯一高清直播明星访谈节目，通过网友在线提问及现场参与，与到访明星实时互动。《Star》为“我是歌手”打造20期特别节目，解密参赛歌手心路
我是歌迷	互动节目	特邀嘉宾与歌迷在演播室看“我是歌手”直播，现场解读和评论比赛进程，并就歌手引发的实时热点以及网友产生的衍生话题，同步展开讨论。每周五晚19点30分直播
我爱看歌手	资讯节目	《我爱看歌手》是乐视网为《我是歌手》第二季打造的全新日播资讯节目，报道歌手动态新闻，曝光节目花絮，专访参赛歌手，追踪热点话题，全方位展现歌手的台前幕后真实状态
追踪报道	娱乐八卦	追踪歌手八卦，将歌手台前的表现精彩镜头剪辑，配合旁白，将更多歌手的信息告知受众
独家策划	精彩剪辑	设定一个主题，将各期节目中与主题相关内容剪辑成一个10分钟左右的节目，如罗绮“6首歌唱尽前半生”，将罗绮人生经历故事与歌融为一体，让受众更深刻理解歌手选歌及歌声中表达的情感
原唱PK	投票节目	将歌手每期唱的歌与原唱进行对比，让受众投票更喜欢谁
本季歌手	投票节目	投票类节目，观众需要登录后投票给自己喜欢的歌手，比赛结束后，投票最多的前三名观众和获得票数最多的前三名歌手都将获得乐视电视
每周聚焦	精彩剪辑	将每周的创新点和亮点剪辑给观众
纪录片	幕后花絮剪辑	歌手真实的生活的记录，如歌手成长故事、练习记录、亲情故事等，将歌手真实一面记录并展示给观众
第一季回顾	往期回顾	第一季精彩回顾

数据来源：根据网络公开资讯整理

受众会优先选择电视看综艺节目，一是因为综艺是非常适合“合家欢”观看的节目类型，可以和家人一起看的理由超过其他任何选项，选择率达到75%；其次是电视屏幕大、清晰度高、观赏舒适度高。因此，通过电视台观看综艺节目仍是观众首选。

而对于视频网站而言，在自己的制作能力还不够的基础上，只能通过高价购买版权来维持流量。由于大型综艺节目热度的增加，版权购买费用也一路飙升，极大地增加了视频网站的成本压力。但由于视频网站极强的运营能力和广告主对优秀综艺内容的认可，视频网站还是能够实现盈利，且有利于增强受众对视频网站的品牌辨识力，因此，短期内视频网站还会继续加大对优质综艺节目的投入。

一直以来，电视业对网络渠道处于“放养”状态，虽然各台早就建立了网络电视台，但运营投入不足，在流量与影响力上，与视频网站差异巨大。随着网络视频受众规模和停留时间的持续增长，视频的广告价值也逐渐得到电视台的重视。特别是面对优质综艺节目在卖出“天价”版权后，视频网站仍能赢利，使得一些电视台开始思考，是否可以将版权销售思路转换为自营，将网络广告的溢价权也掌握在自己的手中，同时也避免将竞争对手培养壮大。

与此同时，视频网站也开始试水综艺节目的制作，爱奇艺与河南卫视共同合作的《汉字英雄》便是成功案例之一。优酷的多个自制综艺节目，如《晓说》《老友记》《侣行》《优酷全娱乐》等也获得了较高的关注度。此外，还有腾讯视频、搜狐视频、乐视等，均有各自的代表性自制综艺节目。

视频网站仍将持续获得资本的青睐，其发展速度和相对自由的表现空间，吸引了大量优秀的电视人进入，其综艺节目制作水平将得到快速提升。随着视频媒体实力的快速提升，未来在与电视台竞争内容制作公司的优秀综艺节目首播权时，也将有更多的话语权。

因此，在综艺节目的竞合关系上，电视媒体与视频媒体的博弈将加剧，电视媒体将开始重视网络渠道的建设，尝试自己进行网络渠道发行而不是出售网络版权；而视频媒体也将加速自制能力的提升，以便减少对电视媒体在内容上的依赖。

七、网络视频主要节目总结

从对2013年度我国网络视频市场中的四大类节目（新闻类节目、电视剧、电影、综艺类节目）的深入分析，可以看出各类网络视频节目在市场中呈现出如下明显的特征。

1. 网络视频新闻节目来源丰富，既有电视新闻，也有用户拍摄上传新闻（UGC新闻）和专业机构制作的新闻（PGC）。不同于电视台动辄半个小时的新闻，网络新闻多集中在几分钟内。通过网站编辑基于数据或者经验的判断，选择当天热点新闻中的片段上传至网站；大型网站都有UGC平台，有为用户提供快速上传的通道，用户用手机拍摄的具有新闻价值的突发事件可以在第一时间上传至网络平台供网友点击观看。随着移动网络的快速建设和完善、智能手机的普及，越来越多的突发新闻素材是来源于现场用户手机拍摄的非专业视频，这些视频虽然图像质量不高，但正因为其一快遮百丑，第一时间、第一现场的价值，目前，各大视频网站的新闻或资讯频道大量使用这类UGC新闻，而且数量会越来越多，甚至会出现用户UGC视频直播。

2. 电视剧是网络视频受众最关注的内容之一。网络视频电视剧的来源主要集中在电视台播出的、视频网站购买版权的和网络自制剧。在经历了早期的无序混乱市场发展之后，当下视频网站需要通过内容差异来建立品牌区隔，真正让用户形成品牌黏性，因此，对于优质版权内容的独播已成为视频电视剧发展的显著特征。投入重金拍摄自制剧也成为各大主流视频网站2014年的发展重点。2014年我国网络自制剧制作集数将可能达到1700集左右；2015年，这一数字预计可达3000集。

3．电影是网络视频受众最关注的内容。伴随着网络平台的崛起，网络院线在电影发行中的作用日益明显。院线热播电影，视频网站是重要的宣传渠道，各种电影片花和宣传片，以及片中人物访谈类节目，均成为电影迷了解院线热播电影的重要渠道。微电影因低成本、低门槛并且易于植入广告等特性，近年来伴随着移动新媒体技术的发展迅速兴起。微电影还是企业品牌宣传的良好载体，是重要的品牌植入营销阵地，商业价值很高，受到广告主追捧。网络大电影是在微电影发展基础上的延伸，其时长在60分钟以上，具备完整的电影结构，一般由专业机构制作，质量精良。相比院线电影，网络大电影的门槛和成本都较低，而且周期短、上线快，题材和尺度相对更宽松，可以更快地反映社会热点。

综艺节目也是视频网民最爱看的节目内容之一。目前网络视频综艺节目主要来自电视台的热播节目，体现了电视与网络视频的竞合关系。大型综艺节目对制作能力要求非常高，目前，仍然是电视最核心的竞争力之一。而视频网站由于自己制作能力的欠缺，只能通过高价购买版权来形成品牌竞争。综艺节目网络独播使得视频网站能更深入地对接版权方，更充分挖掘资源，通过将最宝贵的入口资源给独播节目，自制一系列栏目，精心打造营销方案，将独播节目的网络影响力放到最大。

未来，电视媒体与网络视频媒体的博弈将加剧，电视媒体将开始重视网络渠道的建设，尝试自己进行网络渠道发行而不是出售网络版权；而视频媒体也将加速自制能力的提升，以便减少对电视媒体在内容上的依赖。

3.4 移动视频市场发展趋势

2013年随着移动网络的发展和智能手机的普及，移动视频呈现出快速增长的趋势。根据CNNIC发布的《中国互联网络发展状况统计报告》，截至2013年12月，中国手机端在线收看或下载视频的用户数与上年相比猛增了1.12亿人，达到2.47亿人，增长率高达83.8%。这表明2013年是中国移动视频市场快速发展的一年，移动视频市场的观察和研究已经成为中国视频市场研究中不可缺少的重要组成部分。

移动视频的快速增长主要由三方面原因促成：首先，整体网民互联网使用行为正在向移动端转换，庞大的移动网民规模为移动视频的使用奠定了用户基础；其次，移动视频的使用环境逐步完善，具体包括智能手机的发展、Wi-Fi使用率的提升以及未来4G网络的落地，都成为移动视频增长的促进因素；最后，视频厂商在客户端的大力推广，提升了网民对于移动视频的认知，进而吸引更多的网民使用移动视频。

手机和平板电脑虽然是不同的视频终端，但它们的移动特性是相同的。本文研究的移动视频包括手机视频和平板电脑视频。[7]

7 本章所使用的数据主要来自央视市场研究的全国城市居民调查（简称CNRS）36个城市数据和iCTR四视同堂网络调查数据。CNRS采用入户抽样调查，调查对象为城市居民；四视同堂采用网络调查，调查对象为网民。由于调查方法和范围不同，两组数据略有差异。

一、移动视频市场概览

（一）移动视频用户规模

1. 移动视频用户规模发展态势：年增长率高达83.8%

近几年来，随着移动网络的快速发展和智能手机、平板电脑等各种智能终端的普及，在线视频用户不再只是于电视和电脑之间徘徊，终端接触迅速扩展到了手机和平板电脑，移动用户数量进入快速增长期。

CNNIC数据显示，截至2013年12月，中国手机网民数量超过5亿人，占网民的比例高达81%。手机网民数量的激增成为移动视频迅猛发展的基础。

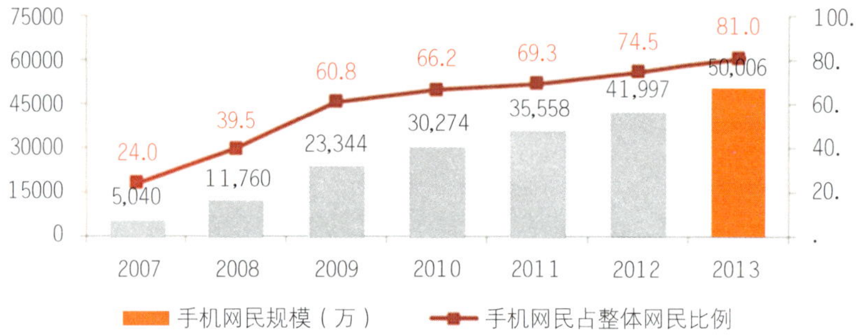

图1 2007—2013年手机网民的规模和使用率

数据来源：CNNIC

智能终端的普及和网民上网习惯的改变，也变革了用户看视频的方式。CNNIC数据显示，截至2013年12月，中国手机端在线收看或下载视频的用户数与上年相比猛增1.12亿人，达到2.47亿人，增长率高达83.8%。无论是增加人数还是增长率都远远高于2012年，可以说，2013年是移动视频爆发式增长的一年。

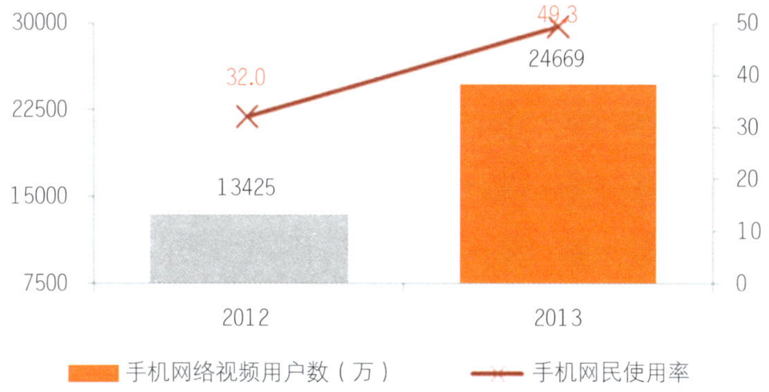

图2 2012—2013年手机网络视频用户数及使用率

数据来源：CNNIC

2. 移动视频用户规模/到达率：手机用户日到达率24%，平板电脑用户9%

通过央视市场研究股份有限公司（CTR）的中国城市居民调查（CNRS）2013年7—12月36个城市的数据发现，移动视频用户总规模达到4912万人，其中，只使用手机视频或只使用平板电脑视频的用户规模为3685万人，日到达率24.8%；同时使用手机视频和平板电脑视频的用户规模为1227万人，日到达率8.2%。

在4912万人的总规模中，手机视频用户为3574万人，日到达率24.0%；平板电脑用户为1337万人，日到达率9.0%。可以看到，移动视频用户现阶段以手机视频用户为主。

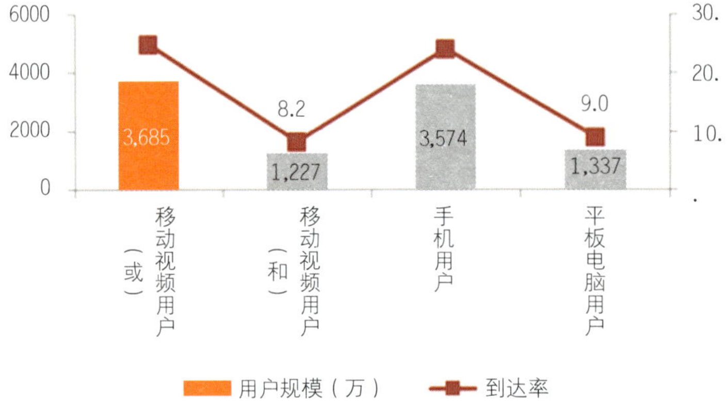

图3 移动视频用户规模/到达率对比

数据来源：CNRS 2013年7—12月（36个城市）

注：移动视频用户（或）指只使用手机视频或只使用平板电脑视频单一终端的用户，移动视频用户（和）指同时使用手机视频和平板电脑视频两种终端的用户（下同）。

（二）移动视频用户特征

1. 性别特征：手机男性略多，平板女性稍高

通过CNRS36个城市数据发现，移动视频用户（手机视频或平板电脑视频任一种）中，男女两性占比接近，男性略高，占51.5%。

对比手机和平板电脑视频用户可以发现还是存在微弱差别的，手机视频用户中男性比例略高，占51.8%；而平板电脑视频用户男女比例大体相当，女性比例略高，为50.2%。

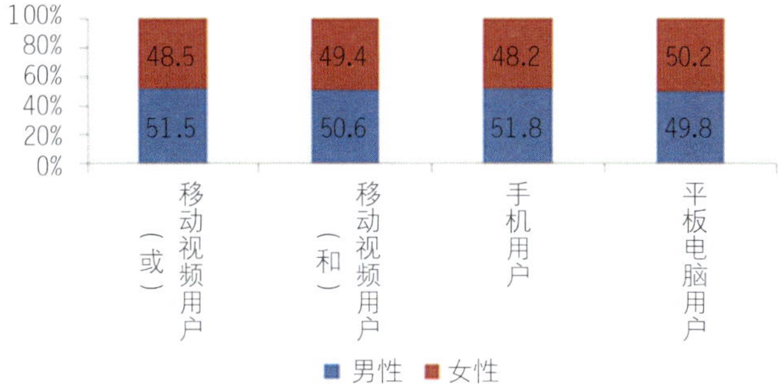

图4 移动视频用户性别构成（%）

数据来源：CNRS 2013年7—12月（36个城市）

2. 年龄特征：平均29岁

CNRS36个城市数据显示，移动视频用户（手机视频或平板电脑视频任一种）的平均年龄是29岁，主要集中在15～34岁，其中，15～24岁占了36.6%、25～34岁占35.9%，合计占比达72.5%；而45岁以上的用户仅占5.5%。

对比平板电脑用户，手机视频用户年龄则更小，平均年龄仅28岁。

数据表明，相比电视视频和网络视频用户，移动视频目前主要是青年人的偏爱。这不仅是年轻人生活中的移动性更强，也是由于年轻群体更容易接受新科技和新鲜事物。

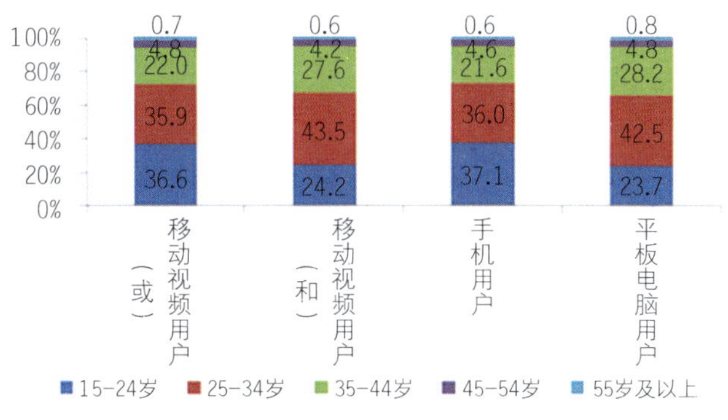

图5 移动视频用户年龄构成（%）

数据来源：CNRS 2013年7—12月（36个城市）

3. 学历特征：76.2%拥有高等学历

高学历是移动视频用户的基本特征。在移动视频用户中，76.2%拥有高等学历（大学专科及以上学历），其中46.4%是本科及以上学历。在两类移动视频用户中，平板电脑视频用户虽远不及手机视频用户多，但其中拥有高等学历者为87.8%，明显高于手机用户的76.3%。而同时使用手机和平板两种终端的用户学历水平更高，本科以上学历者占到63.3%。

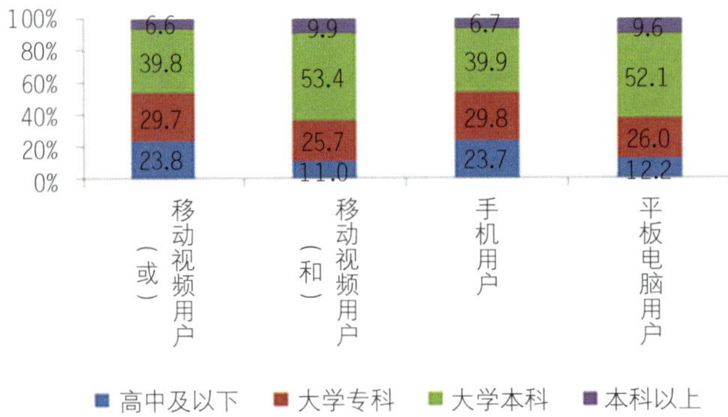

图6 移动视频用户学历构成（%）

数据来源：CNRS 2013年7—12月（36个城市）

4. 收入特征：同时使用手机和平板视频的用户收入最高

在CNRS调查的36个城市中，移动视频用户的平均个人月收入是4899元。其中，手机视频用为4877元，而平板电脑视频用户达到6023元，高出手机用户1146元。而同时使用手机和平板的视频用户收入水平则更高些。

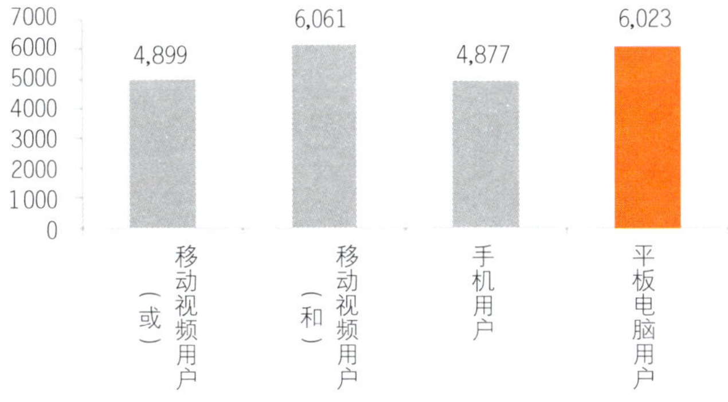

图7 移动视频用户个人月收入比较（元）

数据来源：CNRS 2013年7—12月（36个城市）

在CNRS调查的36个城市中，移动视频用户的家庭月收入突破万元，达到10912元，其中平板电脑视频用户同样更高为12537元。而同时使用两种移动视频终端的用户家庭月收入最高，达到12594元。

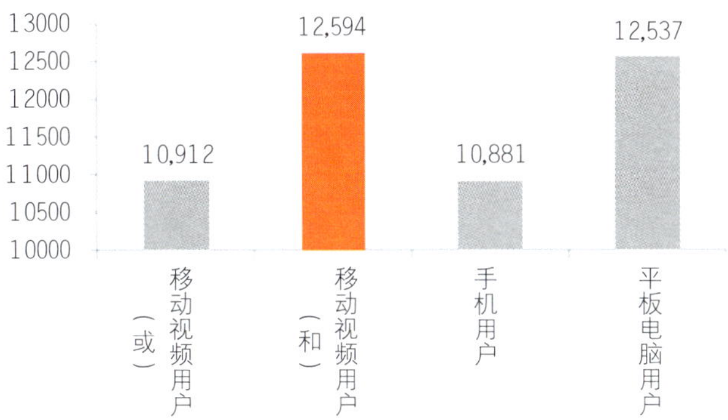

图8 移动视频用户家庭月收入比较（元）

数据来源：CNRS 2013年7—12月（36个城市）

从移动视频用户的学历、个人收入和家庭收入特征来看，移动视频用户主体基本上是接近或达到中产阶层的群体，是社会的主流人群。

5. 不同城市移动视频用户特征：性别无明显差异，一线城市学历更高，三线城市年龄更小

对比CNRS调查的36个城市，不同城市级别中移动视频用户的性别占比无显著差异，男性占比均略高于女性，其中一线和三线城市男性比例略高于二线城市。

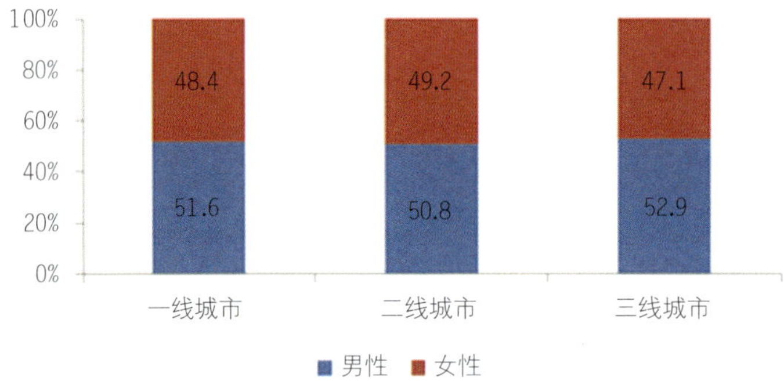

图9 不同城市移动视频用户性别构成比较（%）

数据来源：CNRS 2013年7—12月（36个城市）

如前所述，年轻是移动视频用户的基本特征，在移动视频用户总体中，15~34岁的人群占比达到72.5%。但在不同级别城市中则存在一定程度的差异，三线城市移动视频用户年龄更小些，15~34岁的用户达到74.1%，高于三线城市的73.3%和二线城市的71.3%。进一步观察可知，这种差别主要体现在三线城市15~24岁的用户比例更高，达到40.9%。由此可见，移动视频用户年龄有从上线城市到下线城市递减的特征。

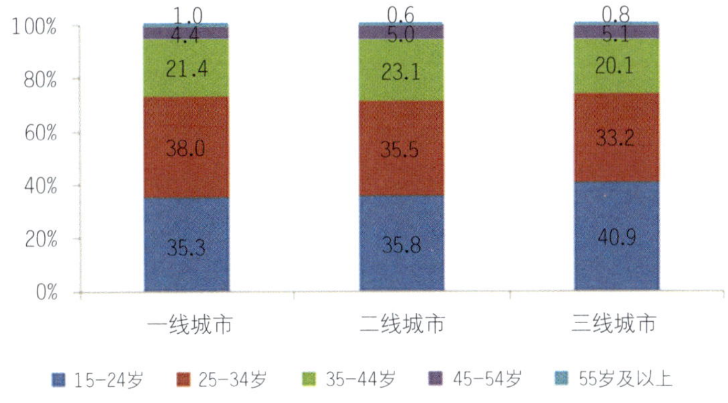

图10 不同城市移动视频用户年龄构成比较（%）

数据来源：CNRS 2013年7—12月（36个城市）

各线城市移动视频用户的学历水平表现出从上到下递减的特征。一线城市有近八成的移动视频用户拥有高等学历，其中近五成拥有本科以上学历；二线城市略低，也有77.3%的用户拥有高等学历；三线城市有近六成以上拥有高学历。

通过不同级别城市对比可知，在不同级别城市，高学历都是移动视频用户的特征，只是一、二线城市移动视频用户学历更高。

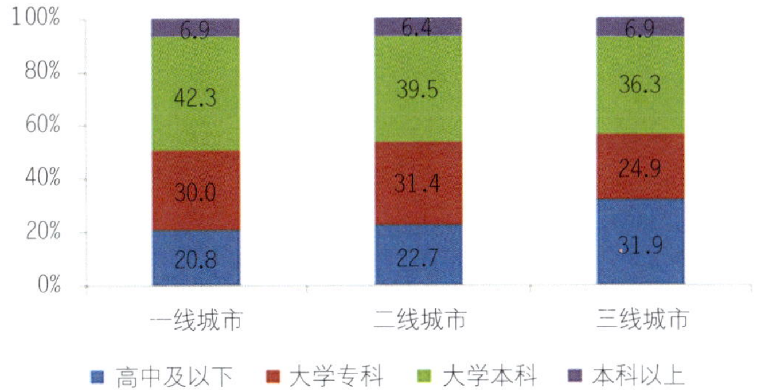

图11 不同城市级别移动视频用户学历构成比较（%）

数据来源：CNRS 2013年7—12月（36个城市）

（三）移动视频用户特征移动视频用户收看的内容

1. 节目类型收看偏好：电影列榜首，电视剧、综艺、新闻居其后

iCTR跨屏研究四视同堂数据显示，移动端和PC端视频用户收看的节目类型基本一致。电影都位居榜首，65%的移动用户经常观看；电视剧和综艺类节目分列二、三位，分别有63%和48%的移动网民关注；新闻节目也依然备受追捧，有42%的移动观众喜欢收看。差异主要体现在移动用户收看电影、电视剧和综艺节目的比例都明显低于PC用户，但收看新闻节目的比例相等。在其他节目的收看中，移动端网民更喜欢微电影，PC端观众则对动漫、搞笑节目和音乐更感兴趣。

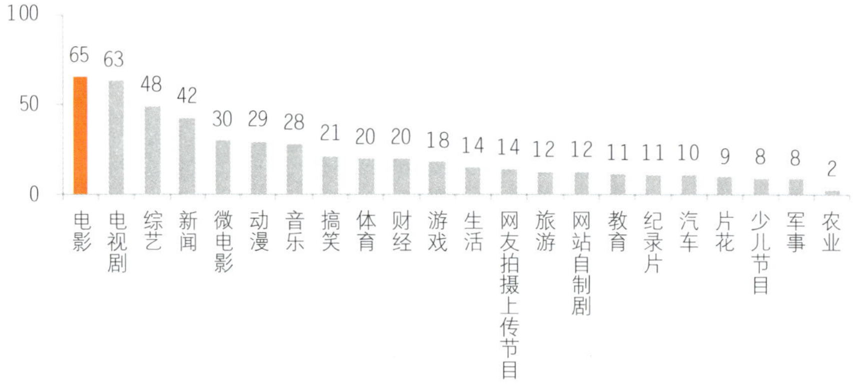

图12 移动视频用户收看的节目类型（%）

数据来源：iCTR@四视同堂，2014.1（N=3345）

2. 手机、平板用户收看差异：平板电脑收看率更高，题材范围更广

移动视频用户在手机和平板电脑上收看的节目中，电影、电视剧和综艺节目均是最受青睐的类型，但平板用户的收看率普遍高于手机用户。搞笑节目也受到视频用户的偏爱，无论是收看率还是目标群体指数（目标群体倾向性指数）都相当高。

而对于旅游、纪录片、教育、少儿、汽车等相对窄众的节目，以及网站自制剧、网友拍摄上传节目中，平板与手机用户的差异非常明显，不仅收看率高于手机用户，其目标群体指数更是大大高出手机用户。

结合前述手机与平板用户特征的差异，可以看出观看体验更好的平板用户对视频的关注面更加广泛，他们不仅关注大众类节目，也关注窄众的高端节目。

表1 移动视频用户收看节目类型比较

节目类型	手机（%）	目标群体指数	节目类型	平板（%）	目标群体指数
电影	56	86	电影	68	105
电视剧	53	85	电视剧	66	105
综艺	42	87	综艺	49	102
新闻	41	96	新闻	33	78
搞笑	27	132	动漫	28	97
微电影	27	91	微电影	28	93
音乐	26	92	搞笑	25	122
动漫	25	86	音乐	25	90
体育	16	82	体育	22	109
财经	16	83	财经	20	104
游戏	15	82	游戏	18	101
生活	11	78	生活	15	105
网友拍摄上传节目	11	78	旅游	15	123
网站自制剧	9	75	网友拍摄上传节目	15	106
旅游	8	69	网站自制剧	15	121
教育	8	76	纪录片	13	121
片花	8	86	教育	13	115
汽车	8	74	汽车	12	119
纪录片	7	65	少儿节目	10	123
军事	6	77	军事	9	110
少儿节目	6	69	片花	9	97
农业	2	90	农业	3	130

数据来源：iCTR@四视同堂，2014.1（手机=2922，平板=1863）

注：目标群体指数（Target Group Index）=目标群体中具有某一特征的群体所占比例/总体中具有相同特征的群体所占比例×100

（四）移动视频用户特征各级别城市收看类型差异分析

网络通天下，移动网络和智能终端的快速发展为不同地域的用户提供了大体相同的收视环境。但中国地域广阔，不同地域的经济、文化、习俗差异明显，这也决定了不同城市网民对视频节目的喜好存在显著差异。

1. 手机用户

在各线城市手机用户收看的节目中，电影和电视剧均排名前两位，这表明电影和电视剧无论在哪里都是用户最喜欢的大众节目类型。而在相对窄众的节

表2 各线城市手机视频用户收看节目类型比较

节目类型	一线城市（%）	目标群体指数	节目类型	二线城市（%）	目标群体指数	节目类型	三线及以下城市（%）	目标群体指数
电影	59	106	电影	54	97	电影	57	102
电视剧	56	105	电视剧	54	102	电视剧	51	96
综艺	41	98	综艺	46	109	新闻	43	106
新闻	39	95	新闻	39	97	综艺	37	88
微电影	27	100	微电影	28	104	搞笑	29	106
动漫	26	106	搞笑	27	99	动漫	27	108
音乐	25	98	音乐	26	104	微电影	25	94
搞笑	25	91	动漫	23	93	音乐	24	95
体育	19	117	体育	16	98	财经	17	104
财经	16	101	财经	16	96	体育	16	98
游戏	16	112	游戏	14	93	游戏	15	105
生活	15	129	网友拍摄上传节目	11	102	生活	11	100
网友拍摄上传节目	12	110	生活	11	93	网友拍摄上传节目	10	94
旅游	12	142	网站自制剧	10	104	片花	8	105
网站自制剧	11	120	旅游	9	111	网站自制剧	8	88
汽车	10	134	教育	8	100	教育	7	89
教育	10	124	汽车	8	105	汽车	6	83
片花	8	97	片花	8	97	纪录片	6	90
少儿节目	7	128	纪录片	7	107	军事	6	92
纪录片	7	103	军事	7	108	少儿节目	6	102
军事	6	98	少儿节目	5	91	旅游	6	70
农业	2	122	农业	2	100	农业	2	83

数据来源：iCTR@四视同堂，2014.1（手机=2922）

目类型上，各线城市的差异比较明显。旅游、汽车、教育等生活服务类和网站自制剧、体育节目在一线城市手机网民中受到欢迎，目标群体指数（目标群体倾向性指数）大部分都在120以上；综艺节目在二线城市手机用户中得到了较高的关注度，在其他级别城市则表现不明显；新闻、搞笑和动漫节目更吸引三线及以下城市手机网民。

2. 平板电脑用户

有意思的是，在各线城市中平板用户收看的视频节目类型的差异要小于手机用户，平板用户收看节目前四位排名一致，分别为电影、电视剧、综艺和新

表3 各线城市平板用户收看节目类型比较

节目类型	一线城市（%）	目标群体指数	节目类型	二线城市（%）	目标群体指数	节目类型	三线及以下城市（%）	目标群体指数
电影	66	97	电影	71	103	电影	65	96
电视剧	62	94	电视剧	70	106	电视剧	62	93
综艺	46	93	综艺	53	107	综艺	45	92
新闻	33	101	新闻	33	100	新闻	33	100
动漫	32	113	微电影	31	112	动漫	27	96
微电影	25	90	动漫	28	99	音乐	24	98
搞笑	24	97	搞笑	26	103	搞笑	24	95
音乐	24	94	音乐	26	103	微电影	24	85
体育	23	107	体育	23	104	财经	22	106
财经	23	111	财经	19	94	体育	20	90
游戏	19	104	游戏	17	96	游戏	19	105
旅游	17	113	网友拍摄上传节目	16	108	生活	16	103
网友拍摄上传节目	15	101	网站自制剧	16	110	旅游	13	88
生活	15	98	旅游	15	103	网友拍摄上传节目	13	87
网站自制剧	15	99	生活	15	100	教育	13	101
教育	14	109	汽车	13	108	纪录片	13	98
纪录片	13	102	纪录片	13	100	网站自制剧	12	83
汽车	12	101	教育	12	97	汽车	11	86
少儿节目	11	102	少儿节目	11	104	少儿节目	10	93
片花	10	116	军事	10	108	军事	8	91
军事	8	92	片花	9	107	片花	7	79
农业	2	65	农业	3	112	农业	3	104

数据来源：iCTR@四视同堂，2014.1（平板=1863）

闻。各线城市收看节目的差异也主要体现在窄众节目上。动漫、财经、旅游和片花在一线城市平板用户中受到了较高的关注，其目标群体指数（目标群体倾向性指数）超过110；微电影等网站PGC&UGC内容与汽车、军事节目在二线城市平板用户中倾向性最为明显。而三线及以下城市平板用户对游戏节目较为喜欢。

二、移动视频用户收视行为

（一）移动视频用户特征移动用户对视频服务商品牌的认知和使用

1. 移动用户对视频服务商品牌认知：优酷、爱奇艺、腾讯认知度最高

iCTR跨屏研究四视同堂数据显示，2013年下半年移动视频服务商中，各

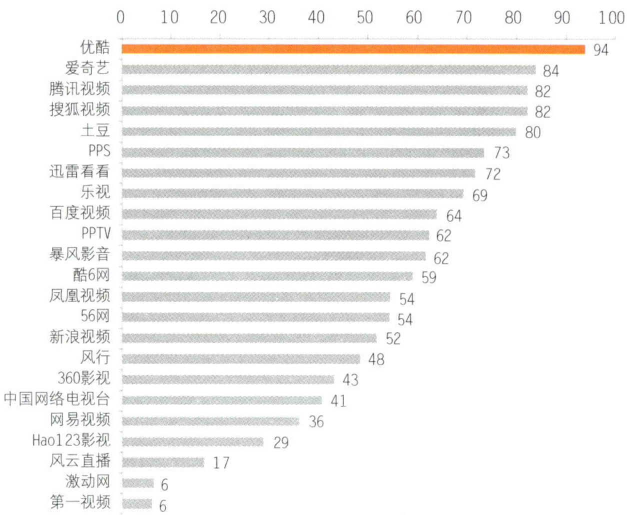

图13 移动用户知道的视频网站或客户端品牌（%）

数据来源：iCTR@四视同堂，2014.1（N=3345）

视频服务商的认知度都比较高。其中，优酷网以94%的知晓率[8]位居榜首，成为移动视频用户中知名度最高的视频网站。爱奇艺和腾讯视频分获二、三名，分别有84%和82%的移动视频用户知道。搜狐视频和土豆网的知名度也较高，知晓率高于80%。

2. 手机用户对视频服务商的使用：优酷、爱奇艺、搜狐、腾讯位居前列

虽然手机用户对大部分视频服务商品牌的知晓率都比较高，但在使用中仅集中于少数服务商，服务商之间的差距非常显著。手机视频用户使用过的视频网站或客户端品牌中，优酷优势非常明显，使用率达59%；其次是爱奇艺，达到35%。搜狐视频和腾讯视频的使用率也较高，分别为26%和25%，位居三、四位。而其他服务商的使用率都在20%以下。

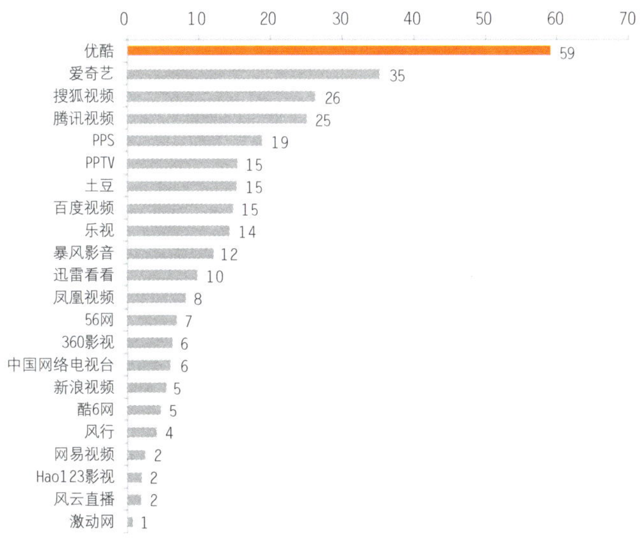

图14 手机用户使用过的视频网站或客户端品牌（%）

数据来源：iCTR@四视同堂，2014.1（手机=2922）

8 知晓率=调查人群中知道的人/总人数×100。

3. 平板电脑用户对视频服务商的使用：排名与手机用户相同，但使用率更高

与手机端用户使用情况类似，在平板电脑网民使用过的视频网站或客户端品牌中，优酷网依然位居榜首，使用率达64%。爱奇艺、搜狐视频以及腾讯视频分获二、三、四名，使用率分别为43%、32%和26%。

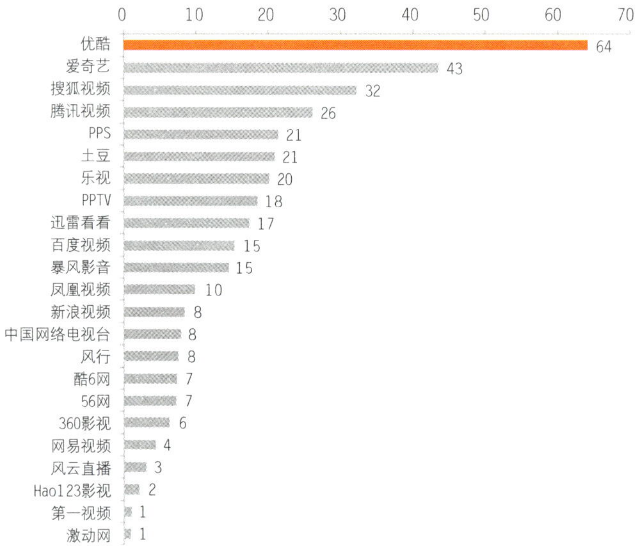

图15 平板用户使用过的视频网站或客户端品牌（%）

数据来源：iCTR@四视同堂，2014.1（平板=1863）

（二）移动视频用户特征收看频率及时长

1. 收看频率：五成以上用户每天至少看一次视频，手机用户每天多次收看的比例高

iCTR跨屏研究四视同堂数据显示，通过移动终端收看视频已经成为用户的生活方式，有过半移动视频用户每天至少看一次视频。

手机用户中，有38%的用户平均每天会多次收看视频节目，也有18%的用户每天收看一次视频节目，20%的用户平均2～3天会看一次视频。

平板用户中，27%的人群每天会多次收看视频节目，26%的观众每天看一次视频节目，还有23%的用户平均2～3天才会看一次视频。

比较手机与平板用户收看视频的频率，可以发现，手机用户每天多次收看的比率要高出许多，而平板用户每天收看一次的比率则高出很多。

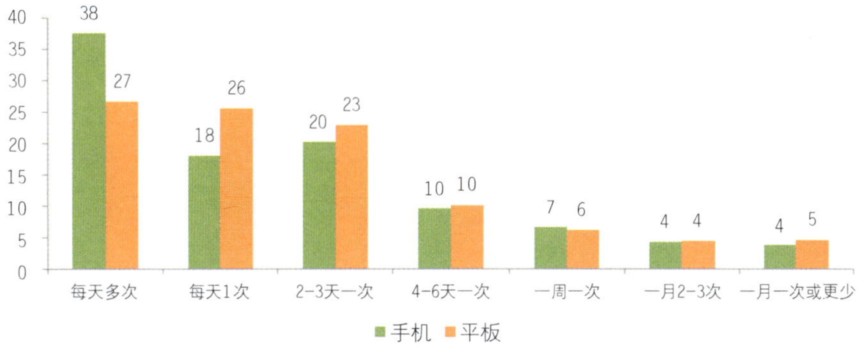

图16 移动用户收看视频的频率（%）

数据来源：iCTR@四视同堂，2014.1（手机=2922，平板=1863）

2. 收看时长

工作日时，手机和平板用户平均每天的收看时长均为1小时。手机用户中，28%的用户仅收看不到15分钟的视频节目，24%的用户会观看半小时，26%的人群平均每天会观看两个小时以上的视频节目。平板用户中，过半用户平均每天的收看时长为0.5～1小时，24%的用户会收看两个小时以上的视频节目。

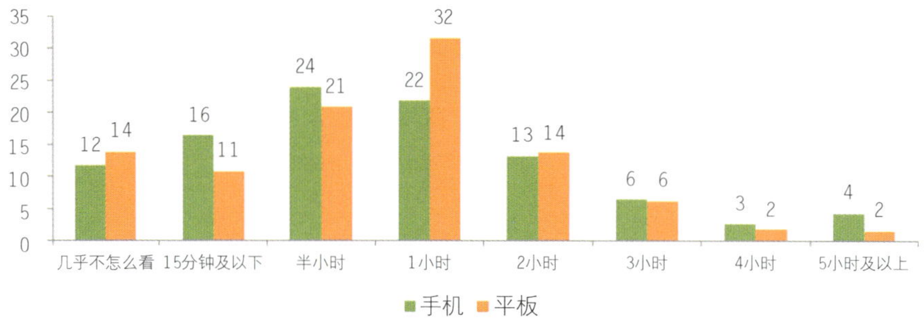

图17 移动用户工作日收看视频的时长（%）

来源数据：iCTR@四视同堂，2014.1（手机=2922，平板=1863）

周末及节假日时，手机和平板用户平均每天的收看时长均为两个小时。手机用户中，23%的用户平均每天会收看一个小时的视频节目，36%的用户会收看两个小时以上，高于工作日10个百分点。平板用户中，有25%的用户平均每天会收看一个小时的视频，有45%的用户会收看两个小时以上。

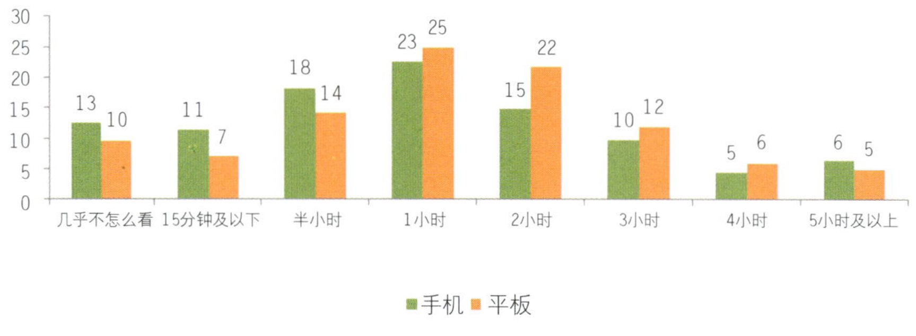

图18 移动用户周末及节假日收看视频的时长（%）

数据来源：iCTR@四视同堂，2014.1（手机=2922，平板=1863）

3. 收视时间

工作日时，手机用户观看视频时间分布在午休和晚上睡觉前，平板用户的收视时间在晚饭后。

手机用户中，21%的用户会在12:00—12:59之间收看视频节目，20%的用户会在21:00—21:59这一黄金时间段看视频，这两段时间是手机网民收视的两端小高峰。平板用户中，五成用户会在晚饭后20:00—21:59这一时间段来观看视频节目，显然，它是用户收视的大高峰。

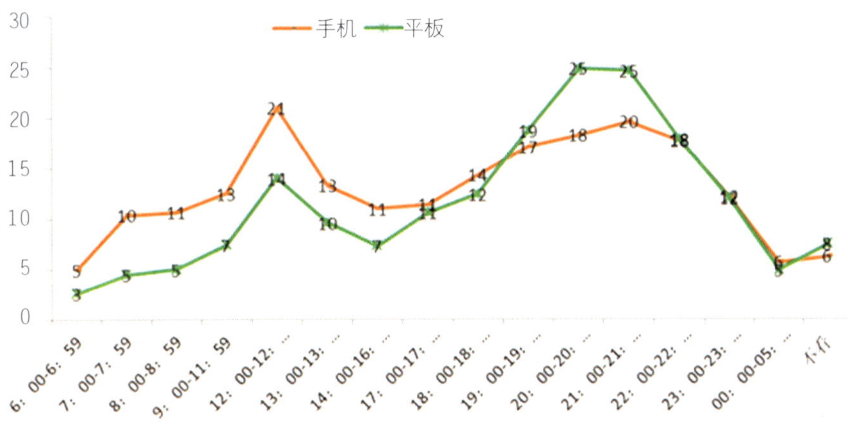

图19 移动用户工作日收视视频的时间（%）

数据来源：iCTR@四视同堂，2014.1（手机=2922，平板=1863）

周末及节假日时，手机和平板用户收看视频的时间趋于一致。七成以上的移动视频用户会在20:00—22:59间收看视频节目，21:00—21:59间是收视的最高峰，分别有23%的手机用户和26%的平板用户会看视频。

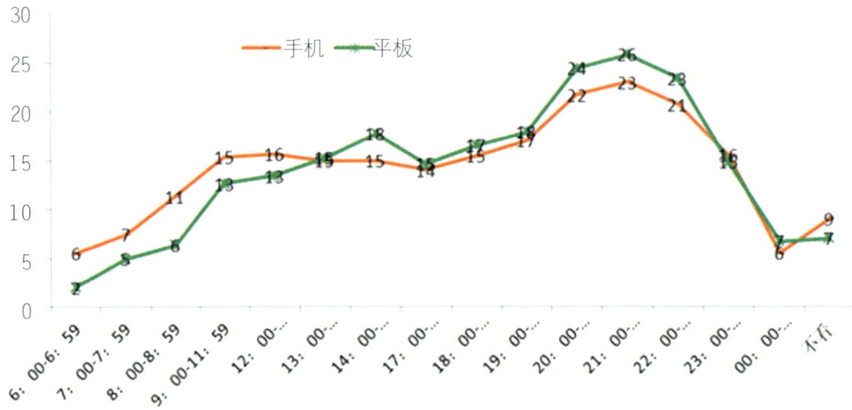

图20 移动用户周末及节假日收视视频的时间（%）

数据来源：iCTR@四视同堂，2014.1（手机=2922，平板=1863）

（三）移动视频用户特征使用移动终端收看视频的上网方式和场所

在各种场所都可以收看是移动视频的优势所在，但是调查数据显示，移动视频用户收看视频的第一场所并不是移动场所，而是在家里。即使是小屏幕的手机，也有63%的用户在家里收看，而屏幕较大的平板则有76%的用户在家里收看。这一方面得益于Wi-Fi在家庭的普及，另一方面也表明移动终端已成为人们生活的组成部分，在家里通过移动终端收看视频节目已成为习惯。

当然，移动终端比电视、PC的应用场所更加广泛，用户几乎在所有移动的场所都能收看，这充分体现了移动时代的特征。

1. 移动用户收看视频节目的上网方式

近年来随着Wi-Fi的覆盖范围在国内越来越广泛，家庭、宾馆、飞机场以及咖啡厅之类的区域都有了无线保真接口。人们无论是在家里还是去旅游、办公，都可以在这些场所使用移动设备尽情网上冲浪。而且，有Wi-Fi无线信号的时候就可以不通过移动联通的网络上网，省掉了流量费。

Wi-Fi的应用和普及极大地推动了移动视频发展。iCTR跨屏研究四视同堂数据显示，通过Wi-Fi上网在线收看是移动视频网民看节目的主要方式，3G网络在线观看和离线下载分别是手机和平板端网民看视频的次要选择方式。2014年是4G元年，随着4G应用的普及，可以预计它将进一步推进移动视频的发展。

手机端用户中，有87%的用户使用Wi-Fi在线收看视频节目，34%的用户使用3G网络在线看视频，还有32%的用户通过电脑下载转存到手机的方式收看视频节目；平板端用户中，有86%的用户通过Wi-Fi在线收看视频节目，34%的用户通过离线下载的方式收看视频节目。

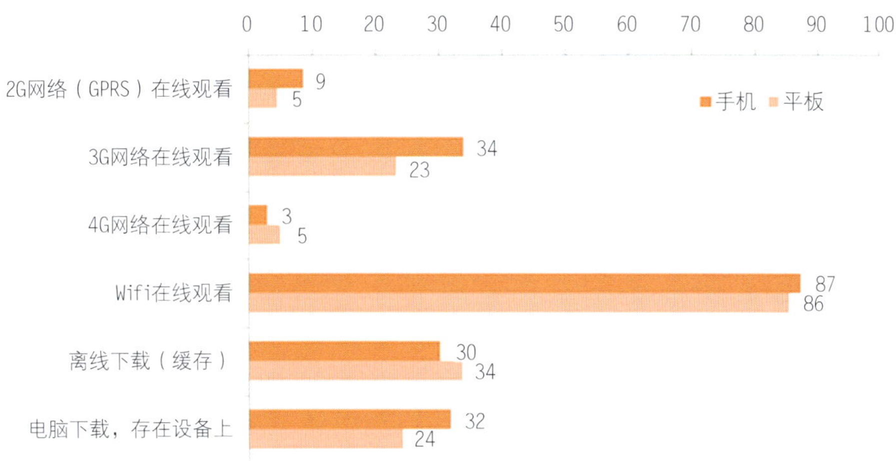

图21 移动视频用户收看视频的上网方式（%）

数据来源：iCTR@四视同堂，2014.1（手机=2922，平板=1863）

2. 使用手机观看视频节目的场所

虽然移动性和伴随性是移动终端的主要特征，但用户使用移动终端收看视频节目的主要场所是固定场所。iCTR跨屏研究四视同堂数据显示，移动网民中，63%的人群喜欢宅在家中收看视频节目，41%的用户会在公司、单位里看视频。与平板用户相比，手机用户在移动场所收看视频的比例更高，47%的用户会利用乘坐地铁、公交、班车的时间收看视频节目，在机场、火车站等公共场所，以及飞机、火车、长途汽车上收看视频的比例也都达到25%，甚至有相当数量的网民选择在公园等户外场所看视频。这体现了手机比平板电脑更好的移动适应性。

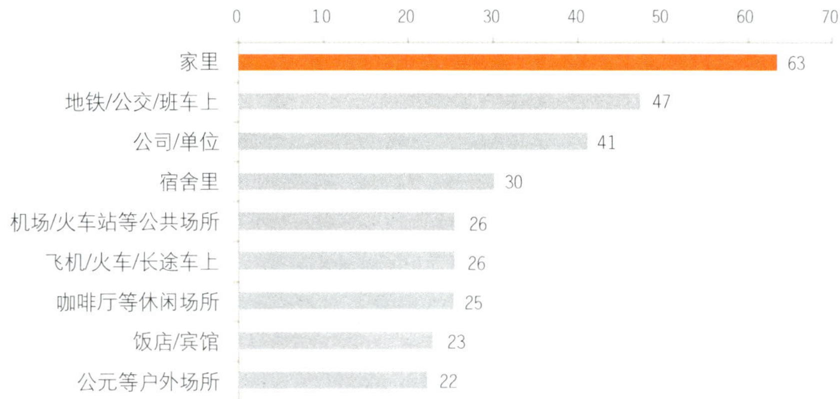

图22 手机用户收看视频的场所（%）

数据来源：iCTR@四视同堂，2014.1（手机=2922）

3. 使用平板观看视频节目的场所：家、宿舍、单位为主

与手机相比，平板用户在家里收看视频的比例更高，有76%的网民喜欢在家里收看影视节目，这与网络环境和放松舒适的收看环境有关；宿舍，作为另一个居住场所，是学生等网民群体观看视频的一大选择；公司、单位是第三个可选场所，24%的受众会在其中观看影视节目。

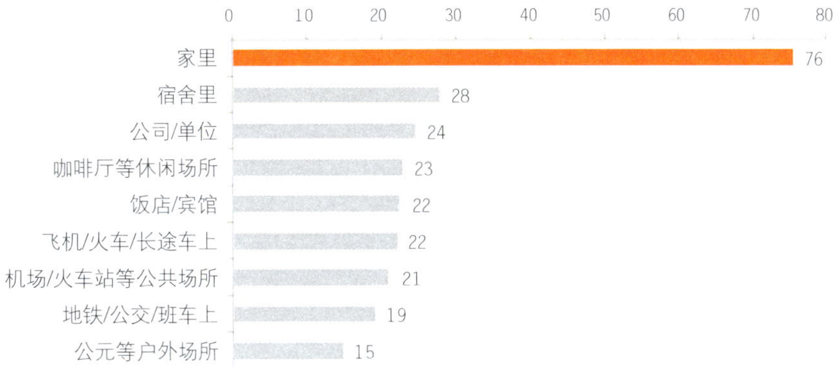

图23 平板用户收看视频的场所（%）

数据来源：iCTR@四视同堂，2014.1（平板=1863）

（四）移动视频用户特征搜寻节目的路径

1. 手机用户搜寻节目的路径：视频聚合网站/客户端、微信、微博为主

iCTR跨屏研究四视同堂数据显示，手机用户搜寻节目的路径中，视频聚合网站/客户端是最常用的方式，有44%的人群通过此路径搜索节目。微信和微博分别以30%和27%分列第二位和第四位，引人注目。搜索引擎也是网民较为熟知的方法，有28%的用户在使用。

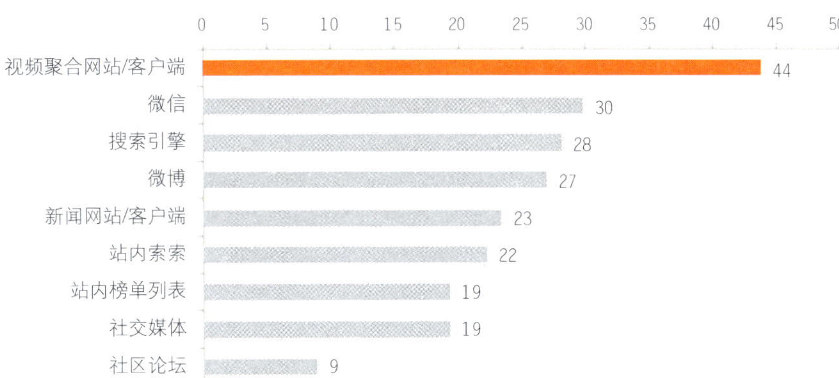

图24 手机用户搜寻视频的路径（%）

数据来源：iCTR@四视同堂，2014.1（手机=2922）

2. 平板用户搜寻节目的路径：视频聚合网站/客户端、搜索引擎、站内搜索为主

平板用户搜寻节目的方法与手机用户略有差异。平板端网民搜寻节目的方法中，视频聚合网站/客户端依然最受欢迎，有44%的人群使用；搜索引擎位列第二，31%的网民使用此方式寻找节目；站内搜索居第三位，有24%的用户使用。而通过微博和微信搜寻节目的比例要远远低于手机用户。

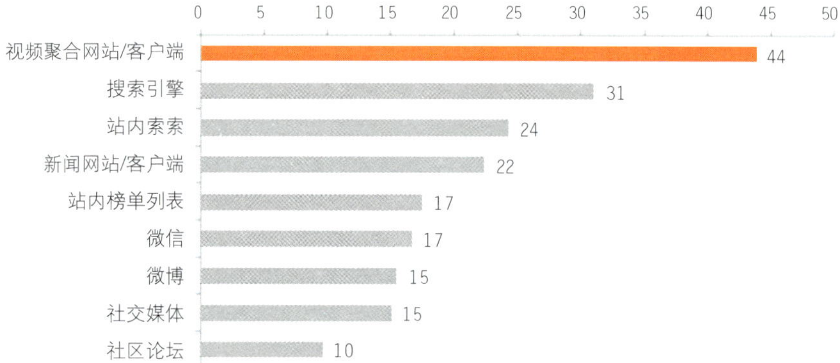

图25 平板用户搜寻视频的路径（%）

数据来源：iCTR@四视同堂，2014.1（平板=1863）

（五）移动视频用户特征对付费移动视频的态度及使用

免费已经成为多年以来形成的网络使用习惯，在网络视频和移动视频的收视中，这一习惯虽有所改变，但免费收视的惯性依然顽强存在。调查显示，有半数的手机用户在免费收看，43%的平板用户也在免费收看。即使是付费收看的用户，也期望付出尽可能少的费用来观看更多的节目，半年的平均费用仅为十几元。而付费收看也主要是通过流量包和会员包月的方式。

1. 手机用户：习惯于免费收看，约一半用户少量付费观看

免费收看视频依然是用户的主流态度。手机用户主要是通过流量包来付费看视频。

手机用户中，50%的用户近六个月内是免费收看视频节目的，还有50%的用户或多或少地进行了付费视频的观看。平均来说，手机用户近六个月内看视频的月费用仅为15元。其中，51%的用户是购买流量包、40%的用户是开通会员包月。

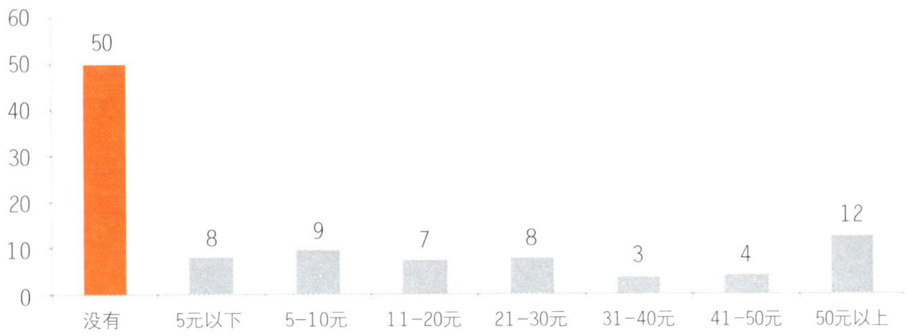

图26 手机用户收看视频的花费（%）

数据来源：iCTR@四视同堂，2014.1（手机=2922）

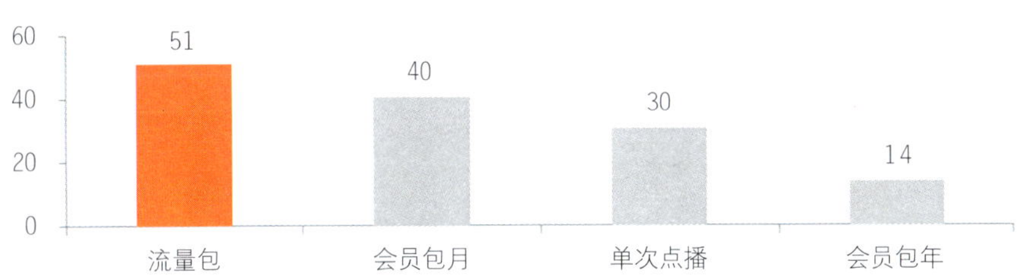

图27 平板用户收看视频花费的类型（%）

数据来源：iCTR@四视同堂，2014.1（手机=1471）

2. 平板用户：付费人群较手机和电脑高，以包月为主

在平板用户中，有43%的人群近六个月内免费观看视频节目，付费人群的比例较手机和电脑高。平板用户对付费收看的接受程度高于手机用户，与平板用户的层次与收入水平高于手机用户有关。

有15%的平板用户为观看视频支付了50元以上的费用。平均来说，平板用户近六个月内看视频的月平均花销为18元，略高于手机端。其中，46%的用户开通了会员包月套餐，44%的用户购买了流量包。

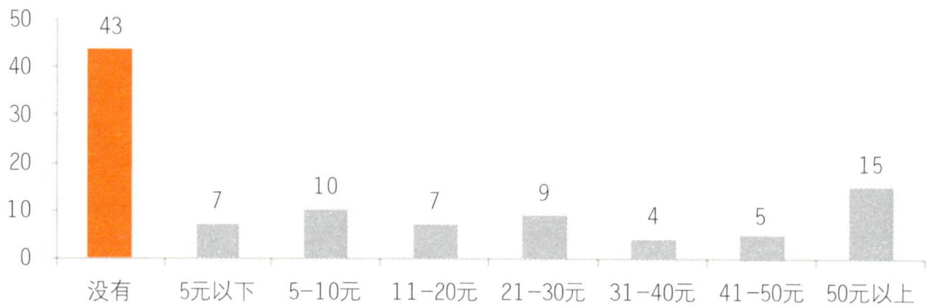

图28 平板用户收看视频的花费（%）

数据来源：iCTR@四视同堂，2014.1（平板=1863）

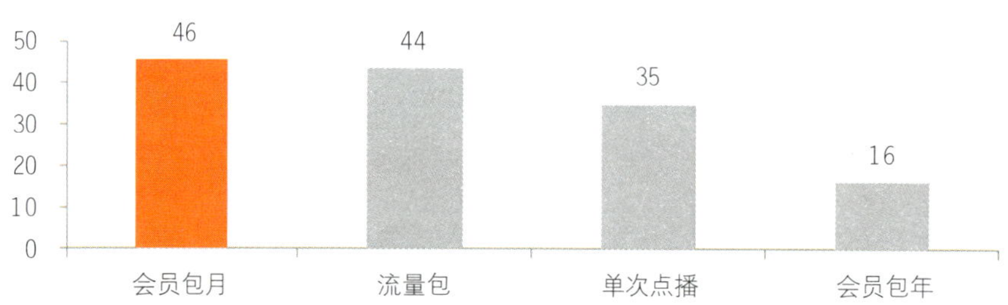

图29 平板用户收看视频花费的类型（%）

数据来源：iCTR@四视同堂，2014.1（平板=1054）

（六）移动视频用户特征对移动视频广告的态度

1. 手机用户对移动视频广告的态度：64%的用户观看广告，深度接触广告用户占三成

在手机用户中，有23%的用户在广告时离开，有5%的用户通过付费不看广告。但64%的用户会或多或少地观看视频广告，较深度接触广告的用户有三成，而视频广告的互动性也使13%的用户产生兴趣，他们会对感兴趣的广告进行点击。

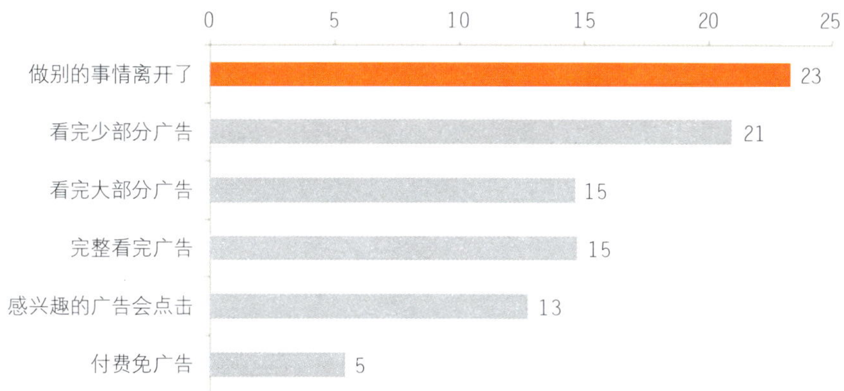

图30 手机视频用户看广告的行为（%）

数据来源：iCTR@四视同堂，2014.1（手机=2922）

2. 平板用户对移动视频广告的态度：63%的用户观看广告，深度接触广告用户约27%

平板用户中，有26%的用户在广告时离开，有6%的用户付费不看广告。但有63%的用户会或多或少地观看视频广告，但深度接触广告的用户只有27%，低于手机用户。对感兴趣的广告进行点击的用户有15%，高于手机用户。

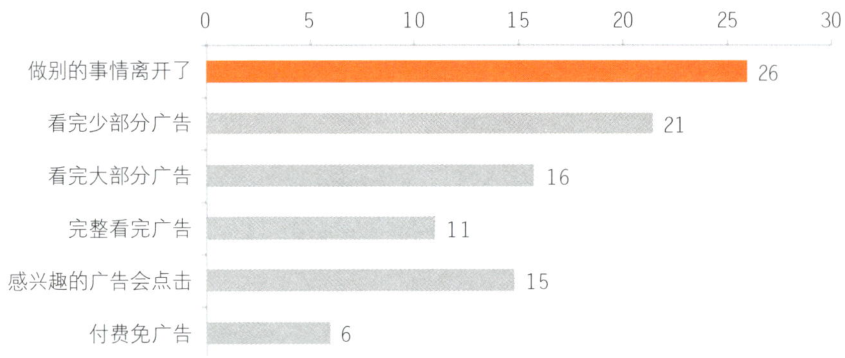

图31 平板用户看广告行为（%）

数据来源：iCTR@四视同堂，2014.1（平板=1863）

三、新闻类节目

毫无疑问，移动终端的伴随性使其成为用户获取新闻的主要来源。但与文字、图片新闻相比，视频新闻对终端和网络环境的要求更高，这在一定程度上制约着移动视频的发展和收看。随着智能手机的普及、Wi-Fi使用率的提升以及4G网络的落地，移动视频新闻将得到快速的发展。

（一）移动视频用户特征移动视频新闻节目用户规模和特征

1. 用户规模：占手机、平板用户的41%和33%

随着网络环境的不断改善以及与电视合作的加强，移动视频新闻节目越来越成为用户主要关注的内容。在全体移动视频用户中，有42%的用户经常收看新闻节目。手机和平板用户中，分别有41%和33%的用户经常收看新闻节目。

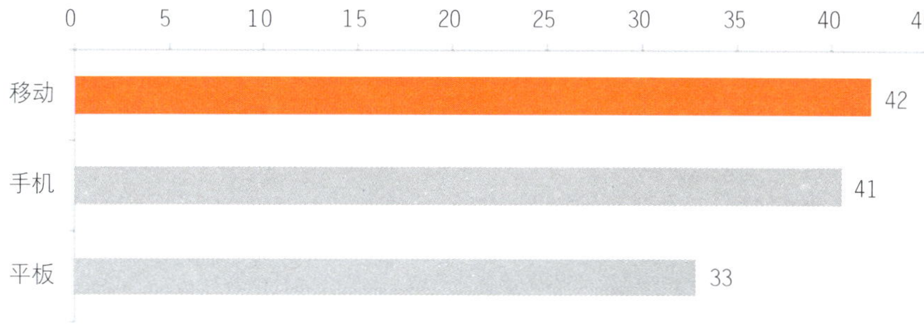

图32 移动视频用户新闻类节目收看率（%）

数据来源：iCTR@四视同堂，2014.1（移动=3345，手机=2922，平板=1863）

2. 用户特征

无论是电视、PC还是移动屏，男性都比女性更加关注新闻是基本规律。iCTR跨屏研究四视同堂数据同样验证了这一规律：在移动视频用户中，男性比女性更爱看新闻。近六个月内，有66%的男性用户经常收看新闻节目，而女性用户中仅有34%，二者之间竟是2∶1的比例。

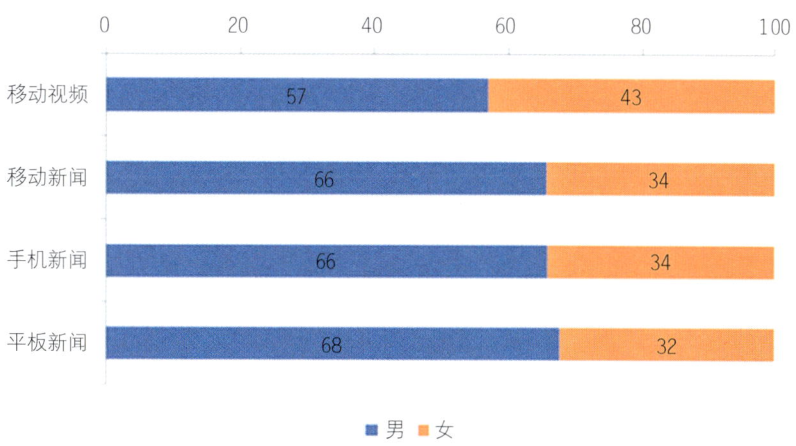

图33 移动视频新闻类节目用户性别构成（%）

数据来源：iCTR@四视同堂，2014.1（新闻-移动=1407，新闻-手机=1183，新闻-平板=611）

偏好新闻类节目的移动网民相对于全体移动视频用户，年龄略大，平均年龄达到33岁，而移动视频用户平均年龄为31岁[9]。72%的新闻视频用户集中在25～44岁之间，与PC端新闻视频受众的年龄分布一致。

从不同终端来看，平板端的新闻观众比手机端新闻观众年龄偏大些，平均年龄达到34岁。

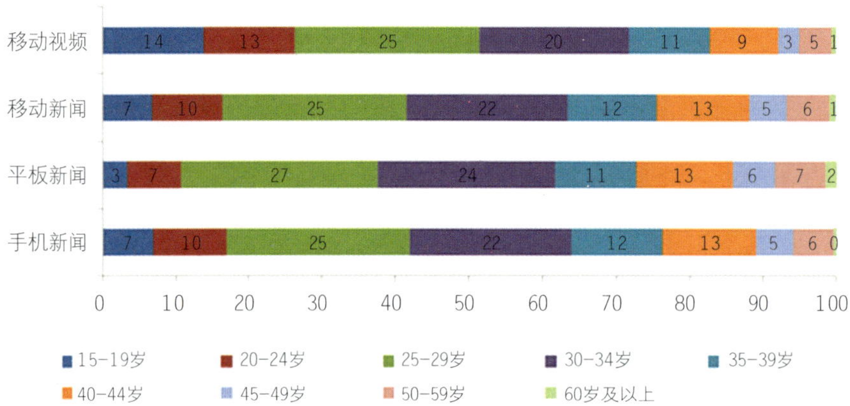

图34 移动视频新闻类节目用户年龄构成（%）

数据来源：iCTR@四视同堂，2014.1（新闻-移动=1407，新闻-手机=1183，新闻-平板=611）

收看视频新闻的移动用户平均月收入为5987元，比全体移动视频用户的平均月收入高611元。其中，71%的受众月收入集中在2001～8000元。

从不同终端来看，手机端收看新闻视频的用户平均月收入为5838元，其中，72%的用户在2001～8000元之间；平板端收看新闻节目的用户平均月收入为6961元，显著高于手机端新闻用户，其中有31%的人群集中在4001～6000元间，比例最大。

---

9 前述CNRS36个城市调查，移动视频用户平均年龄为29岁。两组数据的差别主要是因为调查方法的差别形成的，所反映的基本趋势是一致的。

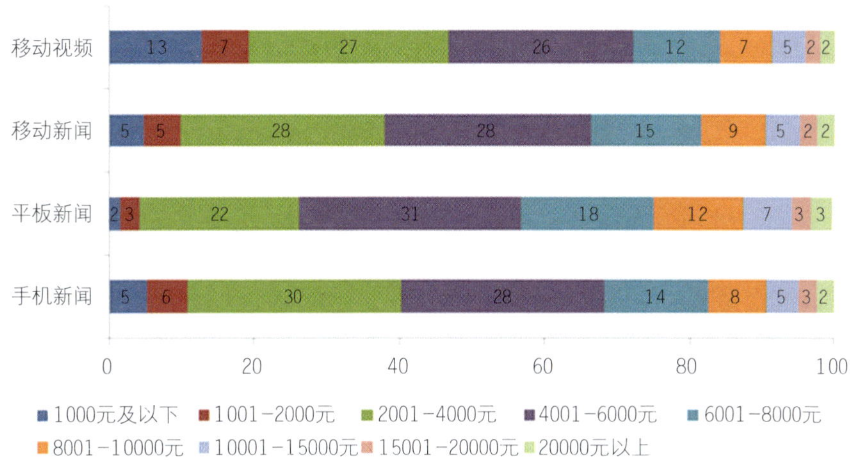

图35 视频新闻类节目用户个人月收入构成（%）

数据来源：iCTR@四视同堂，2014.1（新闻-移动=1407，新闻-手机=1183，新闻-平板=611）

（二）移动视频用户特征用户对移动视频新闻的收看偏好

与PC端用户收看新闻情况类似，移动视频用户对各类题材的新闻也表现出了较高的关注度。在移动端网民收看的各类新闻节目中，社会新闻排名居首，有75%的移动用户喜欢收看；时政和民生新闻分列二、三位，分别有74%和66%的移动用户较为关注。娱乐、财经新闻也较受欢迎，吸引了60%以上的移动视频用户。

在手机端和平板端用户收看的各类新闻视频中，前三位排名一致。军事和评论类新闻在平板用户中受到欢迎，其目标群体指数[10]分别为111和117，在手机用户中倾向性则不明显。

---

10 目标群体倾向性指数（Target Group Index）=目标群体中具有某一特征的群体所占比例÷总体中具有相同特征的群体所占比例×100

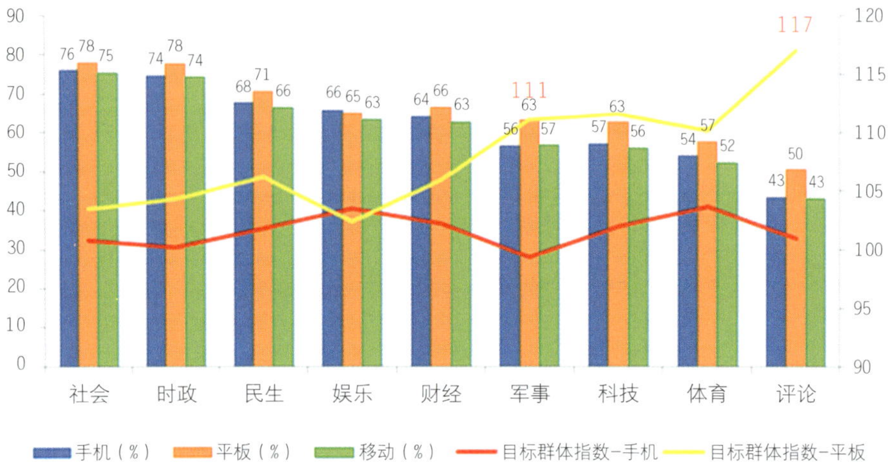

图36 视频新闻类节目用户偏好（%）

数据来源：iCTR@四视同堂，2014.1（新闻-移动=1407，新闻-手机=1183，新闻-平板=611）

四、电视剧类节目

（一）移动视频用户特征移动视频电视剧节目用户规模与特征

1. 用户规模：63%的用户喜欢，平板用户明显高于手机

移动网民中，63%的用户喜欢收看电视剧节目。近年来，大屏智能手机的流行推动了手机视频的发展，但在收看时间较长的连续性电视剧时，用户还是在意屏幕大小差别带来的观赏舒适度差异。数据显示，66%的平板用户偏好电视剧节目，比手机用户高出13个百分点，这表明相对于手机这种小屏幕设备，移动视频用户更喜欢使用较大屏幕的平板终端来收看电视剧。

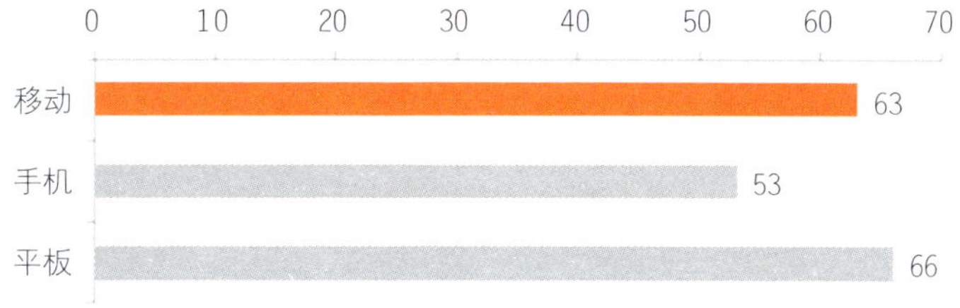

图37 电视剧节目用户收看率（%）

数据来源：iCTR@四视同堂，2014.1（移动=3345，手机=2922，平板=1863）

2. 用户特征：女性更偏爱，用户平均年龄31岁

与PC端电视剧收看情况类似，移动端电视剧的观众依然以男性为主，占比达到54%。但相对众多节目类型来说，女性更喜欢收看电视剧，其比例明显高于所有节目类型的平均数3个百分点，达到46%。这一特点在平板端电视剧观众性别分布上体现得较为明显，其女性电视剧观众高出所有节目类型平均数6个百分点。

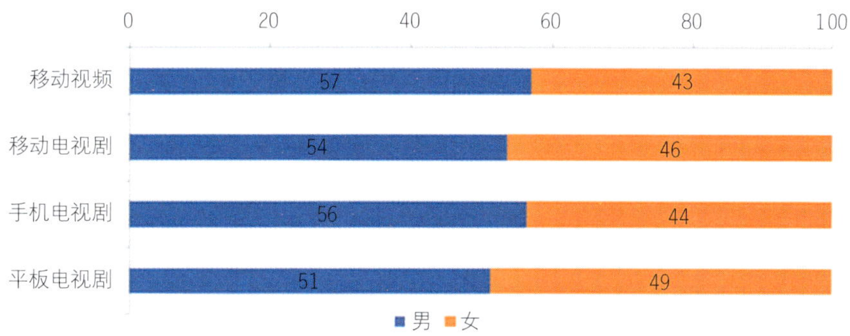

图38 电视剧节目用户性别构成（%）

数据来源：iCTR@四视同堂，2014.1（电视剧-移动=2092，电视剧-手机=1558，电视剧-平板=1228）

移动端电视剧节目观众的平均年龄为31岁，与移动视频网民的年龄相当，其中63%的受众年龄分布在20～34岁。

手机端电视剧节目受众的平均年龄为30岁，其中68%的人群年龄分布在20～34岁之间；平板端电视剧节目受众的平均年龄为32岁，明显高于手机端，其中63%的观众年龄在25～39岁之间。

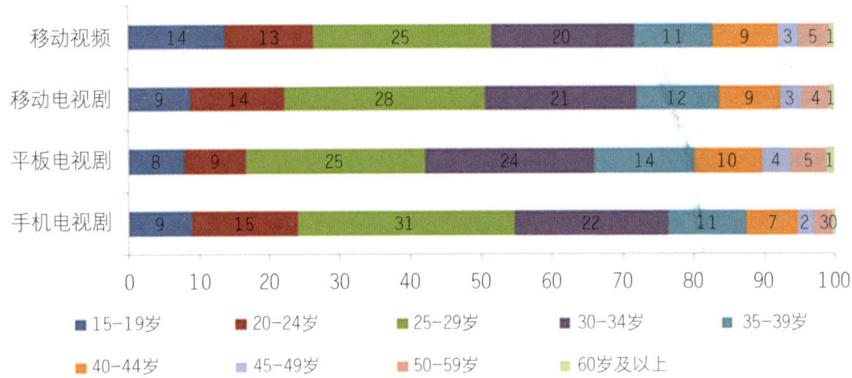

图39 电视剧节目用户年龄构成（%）

数据来源：iCTR@四视同堂，2014.1（电视剧-移动=2092，电视剧-手机=1558，电视剧-平板=1228）

移动端电视剧节目受众的平均月收入为5675元，低于新闻视频受众，其中近七成用户的月收入在2001～8000元之间。

手机端电视剧节目用户的平均月收入为5492元，70%的用户在2001～8000元之间。平板端电视剧节目用户的平均月收入最高达6631元，超出手机端收看电视剧节目用户1139元。

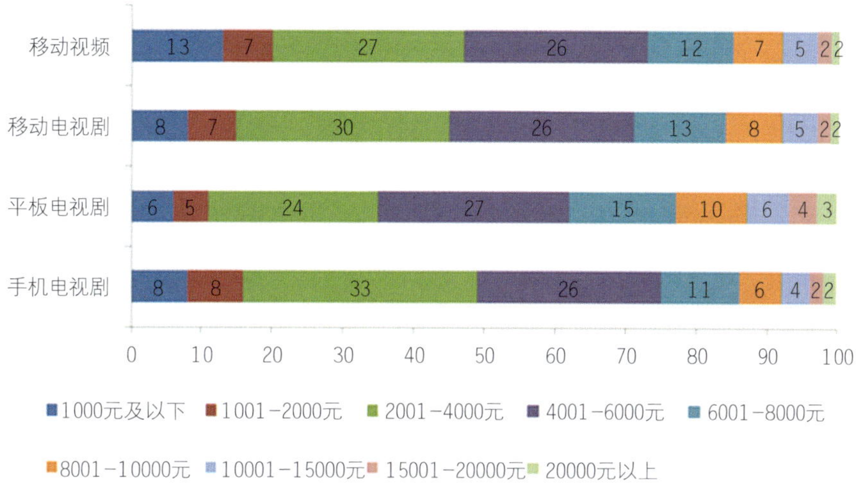

图40 电视剧节目用户个人月收入构成（%）

数据来源：iCTR@四视同堂，2014年1月（电视剧-移动=2092，电视剧-手机=1558，电视剧-平板=1228）

（二）移动视频用户特征电视剧节目用户偏好

1. 节目类型偏好：都市剧、偶像剧最受欢迎

各类题材电视剧均有相当比例的受众爱看。iCTR跨屏研究四视同堂数据显示，2013年下半年移动网民收看的各类电视剧节目中，都市剧折桂，有60%的移动用户喜欢观看。偶像剧和古装剧近些年也一再掀起热潮，分获二、三名，分别有54%和46%的观众较为关注。而农村题材和情景剧作为长尾类型，也吸引了近20%的移动网民收看。

在手机端和平板端网民收看的各类题材电视剧中，前两名排行一致，古装类电视剧在手机用户中更受欢迎，其目标群体指数达109；历史、悬疑和情景类电视剧在平板用户中受到青睐。

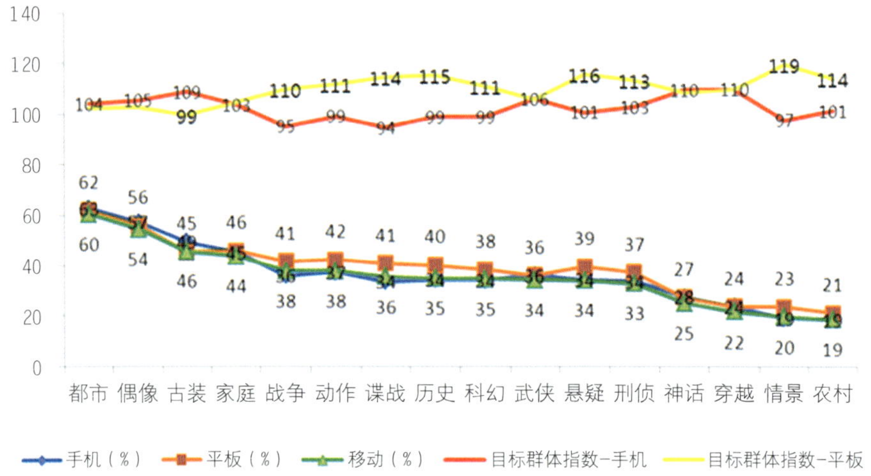

图41 电视剧类型用户偏好

数据来源：iCTR@四视同堂，2014.1（电视剧-移动=2092，电视剧-手机=1558，电视剧-平板=1228）

2. 剧目产地用户偏好：中国内地剧最受欢迎，中国港剧、美剧次之

2013年下半年移动视频用户收看的电视剧节目中，中国内地剧以绝对优势拔得头筹，有83%的用户喜欢观看。中国港剧和美剧也较受欢迎，分别有62%和54%的用户关注。移动网民对韩剧也保持了较高的偏好度，有47%的用户喜爱观看。

在手机和平板用户收看的电视剧节目中，不同产地电视剧排名一致。平板用户对各产地电视剧的兴趣较为分散，对泰剧和法剧比手机用户热衷，其目标群体指数均超过110。手机用户对印度电视剧显示了一定的倾向性。

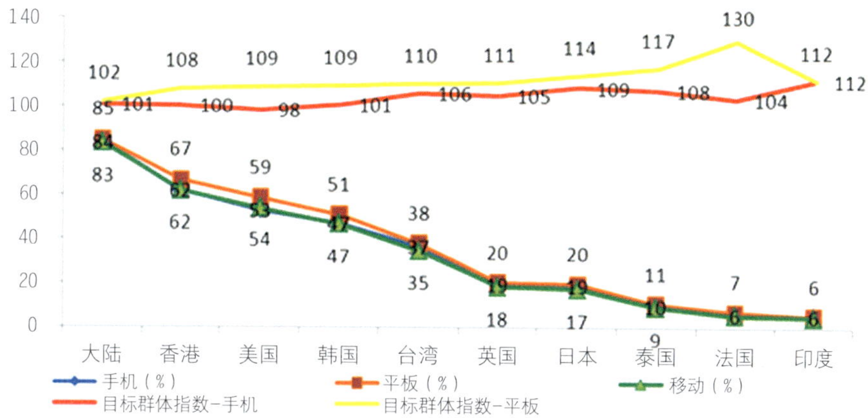

图42 电视剧产地用户偏好

数据来源：iCTR@四视同堂，2014.1（电视剧-移动=2092，电视剧-手机=1558，电视剧-平板=1228）

五、电影类节目

（一）移动视频用户特征移动视频电影节目用户规模与特征

1. 用户规模：65%的用户首选，平板用户明显高于手机

数据显示，无论是PC终端还是移动终端，电影都是用户的首选节目。65%的移动用户喜欢观看电影。与电视剧收看相同，屏幕较大的平板电脑提供更好的观赏舒适度也导致使用平板终端观看电影的用户比例更高，平板用户比手机用户高出12个百分点。

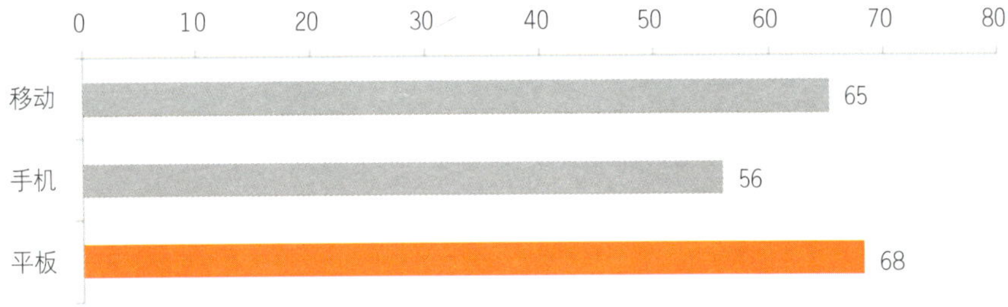

图43 电影节目用户收看率（%）

数据来源：iCTR@四视同堂，2014.1（N=3345，手机=2922，平板=1863）

2. 用户特征：男性多于女性，80后占比50%

移动视频用户与PC端电影节目用户的性别分布类似。相对来说，移动端男性观众比女性更爱看电影。特别是在平板用户中，有61%的男性用户经常观看电影节目，超过全体男性移动视频用户4个百分点。

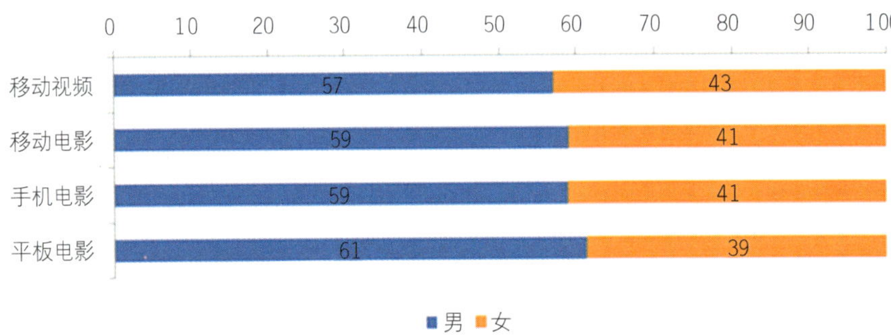

图44 电影节目用户性别构成（%）

数据来源：iCTR@四视同堂，2014.1（电影-移动=2181，电影-手机=1636，电影-平板=1272）

移动终端电影节目用户的平均年龄为31岁，与移动终端电视剧用户持平。其中，八成以上是70后、80后和90后用户，其中80后占比最高，为50%。

手机终端电影节目用户的平均年龄为30岁，其中有67%的用户年龄在20～34岁之间；平板端电影节目用户的平均年龄为32岁，略高于手机端电影观众。

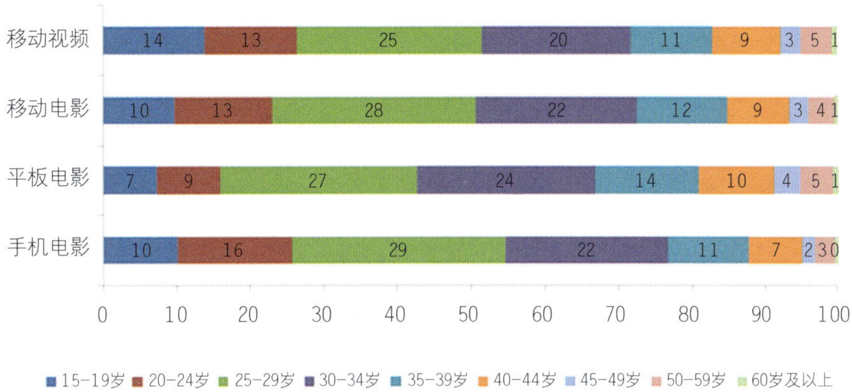

图45 电影节目用户年龄构成（%）

数据来源：iCTR@四视同堂，2014.1（电影-移动=2181，电影-手机=1636，电影-平板=1272）

移动终端电影节目用户的平均月收入为5677元，高于全体移动视频用户的平均月收入（5376元），但与电视剧用户基本持平。

手机终端电影节目用户的平均月收入为5410元，70%的用户在2001～8000元之间。平板终端电影节目用户的平均月收入为6671元，明显高于手机端。

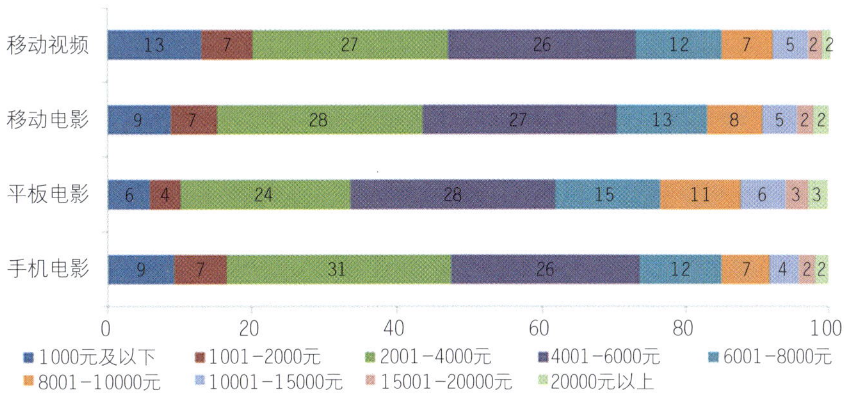

图46 电影节目用户个人月收入构成（%）

数据来源：iCTR@四视同堂，2014.1（电影-移动=2181，电影-手机=1636，电影-平板=1272）

（二）移动视频用户特征电影节目用户偏好

1. 电影类型用户偏好：动作片最受欢迎，喜剧、科幻分列二、三名

电影类型种类繁多，各类题材受关注程度不一。在移动用户收看的各类电影中，动作类影片最受欢迎，有71%的移动用户喜欢观看；喜剧类和科幻类影片分列二、三位，分别有66%和53%的移动用户关注；爱情类和战争军事类电影也较受青睐，均有40%以上的用户收看。

在手机端和平板端用户中，不同类型的影片前三位排名一致。微电影在手机用户中更受欢迎，其目标群体指数为109；音乐歌舞类和戏曲题材等在平板用户中的倾向性最为明显，其目标群体指数均超120。

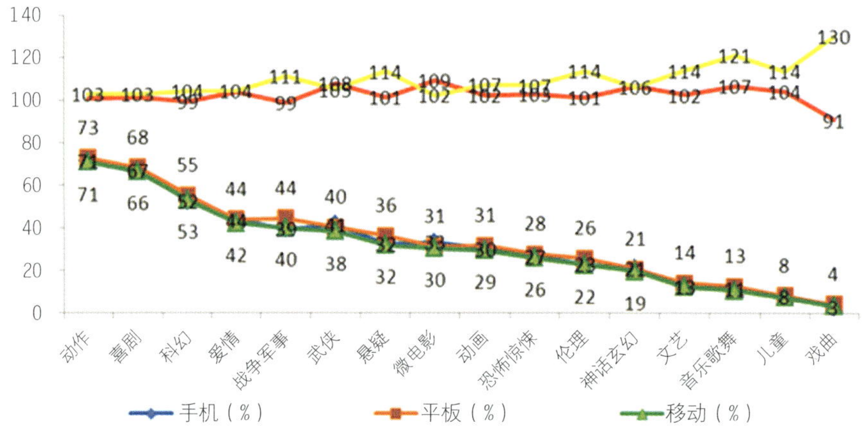

图47 电影类型用户偏好

数据来源：iCTR@四视同堂，2014.1（电影-移动=2181，电影-手机=1636，电影-平板=1272）

2. 电影产地用户偏好：中国内地、美国、中国香港电影位列前三甲

iCTR跨屏研究四视同堂数据显示，移动视频用户收看的电视剧中，（中国）内地、美国和（中国）香港三地影片位列前三甲，均有七成以上的移动观众喜欢观看。相比之下，韩国电影竞争力相对较弱，但也有34%的移动用户关

注。而东南亚国家（如泰国、印度）产出的影片对移动用户的吸引力较弱，仅有不到10%的观众收看。

手机用户更喜欢中国内地影片，平板用户更喜欢美国影片。从设备终端来看，在手机端和平板端用户中，中国内地电影在手机用户中最受欢迎，77%的受众经常观看。美产影片在平板网民中最受关注，八成平板网民喜欢观看。其次，平板端受众对法国影片也显示了较高的关注度，其目标群体指数达130。

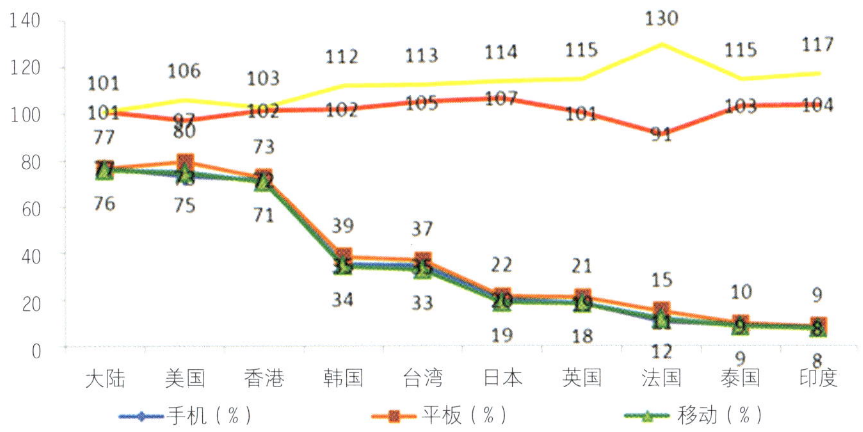

图48 电影产地用户偏好

数据来源：iCTR@四视同堂，2014.1（电影-移动=2181，电影-手机=1636，电影-平板=1272）

六、综艺类节目

（一）移动视频用户特征移动视频综艺节目用户规模与特征

1. 用户规模：48%的用户经常观看

网络综艺节目大多来自与电视的合作，是移动视频用户最常看的视频节目类型之一，数据显示，48%的人群会通过移动端经常观看。在手机和平板两种终端中，用户更偏好使用平板收看。

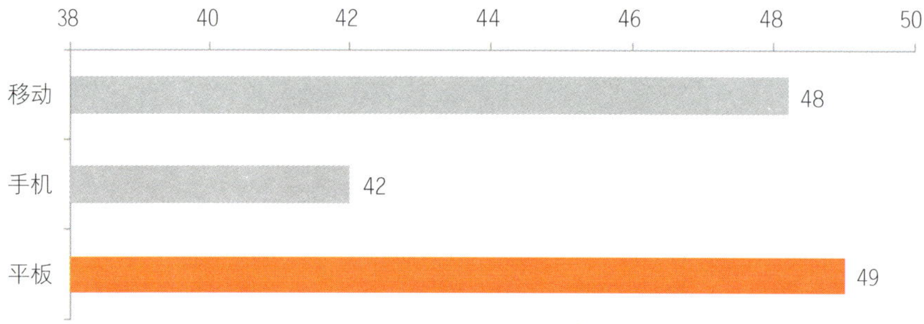

图49 综艺节目用户收看率（%）

数据来源：iCTR@四视同堂，2014.1（N=33，手机=2922，平板=1863）

2. 用户特征：女性更偏爱，平均年龄31岁

与PC端综艺节目受众的性别分布类似，相对来说，移动端女性观众更爱看综艺，特别是在手机用户中，有47%的女性用户经常观看综艺节目，超全体女性移动视频用户4个百分点。

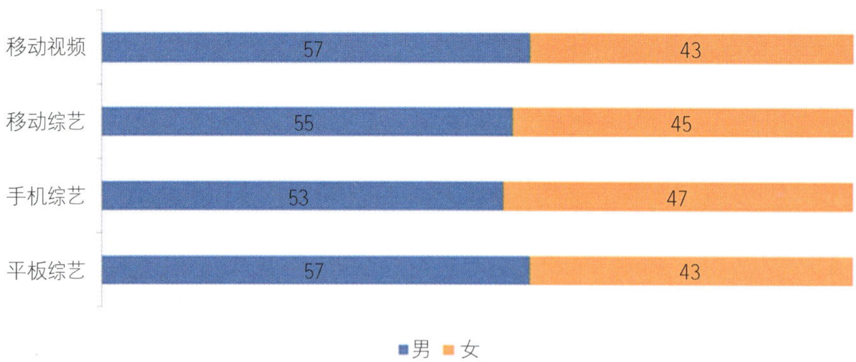

图50 综艺节目用户性别构成（%）

数据来源：iCTR@四视同堂，2014.1（综艺-移动=1612，综艺-手机=1223，综艺-平板=916）

移动端综艺节目观众的平均年龄为31岁，与移动端电视剧和电影节目用户持平。其中半数用户为80后。

手机端综艺节目用户的平均年龄为30岁，平板端为32岁，与收看电影节目的用户年龄情况相同。

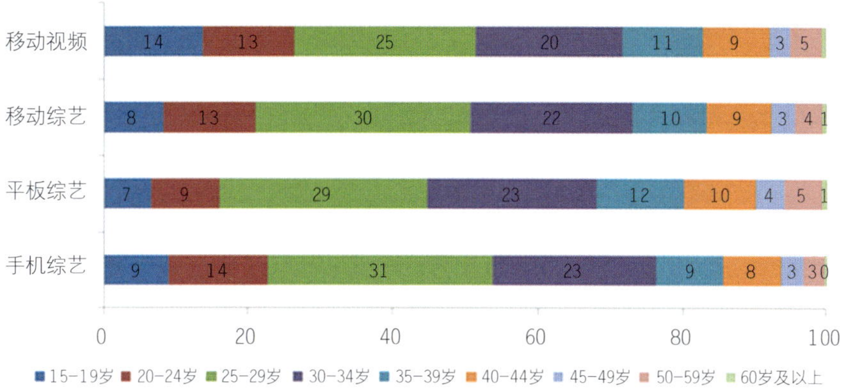

图51 综艺节目用户年龄构成（%）

数据来源：iCTR@四视同堂，2014.1（综艺–移动=1612，综艺–手机=1223，综艺–平板=916）

移动端综艺节目用户的平均月收入为5839元，高于全体移动视频用户的平均月收入（5376元）。其中，月收入2001～4000元、4001～6000元的用户最为集中，分别达到30%和26%。

手机端综艺节目用户的平均月收入为5588元，主要集中在2001～4000元和4001～6000元，分别占32%和26%。而平板端综艺节目用户的平均月收入为6738元，其中6001元以上的用户占了39%，明显高于PC端和手机端综艺节目用户的收入水平。

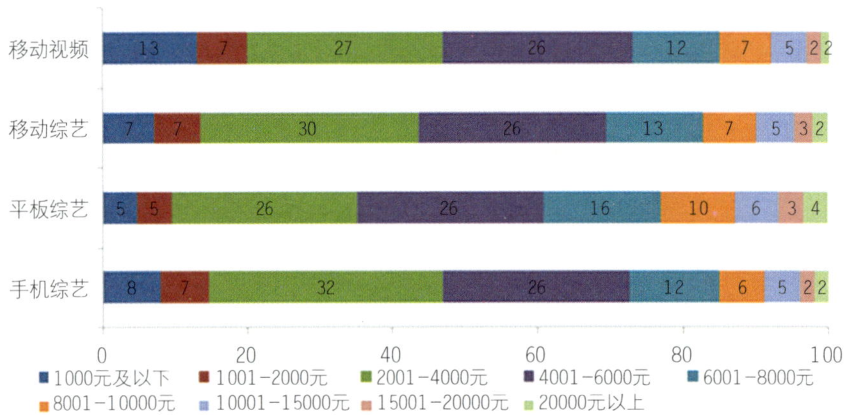

图52 综艺节目用户个人月收入构成（%）

数据来源：iCTR@四视同堂，2014.1（综艺-移动=1612，综艺-手机=1223，综艺-平板=916）

（二）移动视频用户特征综艺节目用户偏好

1. 综艺类型用户偏好：真人秀、游戏、脱口秀节目是前三甲

以《爸爸去哪儿》为代表的真人秀是最受欢迎的综艺节目类型，有75%的移动用户经常收看；其次是游戏搞笑和脱口秀类综艺视频，分别有62%和61%的用户喜欢，代表案例有《快乐大本营》《天天向上》等。

在手机和平板用户中，真人秀、游戏搞笑和脱口秀类综艺节目是前三甲。时尚题材的综艺节目在手机用户中较受欢迎，其目标群体指数为107；旅游和曲艺杂谈在平板用户中的倾向性最明显，其目标群体指数均超120。

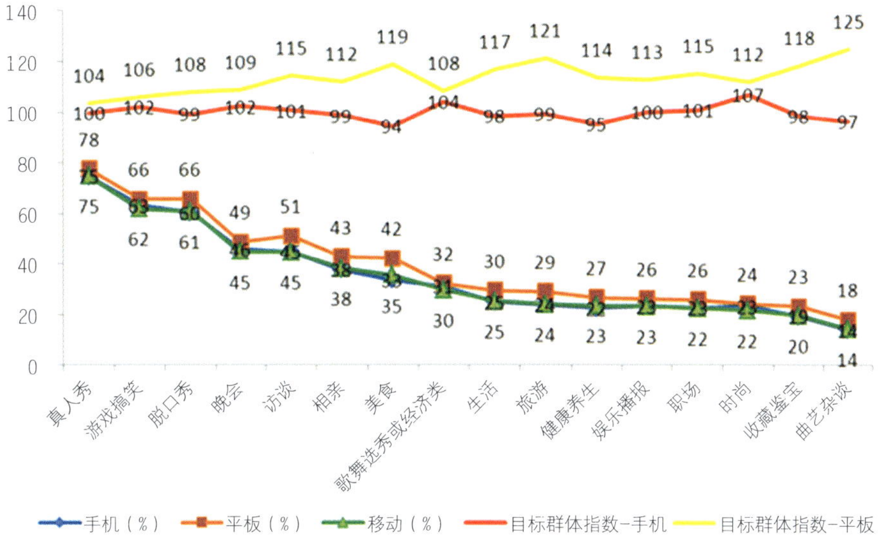

图53 综艺类节目用户偏好（%）

数据来源：iCTR@四视同堂，2014.1（综艺-移动=1612，综艺-手机=1223，综艺-平板=916）

2. 综艺产地用户偏好：大陆综艺节目近九成用户喜欢，台湾、香港节目也受关注

iCTR跨屏研究四视同堂数据显示，不同区域的综艺节目中，大陆综艺节目以绝对优势位居榜首，有89%的移动视频用户喜欢观看。台湾和香港综艺分列二、三名，分别有48%和40%的移动视频用户关注。

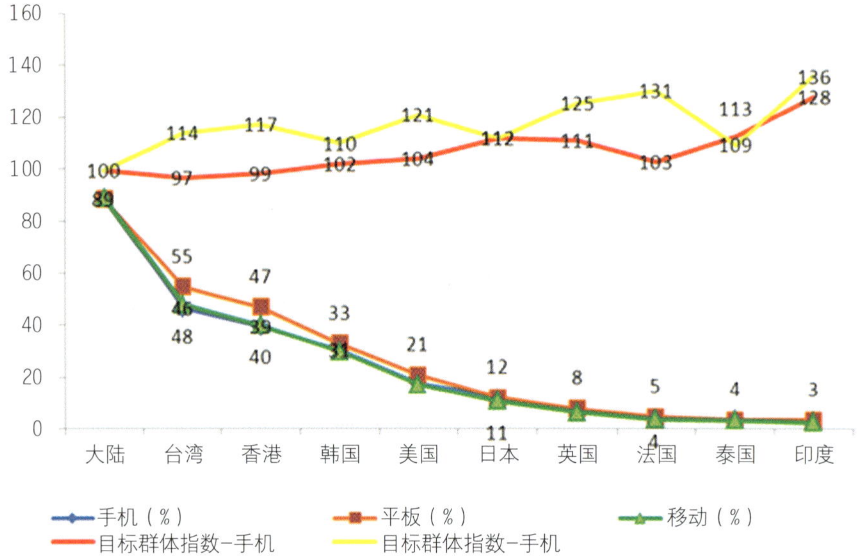

图54 综艺节目产地用户偏好（%）

数据来源：iCTR@四视同堂，2014.1（综艺-移动=1612，综艺-手机=1223，综艺-平板=916）

七、移动视频主要节目总结

从手机和平板电脑用户对我国移动视频市场中的四大类节目（新闻类节目、电视剧、电影、综艺类节目）的深入分析，可以看出各类型节目在市场中呈现出如下明显的特征：

1. 随着网络与电视合作的加强，移动视频新闻节目越来越成为用户主要关注的内容。在全体移动视频用户中，有42%的用户经常收看新闻节目。手机和平板用户中，分别有41%和33%的用户经常收看新闻节目。与PC端用户收看新闻情况类似，移动视频用户对各类题材的新闻也表现出较高的关注度。在移动端网民收看的各类新闻节目中，社会新闻排名居首，75%的移动用户喜欢收看；时政和民生新闻分列二、三位，分别有74%和66%的移动用户较为关注；娱乐、财经新闻也较受欢迎，吸引了60%以上的移动视频用户收看。

2. 电视剧节目有63%的移动视频用户喜欢收看。近年来，大屏智能手机的流行推动了手机视频的发展，但在收看时间较长的连续性电视剧时，用户还是在意屏幕大小差别带来的观赏舒适度差异。数据显示，66%的平板用户偏好电视剧节目，比手机用户高出13个百分点，这表明相对于手机这种小屏幕设备，移动视频用户更喜欢使用较大屏幕的平板终端来收看电视剧。各类题材电视剧均有相当比例的受众爱看。2013年下半年移动网民收看的各类电视剧节目中，都市剧折桂，有60%的移动用户喜欢观看；偶像剧和古装剧近些年也一再掀起热潮，分别有54%和46%的观众较为关注；而农村题材和情景剧作为长尾类型，也吸引了近20%的移动网民收看。

3. 无论是PC终端还是移动终端，电影都是用户的首选节目。65%的移动用户喜欢观看电影。与电视剧收看相同，屏幕较大的平板电脑提供了更好的观赏舒适度也导致使用平板终端观看电影的用户比例更高，平板比手机用户高出12个百分点。电影类型种类繁多，各类题材受关注程度不一。在移动用户收看的各类电影中，动作类影片最受欢迎，有71%的移动用户喜欢观看；喜剧类和科幻类影片分别有66%和53%的移动用户关注；爱情类和战争军事类电影也较受青睐，均有40%以上的移动用户收看。在手机端和平板端用户中，不同类型影片前三位排名一致。而微电影在手机用户中更受欢迎，音乐歌舞类和戏曲题材等在平板用户中的倾向性最为明显。

网络综艺节目大多来自与电视的合作，是移动视频用户最常看的视频节目类型之一。数据显示，48%的人群会通过移动端经常观看综艺节目。在手机和平板两种终端中，用户更偏好使用平板收看。在手机和平板用户中，真人秀、游戏搞笑和脱口秀类综艺节目是前三甲。时尚题材的综艺节目在手机用户中较受欢迎，旅游和曲艺杂谈在平板用户中的倾向性最明显。

本文对移动视频用户的收视行为研究表明，用户对移动视频服务商的认知普遍比较高，但在使用时仅集中于少数服务商，用户选择服务商的偏好非常显著。在工作日用户的平均收视时长为一个小时，而在节假日为两个小时。在各种场所都可以收看是移动视频的优势所在，但是调查数据显示，移动视频用户收看视频的第一场所并不是移动场所，而是在家里。通过Wi-Fi上网在线收看是移动视频网民看节目的主要方式，3G网络在线观看和离线下载分别是手机和平板端网民看视频的次要选择方式。2014年是4G元年，随着4G应用的普及，可以预计它将进一步推进移动视频发展。

3.5 中国网络购物用户行为研究

经过十多年的发展积累，中国的网络购物行业得到了快速发展。一方面，参与者众多，除了综合平台、垂直B2C等纯电子商务企业外，传统零售商、品牌商、渠道商也在涉足电子商务领域，布局网络销售渠道；另一方面，用户网络购物的习惯已经形成，除了一线城市外，二、三、四线城市的网购用户无论是购买频次还是购买金额都在快速增长，且不同人群的网购行为也显现出了不同的特点，用户的个性化需求也在增加。在此背景下，本文主要依据iCTR中国网购行为调查，重点分析中国网络购物用户的行为特点，希望为市场各方提供参考。

一、中国网络购物行业发展环境

中国网络购物行业发展至今，对中国经济的发展和社会的发展都起到了一定的推动作用。同时，社会环境的变化对于推动网络购物行业的发展也起到了很大的作用。

（一）移动视频用户特征用户基础：中国网购用户规模突破3亿人

CNNIC数据显示，截至2013年12月，中国网络购物用户的规模达到了3.02

亿人，较上年增加了5987万人，占中国网民用户规模的比例为49%，网购用户规模的快速增长为中国网购行业的发展奠定了用户基础。

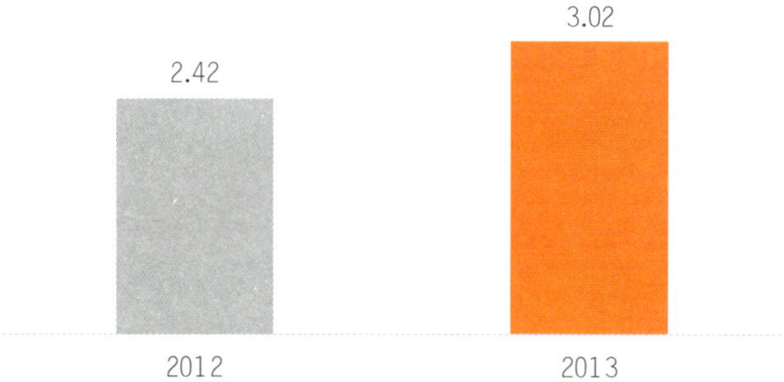

图1 中国网络购物用户规模（亿人）

数据来源：CNNIC

（二）移动视频用户特征政策环境利好

近年来，中央政府以及各省（市）政府纷纷出台政策，加快了网络零售市场的立法进程，扶持网络购物行业发展。2014年3月，新的《消费者权益保护法》（简称新《消法》）正式实施，其中包括七天无条件退货、消费者拥有反悔权等内容。新《消法》的颁布对于保护网购用户的合法权益起到了很好的作用。iCTR调研数据显示，71.3%的网购用户知道新《消法》的内容，其中已经有33.3%的用户开始应用新《消法》内容来保护自己的权益。由此可见，政策环境的利好将推动中国网购行业更加健康稳定地发展。

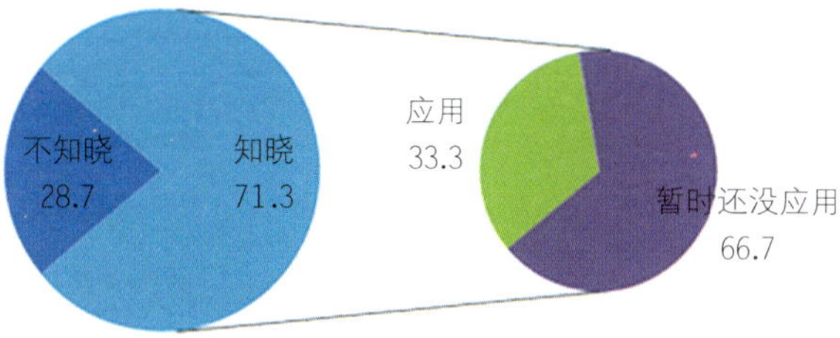

图2 新《消法》知晓和应用情况（%）

数据来源：iCTR@中国网购行为研究，2014.4（N=5000）

（三）移动视频用户特征经济条件改善，网购用户消费力增强

随着经济条件的改善，中国网购用户的整体消费能力在增强。iCTR调研数据显示，最近六个月，接近八成网购用户的线上购物金额增加，同时，超过一半的网购用户的线下购物金额并未减少，说明线上消费金额的增加并不完全是由线下销售渠道转化而来的，中国网购用户的整体消费能力增强。

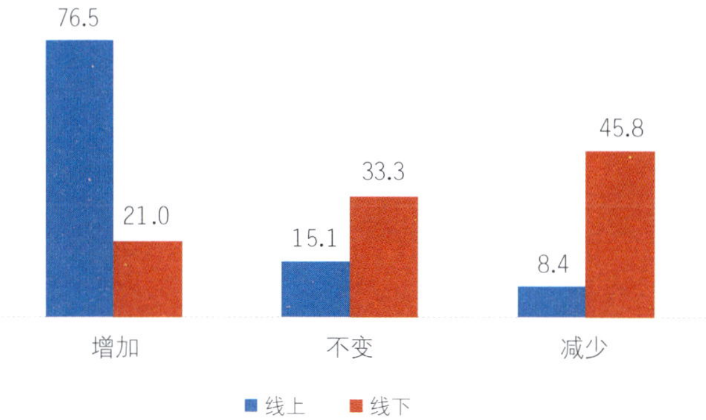

图3 线上、线下购物金额变化的用户比例（%）

数据来源：iCTR@中国网购行为研究，2014.4（N=5000）

注：此比例为用户比例。

二、中国网络购物用户属性特点分析

在信息化时代，随着互联网的迅猛发展，网络购物的用户规模不断上升，网络购物的终端也越来越多样化。目前来看，PC、手机和平板电脑是最主要的网络购物终端，而三个终端网购用户的特征差异也较为明显。

（一）移动视频用户特征网购用户性别：男性多于女性

iCTR调研数据显示，中国网络购物用户的性别分布与互联网网民的性别分布趋同，都是男性用户多于女性用户。不同终端的用户性别比例差别不大，其中，手机网购用户中男性用户比例最高，为56.2%，男女比例差别相对更高一些。

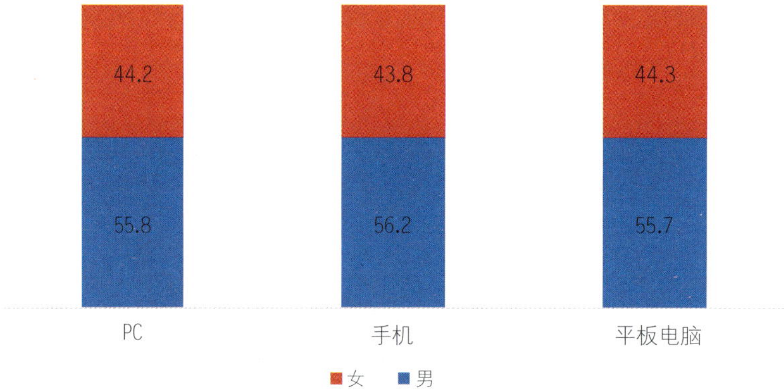

图4 不同终端网购用户性别分布（%）

数据来源：iCTR@中国网购行为研究，2014.4（N=5000）

（二）移动视频用户特征网购用户年龄：30～34岁用户比例最高

中国网购用户的整体年龄分布中，30～34岁的网购用户比例是最高的。从年龄来看，对于低年龄段（15～19岁）用户，平板电脑、手机购物的用户比例较高；而对于40岁及以上用户而言，PC网购用户的比例最高，尤其在高年龄段（50岁及以上）的用户群体中，PC端网购用户的比例远高于手机和平板电脑用户。可见，手机和平板电脑在低年龄段用户群体中有优势，而PC在高年龄段用户群体中有优势。

除此之外，在年龄分布上，平板电脑网购的用户在两个年龄段上比例较高。第一个年龄段是15～19岁，主要是学生群体；第二个年龄段是30～34岁，而这个年龄段的人群已步入到结婚、买房、生孩子的阶段。不同年龄结构的用户组合导致了不同终端用户的网购行有差异，具体的差异会在下面的内容中详细分析。

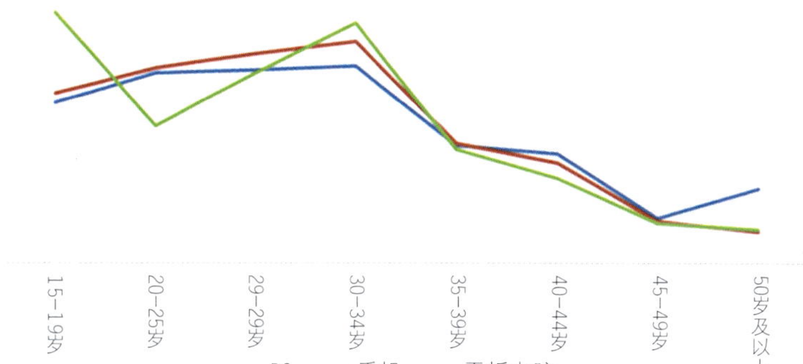

图5 不同终端网购用户年龄分布

数据来源：iCTR@中国网购行为研究，2014.4（N=5000）

（三）移动视频用户特征网购用户学历：平板电脑用户学历高

从学历分布来看，中国网购用户的学历主要集中于大学本科。从终端来看，平板电脑网购用户的学历更高一些，大学本科及以上占比达到60.6%，其中硕士及以上学历占比达到9.2%。手机、PC网购用户的学历稍微低一些。手机网购用户中，大学本科及以上学历占比58%，硕士及以上学历用户比例为8.1%；PC网购用户中，大学本科及以上学历占比54.4%，硕士及以上学历用户比例为7.2%。所以整体来看，平板电脑网购用户的学历水平最高。

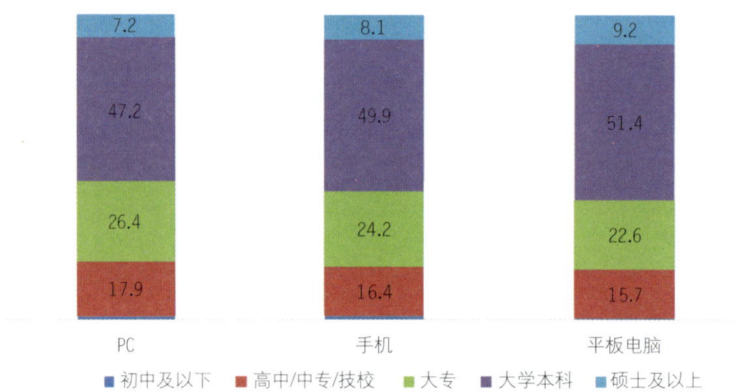

图6 不同终端网购用户学历分布（%）

数据来源：iCTR@中国网购行为研究，2014.4（N=5000）

（四）移动视频用户特征网购用户收入：平板电脑用户收入最高

从网购用户收入情况来看，超过一半的网购用户个人月收入低于5000元。从终端来看，在PC端网购用户中，有67.9%的用户月收入低于5000元，手机和平板电脑网购用户月收入在此区间的比例为65.2%和56.1%。而在高收入区间中，尤其是个人月收入在10000元以上的用户中，平板电脑用户的比例最高，超过了10%，分别比手机和PC网购用户高出5个和6个百分点。

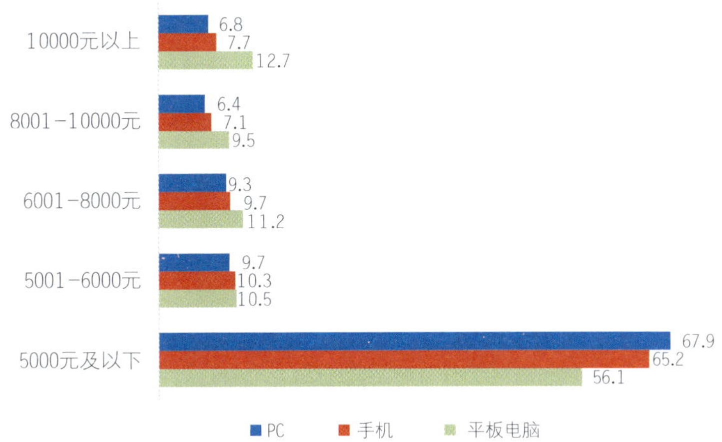

图7 不同终端网购用户个人月收入分布（%）

数据来源：iCTR@中国网购行为研究，2014.4（N=5000）

从家庭月收入来看，用户比例分布类似于个人月收入用户分布。其中，在家庭月收入8000元以下的用户群体中，PC端网购用户在此区间的用户比例为40.5%，分别高出手机端和平板电脑端用户6个和15个百分点，而在家庭月收入20000元以上的用户群体中，平板电脑用户在此区间的用户比例为21.9%，远高于手机和PC端用户比例。

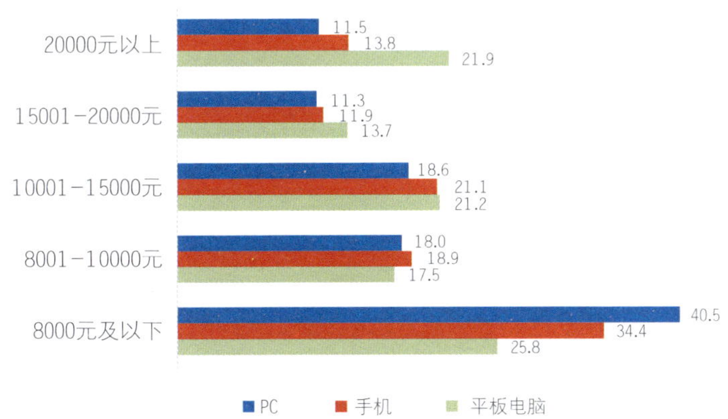

图8 不同终端网购用户家庭月收入分布（%）

数据来源：iCTR@中国网购行为研究，2014.4（N=5000）

总体来看，无论是个人还是家庭月收入，均为平板电脑网购用户最高。在三个终端中，平板电脑的网购用户人群相对高端，主要集中在“两高一低”，即高学历、高收入、低年龄。这部分人群受过高等教育，收入相对较高，又是年轻群体，接受新事物的能力很强，其拥有相对较高的消费能力和消费意愿，对生活也有一定的品位要求。所以，在未来的网络购物发展过程中，针对此类人群可以有针对性地推出产品或服务。

三、中国网络购物用户行为分析

（一）移动视频用户特征网购终端：PC端依然是主力，移动端正在崛起

在互联网迅猛发展的今天，网络购物无疑已经成为用户购物的主要渠道之一。同时，随着中国智能手机的普及以及移动互联网的发展，用户的移动购物习惯也已养成。iCTR调研数据显示，在最近的六个月里，有88.9%的中国网购用户使用过PC进行购物，有68.2%的用户用过手机购物，有23.4%的用户用过平板电脑购物。可见，目前使用PC网络购物依然是主力，但是移动购物潜力不容小觑，未来发展空间巨大。

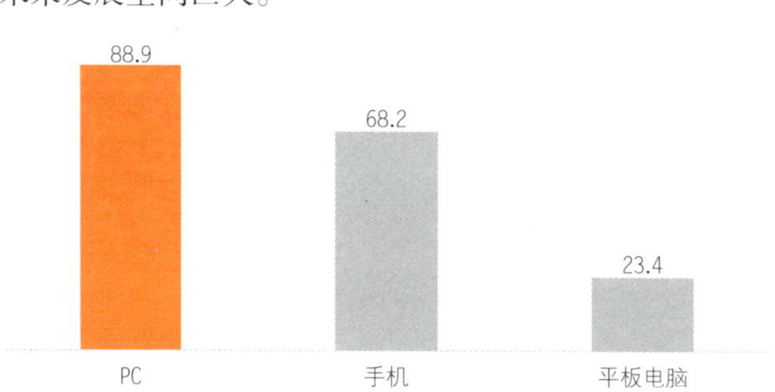

图9 中国网购用户购物终端使用情况（%）

数据来源：iCTR@中国网购行为研究，2014.4（N=5000）

（二）移动视频用户特征网购场景：终端特点决定终端使用的场景不同

在使用不同终端购物场景选择上，终端特点决定了终端使用场景有所不同。首先，PC方面，由于PC不方便携带，所以用户使用PC进行网购时，主要集中在家里、宿舍以及公司、单位等场所，85.2%的 PC网购用户会在家里进行购物，集中度很高。受携带不便利和网络条件的限制，用户在户外等场所使用PC购物的比例很低。

其次，手机方面，用户通过手机进行购物时，除了家里、宿舍等住处外，手机购物的优势主要体现在交通工具等移动场所和公园等户外场所。与PC相比，用户使用手机购物的场所分布相对分散。我们认为，随着网速等基础条件的改善，手机购物随时随地的便利性将会进一步显现。

再次，平板电脑方面，用户使用平板进行网络购物时，除了集中在住处外，与手机相比，更倾向于在咖啡厅、宾馆等休闲场所。主要是因为，一方面这些地方有Wi-Fi分布，比较便于平板电脑联网；另一方面平板电脑的用户群体更高端一些，出入咖啡厅等休闲场所的机会更多。所以，基于不同终端和用户的特点，用户使用不同终端购物时的场景会有所不同。

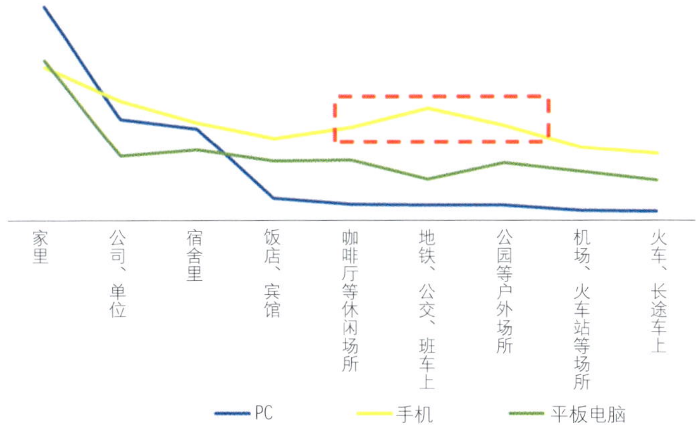

图10 使用不同终端购物的场景分布

数据来源：iCTR@中国网购行为研究，2014.4（N=5000）

（三）移动视频用户特征网购品类：从标准化向多样化

中国网购用户通过不同终端进行购物时，基于不同终端及用户群体的特点，其所购买的商品品类也会有相应的差别，网购品类从最初的标准化走向了多样化。具体分析如下。

第一，网络购物品类多样化。现阶段，网络购物的品类几乎包含了所有的商品，衣（服装、鞋帽、箱包类：77.8%）、食（34.8%）、住行（机票、酒店：18.8%）都涉及了；另外，手机数码、家电、化妆品、图书音像等品类的用户比例也都很高。

而用户使用PC购物时，其大部分商品品类的用户渗透率都要高于手机和平板。以服装、鞋帽类商品为例，虽然用户不管使用什么终端进行购物，其都是网购的第一大品类。但是，该品类在PC网购用户中的渗透率最高，达到了77.8%，远远高于其在手机、平板网购用户中的渗透率；且其Top8商品品类的用户渗透率均高于30%，而手机和平板用户渗透率超过30%的品类只有4个和2个，可见PC依然是网络购物的主力终端。

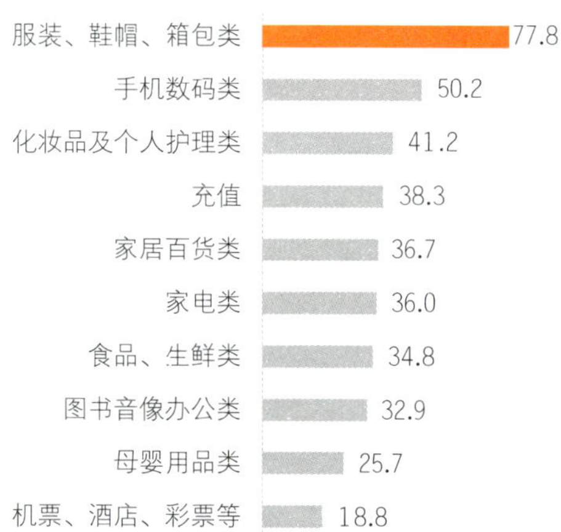

图11 用户使用PC网购时所购买的品类Top10（%）

数据来源：iCTR@中国网购行为研究，2014.4（N=4444）

第二，用户使用手机购物时，与PC相比，更倾向话费、Q币充值，以及购买机票、酒店等虚拟产品，这类产品的特点在于比较标准化，只须成功支付即可享受服务，所以在手机携带及支付便利性的支持下，此类商品较适合通过手机进行购买。

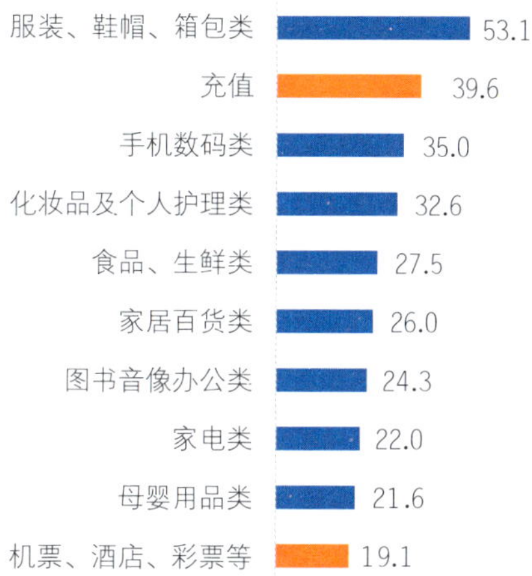

图12 用户使用手机网购时所购买的品类Top10（%）

数据来源：iCTR@中国网购行为研究，2014.4（N=3408）

第三，用户使用平板电脑购物时，购买家居百货、图书音像等品类的用户比例较高。这主要是因为，一方面，平板电脑用户相对更加高端，高学历、高收入，而这类用户也更加注重个人护理以及有更好的阅读习惯，所以平板电脑网购用户在化妆品及个人护理、图书音像办公类等商品的购买比例较高；另一方面，由于平板电脑网购用户群体在30～34岁的比例较高（如图5所示），这个年龄段的人群步入结婚、买房、生孩子的阶段，所以在家居、家装以及母婴用品方面的需求会高一些。

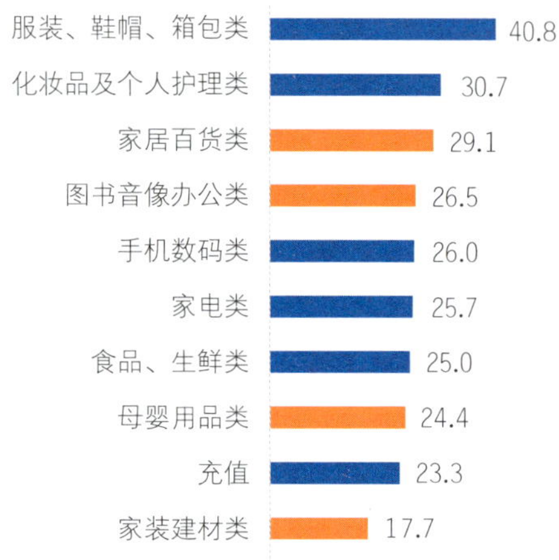

图13 用户使用平板电脑网购时所购买的品类Top10（%）

数据来源：iCTR@中国网购行为研究，2014.4（N=1171）

从品类的分布上可以看到，不同特点的网购人群在购买品类上存在差异。以PC购物和一线城市高、中、低收入人群为例，与中、低收入人群相比，一线城市的高收入人群在食品生鲜、珠宝首饰、机票酒店、汽车用品等品类方面具有优势，而这些品类的商品属于相对高端的商品，且这些品类的商品渗透率与收入成正比；与中、高收入人群相比，一线城市的低收入人群网购品类的集中度很高，有68.9%的用户购买过服装、鞋帽、箱包类，但是在其品类商品的比例均低于40%，可见很多品类在低收入人群上还有很大的扩展空间。

表1 PC端一线城市不同收入网购用户购买品类分布

品　类	低收入（%）	中收入（%）	高收入（%）
服装、鞋帽、箱包类	68.9	79.5	65.4
手机数码类	35.3	51.2	52.2
化妆品及个人护理类	39.5	41.6	41.7

续表

家居百货类	29.4	44.7	41.7
家电类	32.5	41.9	40.6
食品类	33.7	37.2	40.1
充值类	33.4	31.0	35.8
图书音像办公类	27.8	34.1	33.3
母婴用品类	21.3	27.6	24.3
珠宝首饰类	13.9	18.6	22.7
机票、酒店、彩票类	11.7	20.9	22.7
家装建材类	17.4	24.8	21.1
汽车用品类	11.2	12.4	17.4
游戏道具装备类	11.5	12.4	12.7

数据来源：iCTR@中国网购行为研究，2014.4

注：一线城市低收入为个人月收入在4000元及以下，中收入为4001～8000元，高收入为8000元以上。（下同）

（四）移动视频用户特征网购频次：女性用户购买更频繁

在购买频次上，不同终端、不同性别和不同地区用户的表现都有所差异。首先，从终端来看，用户使用PC网购的月均频次最高，为5.64次，然后是平板电脑和手机；其次，从性别来看，不管使用什么终端，女性用户的购买频次均高于男性用户。

表2 最近六个月用户月均网购频次

终　端	全部用户（次）	男（次）	女（次）
PC	5.64	5.49	5.84
手机	4.96	4.90	5.04
平板电脑	5.12	5.01	5.26

数据来源：iCTR@中国网购行为研究，2014.4（N=5000）

从地区分布来看，二线城市以及三、四线等其他中小城市在购买频次上与一线城市没有太大的差别。反而在PC端，三、四线等其他中小城市的用户网购更加频繁，且他们通过手机和平板电脑网购的频次也都达到了平均值。可见，中国网络购物的普及度已经很高。

另外，不管从什么终端来看，二线城市用户的网购频次均介于一线城市和三、四线等其他城市之间，我们分析认为，这主要是因为一线城市的网络购物普及率较高，比较发达，所以购买频次高。对于三、四线等其他中小城市而言，一方面一部分用户对价格比较敏感，而网络渠道可以提供性价比更高的产品；另一方面，一些新产品或者相对高端的产品，在三、四线城市的实体渠道很难买到，所以网络渠道就成了他们的最佳选择。加上近年来物流在三、四线城市的快速发展，也促进了中小城市网络购物的快速普及。

表3 最近六个月不同地区用户月均网购频次

终　端	一线城市（次）	二线城市（次）	其他（次）
PC	5.42	5.51	5.95
手机	5.06	4.86	5.07
平板电脑	5.31	5.04	5.12

数据来源：iCTR@中国网购行为研究，2014.4（N=5000）

（五）移动视频用户特征网购金额：月人均网购消费金额为566.6元

从网购金额来看，最近六个月中国网购用户的平均月网购消费金额为566.6元，占到其个人月支出（不包括购房和购车支出）的比例为18.1%。而从细分人群来看，一线城市的高、中、低收入人群的网购消费金额有所不同，与用户的收入水平成正比，高收入人群超过千元。但是从网购金额占个人月支出的比例来看，高收入人群的比例最低，这主要是因为，高收入人群的购买力强，除了线上的消费，其在线下的消费能力同样也很强。

表4 一线城市不同收入用户网购消费金额及比例

	整体网购用户	低收入	中收入	高收入
月人均网购金额（元）	566.6	408.0	634.5	1033.9
月人均网购金额占个人月支出的比例（%）	18.1	20.3	16.3	9.9

数据来源：iCTR@中国网购行为研究，2014.4（N=790）

注：个人月支出不包括购房、购车等支出。（下同）

从地区分布来看，一线城市用户的月人均网购消费金额最高，达到658.1元；三、四线等其他城市用户最低，为520.9元。从月人均网购金额占个人月支出的比例来看，三、四线城市用户的比例最高。说明这些地区的用户网购习惯已经形成，但是与一、二线城市相比，用户的整体消费水平低，所以网购消费金额低。

表5 最近六个月不同地区用户网购消费金额及比例

	整体网购用户	一线城市	二线城市	其 他
月人均网购金额（元）	566.6	658.1	568.9	520.9
月人均网购金额占个人月支出的比例（%）	18.1	13.3	19.1	20.9

数据来源：iCTR@中国网购行为研究，2014.4（一线城市N=790，二线城市N=2486，其他N=1724）

（六）移动视频用户特征支付方式：在线支付渗透率高

在支付方式上，现阶段，使用在线支付方式的网购用户比例很高。iCTR调研数据显示，68.1%的用户常使用的支付方式是第三方支付，19.8%的用户常使用的是网上银行支付，这说明，87.9%的中国网购用户常使用的方式是在线支付，用户使用在线支付的习惯已经养成。这主要是因为，一方面，支付宝的信用体系培养了用户使用在线支付的习惯；另一方面，在网购发展的推进下，银行也纷纷跟进，推进其网上银行业务，不断优化用户体验，满足用户需求。

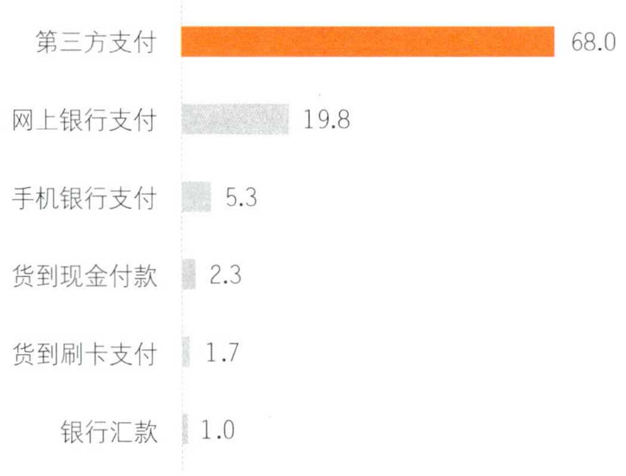

图14 网购用户最常使用的支付方式分布（%）

数据来源：iCTR@中国网购行为研究，2014.4（N=5000）

从数据来看，有4%的用户最常使用的支付方式依然是货到付款（包括货到现金付款和货到刷卡支付）。iCTR调研数据显示，在线支付的安全性依然是用户最担心的因素，除此之外，还有41%的用户考虑到退、换货的因素，34%的用户认为货到付款时，取消订单更为方便。所有这些也给商家一个启示，当用户发生退货或取消订单行为时，要尽量缩短退款时间，减少用户使用在线支付的不便，打消其顾虑。

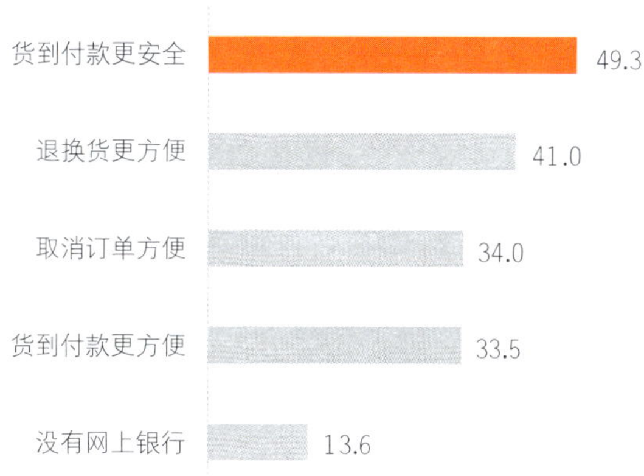

图15 网购用户最常使用货到付款的原因Top5（%）

数据来源：iCTR@中国网购行为研究，2014.4（N=200）

（七）移动视频用户特征物流时长：过半用户期望能在3天内收到商品

在物流配送时长方面，一线城市的表现要优于二线城市。目前有一半的一线城市网购用户可以在三天以内收到商品，其中2.5%的用户当天即可收到网购商品。从期望值来看，近1/4的一线城市网购用户期望能够在一天之内收到商品，六成以上的网购用户期望在2～3天收到货物。我们也观察到，现阶段，很多电商网站也是通过自建物流的方式，努力提高配送速度，尽可能地满足用户的需求。

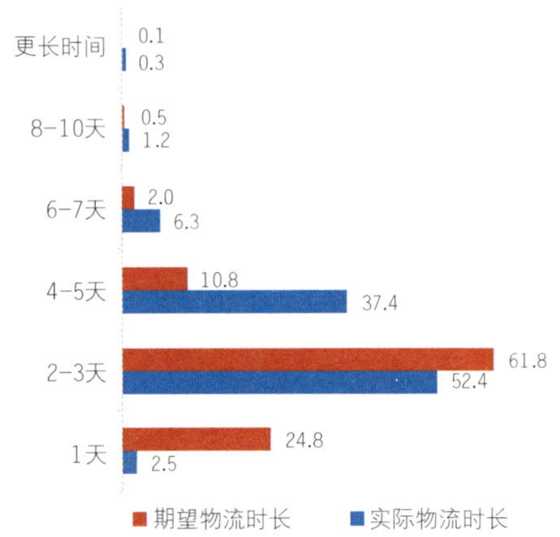

图16 一线城市物流时长情况（%）

数据来源：iCTR@中国网购行为研究，2014.4（N=790）

二线城市的网购用户收到商品的实际时长与期望时长差距更大一些，有67.8%的用户期望在2～3天内可收到商品，而现阶段，只有41.4%的用户可在这个时间段内收到商品；另外有近20%的用户希望能够在当天内收到货物，这也给电商物流提出了更高的要求。这说明物流在二线以及更多的中小城市可提升空间很大，而这些地区也是中国网购市场发展的巨大空间所在，电商网站也须继续布局其在二、三线城市的物流能力，提升竞争力。

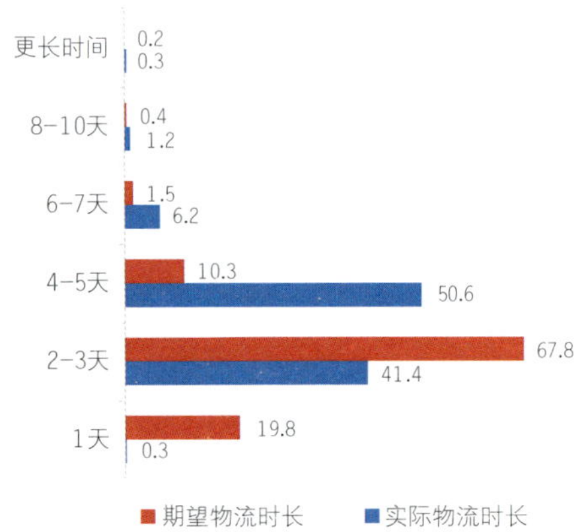

图17 二线城市物流时长情况（%）

数据来源：iCTR@中国网购行为研究，2014.4（N=2486）

（八）移动视频用户特征网购用户的评论习惯已经形成

现阶段，用户在网站上的评论内容已经成为影响用户选择商品的重要因素之一。在影响网购用户选择购买商品的因素分布中，54.9%的用户选择商品时会参考用户的评论、晒单内容，可见用户口碑已经成为影响用户选择商品的重要因素之一。

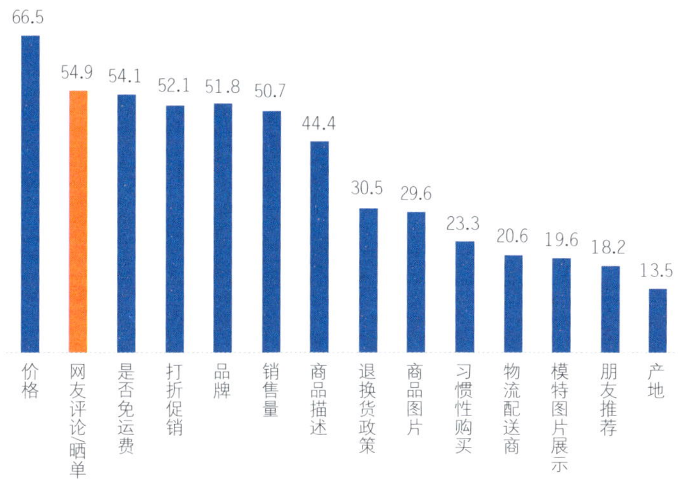

图18 影响用户网购商品的因素分布（%）

数据来源：iCTR@中国网购行为研究，2014.4（N=5000）

而在网购完成后，86.6%的用户曾经有过评论经历。“习惯每次购物后进行评论”“给他人以实用的建议”是网购用户选择评论的主要原因。可见，用户评论的习惯已经形成。所以对于电商网站而言，维护好评论内容很重要，且由于用户的评论习惯已经养成，所以在出现一些差评和负面评价的时候，电商网站也需要及时与网购用户进行沟通，帮他们解决问题，消除负面影响。

除此之外，有13.9%的用户会“通过差评来争取退换货等权益”，当然这里边包含部分用户故意给予差评威胁电商卖家，达到一些不合理的目的。但是这也从侧面反映出，有些商家的退、换货等售后服务做得依然不到位，所以对于电商卖家而言，提升服务品质依然是最重要的。

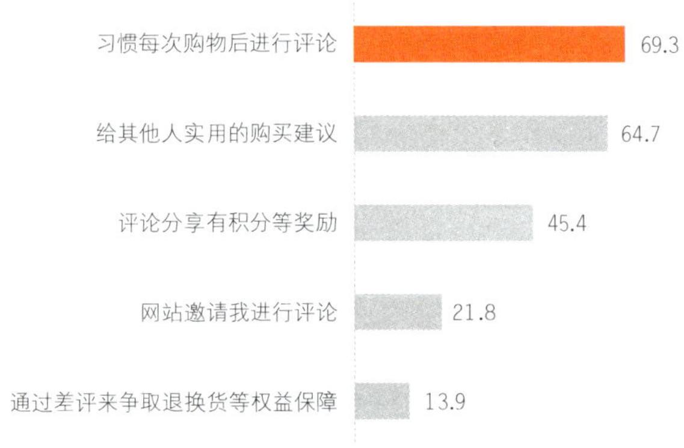

图19 网购用户评论的原因Top5（%）

数据来源：iCTR@中国网购行为研究，2014.4（N=4329）

从性别分布来看，女性用户比男性用户更爱评论，而激励措施对于引导男性用户进行评论则更有效果。如图20所示，七成以上的女性用户已经习惯每次购物后进行评论，而在“评论分享有积分等奖励”“网站邀请我评论”选项上，男性用户比女性用户多6个百分点。所以电商卖家在一些主打男性的产品上，可以通过一定的激励措施来引导男性用户进行评论。

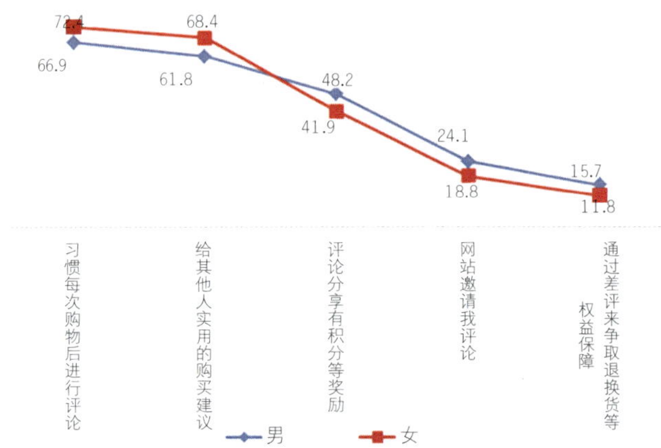

图20 不同性别用户评论原因（%）

数据来源：iCTR@中国网购行为研究，2014.4（男N=2412，女N=1917）

（九）移动视频用户特征商品质量成为用户退货的主要原因

iCTR调研数据显示，在最近的六个月里，六成以上的用户都有过退货的经历，"商品质量不佳"成为用户退货的主要原因，说明目前用户对于网购商品的品质有一定的要求。"商品尺码不合适"和"商品与描述不符"也是用户退货的主要原因。

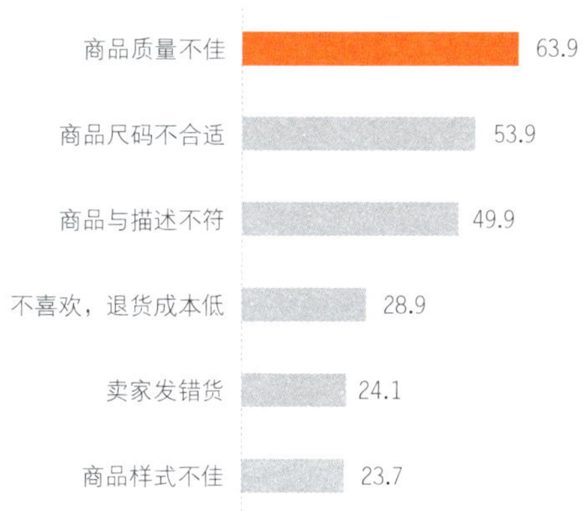

图21 网购用户退货的原因（%）

数据来源：iCTR@中国网购行为研究，2014.4（N=3065）

另外，有49.7%的用户有过换货的经历。"商品尺码不合适"是用户选择换货的主要原因，其次是"商品质量不佳"和"卖家发错货"，另外有28%的用户是因为"商品与描述不符"而选择换货的。

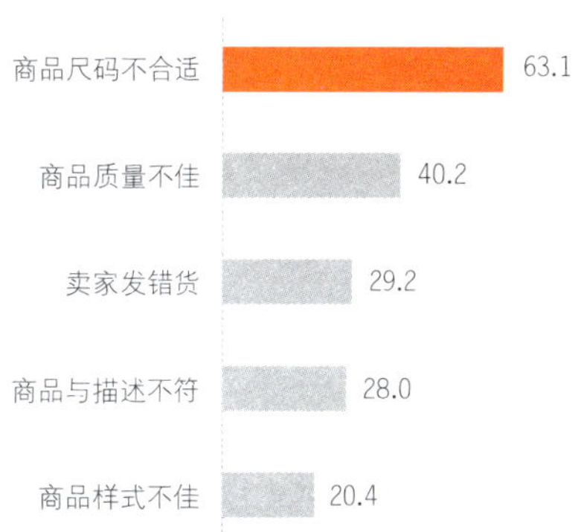

图22 网购用户换货的原因（%）

数据来源：iCTR@中国网购行为研究，2014.4（N=2487）

综合以上原因，可以得出结论：第一，商品质量出现问题时，更多的用户选择退货；第二，对于服装、鞋帽等品类，网购卖家要尽量在尺码方面描述准确，降低因尺码不合适而带来的退、换货成本；第三，在商品描述方面，可以从多角度描述，使用户全面了解商品特性，描述准确，不要夸大商品特点；第四，在发货时，卖家要仔细核对订单内容，以免发错货，造成不必要的损失。

（十）移动视频用户特征免邮费是用户最喜欢的促销方式

在促销方式的选择上，免邮费是用户最喜欢的促销方式，该比例达到了60.9%；另外，打折促销、积分换/送礼物等也是用户较喜欢的方式。现阶段，中国网络购物市场促销活动频繁，选择用户喜欢的促销方式才能达到好的促销效果。

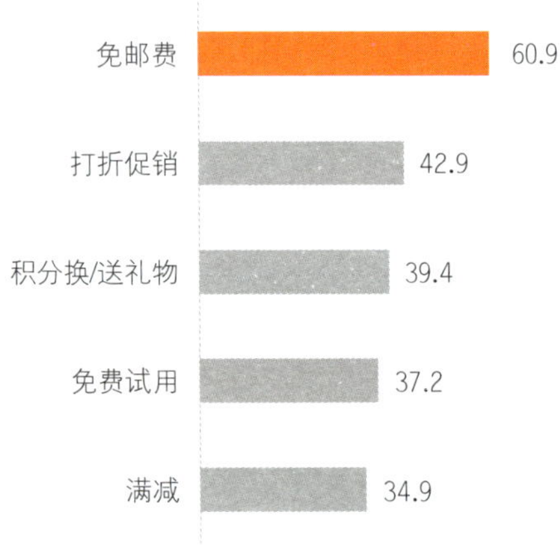

图23 网购用户喜欢的促销方式Top5（%）

数据来源：iCTR@中国网购行为研究，2014.4（N=5000）

在客户维护方式的选择上，“赠送纪念品”“促销活动告知”等方式是用户比较喜欢的方式。从性别分布来看，女性用户更偏好“赠送纪念品”“促销活动告知”“VIP特定回馈活动”等方式；而在“短信问候”“回访满意度”“邮寄销售意见卡”等方式上，男性用户的比例高于女性用户。所以商家在确定不同的客户维护方式时，也可根据不同用户的特点来选择。

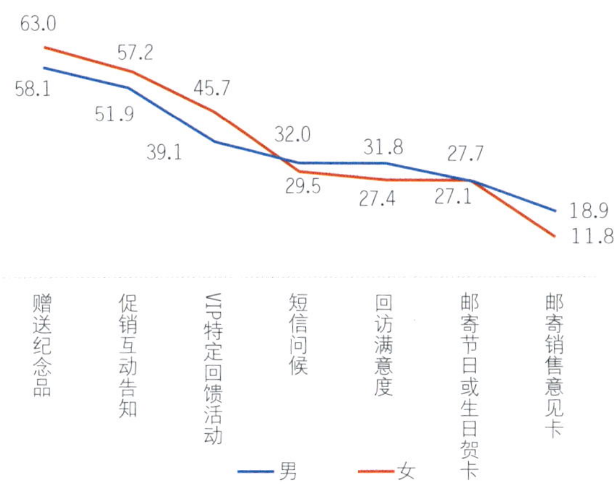

图24 不同性别网购用户喜欢的客户维护方式（%）

数据来源：iCTR@中国网购行为研究，2014.4（男N=2800，女N=2200）

四、电商广告受众行为分析

（一）电商广告接触比例高

iCTR调研数据显示，在最近的六个月里，77%的中国网购用户曾经看到过电商广告（包括电商网站以及网站上的商品广告），比例较高。我们也观察到，近年来，电商网站促销频繁，如“双11”“双12”的大型促销活动，以及节假日和各家电商网站的周年庆等都会推出各种各样的促销活动，在活动前，都会做很多市场推广活动，各种媒体几乎都能覆盖到。可见，电商广告的高覆盖已经让网购用户留下了印象。

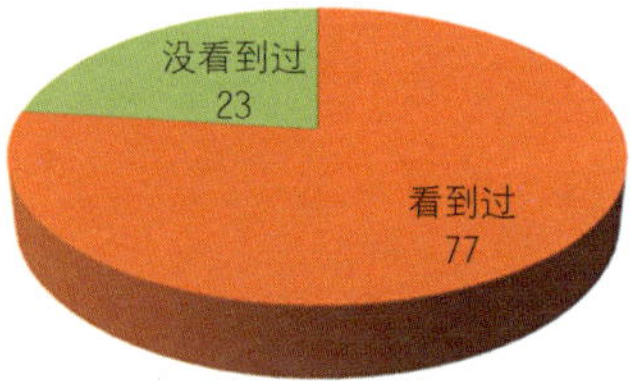

图25 看到过/没看到过电商广告的网购用户比例（%）

数据来源：iCTR@中国网购行为研究，2014.4（N=5000）

注：电商广告包括网站广告和商品广告（下同）。

（二）电商广告媒体分布：PC互联网比例最高

在各媒体分布中，互联网、手机/平板电脑、电视是网购用户接触电商广告比例最高的三大媒体。从媒体分布来看，超过七成的网购用户对PC互联网上的电商广告有印象，超过六成的用户对手机/平板电脑上的电商广告有印象，作为传统媒体代表的电视位居第三，有差不多一半的网购用户在电视上看到过电商广告，而报纸、杂志、广播的比例都低于20%。

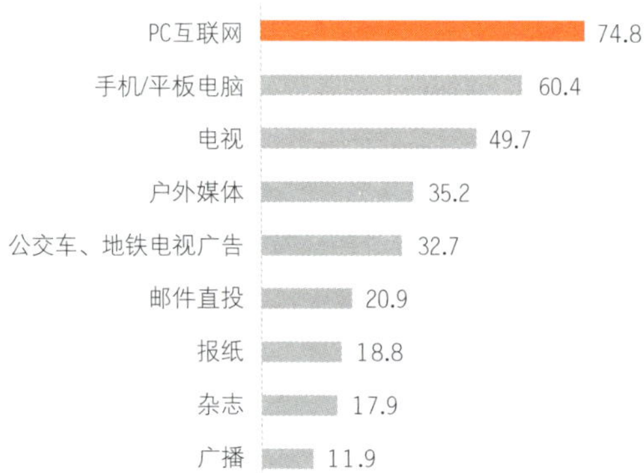

图26 网购用户看到过电商广告的媒体分布（%）

数据来源：iCTR@中国网购行为研究，2014.4（N=3852）

从年龄分布上来看，以Top3媒体为例，不同年龄段的用户也显现出了不同的差别。对于PC互联网来说，20～49岁的用户看到电商广告的比例都比较高，但是对于50岁及以上的用户而言，比例下降很快；对于手机/平板电脑来说，20～29岁的用户看到过电商广告的比例最高；对于电视媒体来说，看到过电商广告的用户比例随着年龄的增长而增加，具体来看，对于45～59岁的网购用户，在电视上看到的电商广告用户比例要高于手机/平板媒体上的用户比例，对于60岁及以上的网购用户，电视超过了PC互联网，成为其接触电商广告的第一大媒体。所以，对于电商网站而言，针对不同用户进行广告投放的时候，可以选择不同的媒体组合。

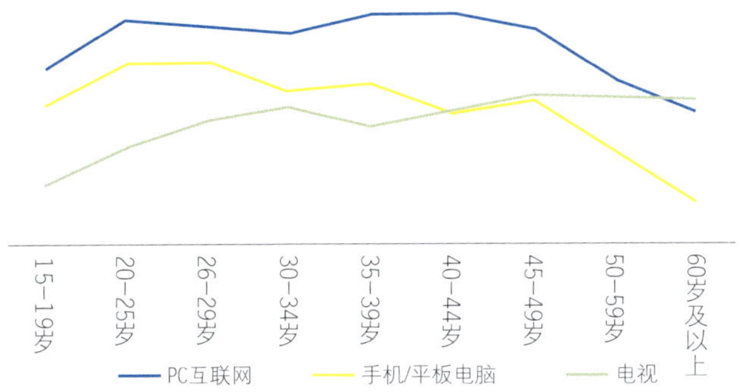

图27 不同年龄段网购用户看到过电商广告的媒体分布（%）

数据来源：iCTR@中国网购行为研究，2014.4（N=3852）

除此之外，在针对非网购用户进行营销传播，希望将其转化为网购用户时，以及针对高年龄段和经济不发达地区的网购用户时，还是需要依靠以电视为主的传统媒体。对于这些用户，传统媒体依然拥有绝对的传播优势。

（三）视频网站、综合门户是用户接触电商广告比例最高的互联网媒体

在互联网媒体的分布中，网购用户整体对视频网站和综合门户网站上的电商广告接触比例最高，但是不同年龄及性别的用户表现有差别。从性别来看，如表6所示，男性用户在综合门户、网络客户端软件的目标群体指数较高，女性用户在微博、视频网站的用户目标群体指数更高。

表6 用户在不同类型互联网媒体上的电商广告接触比例

	整体用户（%）	男（%）	目标群体指数	女（%）	目标群体指数
视频网站	49.4	46.0	93	54.1	110
综合门户	42.1	45.8	108	36.8	87.4
网络客户端软件（如QQ）	40.2	41.5	103	38.4	95.5
搜索网站	37.3	37.8	101	36.5	97.9
社交媒体（如人人网）	35．8	35.7	99.7	36.0	100.6
微博	28.1	25.6	91.1	31.5	112

数据来源：iCTR@中国网购行为研究，2014.4（男N=1682，女N=1200）

从年龄分布来看，不同年龄段用户对不同媒体上电商广告的印象也会有差别。第一，低年龄段用户（15～19岁）对网络客户端软件以及社交媒体广告接触的目标群体指数较高。这主要是因为，这部分用户基本上都是学生用户，是使用QQ和社交网站的核心群体；第二，20～29岁的用户对视频网站和微博上的电商广告接触较高，其中20～25岁的用户对社交媒体上的电商广告接触最高；第三，30～39岁的用户集中在综合门户上；第四，40岁以上的用户在搜索

网站和网络客户端软件的目标群体指数最高，主要是因为对于高年龄段用户来说，他们使用网络的成熟程度相对较低，QQ是他们开始接触网络的重要工具之一，而搜索引擎是他们使用网络服务的重要入口。

总的来看，年轻用户主要集中于社交媒体和视频网站，中年用户主要集中于综合门户，高年龄段用户主要集中在搜索引擎和网络客户端软件。所以，电商网站在投放广告时，可根据不同的目标用户群体选择不同的媒体组合进行投放。

表7 不同年龄段用户电商广告接触的目标群体指数

	15～19岁	20～25岁	26～29岁	30～34岁	35～39岁	40～49岁	50岁及以上
视频网站	91	108	108	101	102	80	75
综合门户	79	67	94	112	128	86	104
网络客户端软件（如QQ）	114	101	100	96	87	108	109
搜索网站	100	94	94	99	105	121	112
社交媒体（如人人网）	116	123	101	86	86	91	78
微博	101	120	118	91	79	85	57

数据来源：iCTR@中国网购行为研究，2014.4（N=2882）

（四）App内置广告、微信、移动视频是用户接触电商广告比例最高的移动媒体

从移动媒体分布来看，App内置广告、微信、移动视频是用户对电商广告印象最为深刻的三大媒体。由于目前App依然是移动用户上网的主要方式，所以App的内置广告覆盖的用户群体范围非常广泛；微信作为移动互联网最大的

社交媒体之一，其电商广告主要是以朋友圈以及“公众服务号”为载体进行传播，且朋友圈中都是好友，而“公众服务号”都是用户主动关注的，这些因素就决定了用户对微信中电商广告的传播效果和转化效果较好。

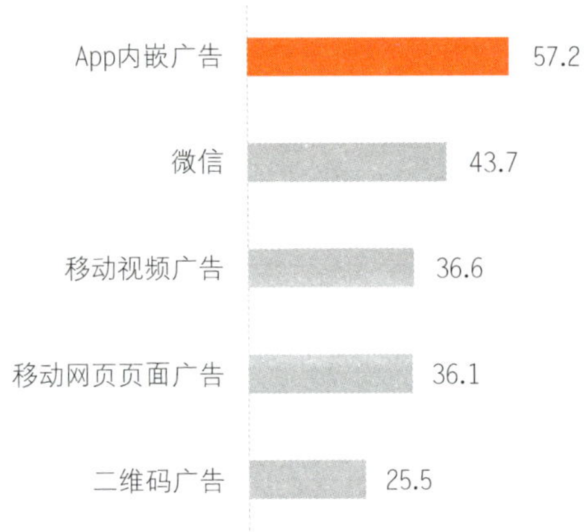

图28 用户在不同类型移动媒体上的电商广告接触比例（%）

数据来源：iCTR@中国网购行为研究，2014.4（N=2325）

除此之外，移动视频对于电商网站也具有很高的投放价值。一方面，用户对移动视频上电商广告的印象较为深刻；第二，从广告停留效果上看，用户观看移动视频广告的离开率更低。iCTR@四视同堂调研数据显示，47%的用户看到电视广告时，会选择离开去做别的事情，而这一数据在PC、手机、平板上的比例分别为31%、23%和26%，可见，移动视频的停留效果更好，且观看移动视频时，有超过10%的用户看到感兴趣的广告会点击，移动视频对于电商网站的营销价值更高。

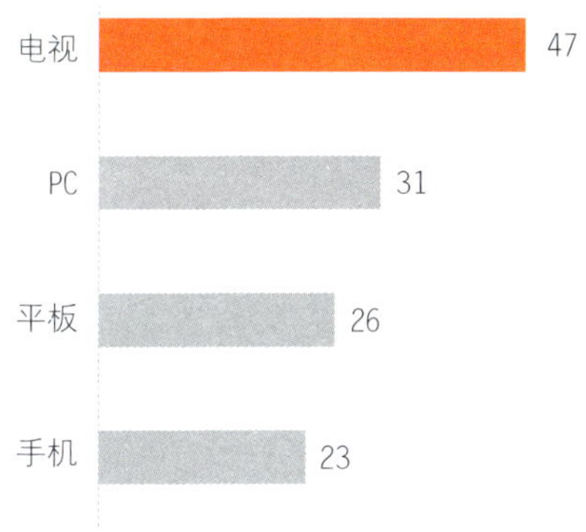

图29 在不同终端看到广告时用户离开的比例（%）

数据来源：iCTR@四视同堂，2014.1（N=5000）

五、中国网络购物发展趋势分析

（一）移动购物发展空间巨大

从不同终端购物金额的变化趋势来看，在最近的六个月里，超过七成网购用户的在线消费金额是增加的，而从购物终端来看，使用手机购物消费金额增加的用户比例最高。iCTR调研数据显示，有近七成手机网购用户在手机端的消费金额是增加的，用户比例最高。

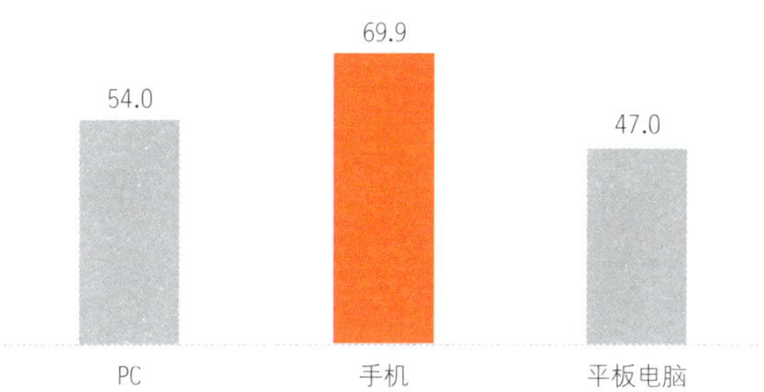

图30 使用不同终端购物金额增加的用户比例（%）

数据来源：iCTR@中国网购行为研究，2014.4（N=5000）

（二）使用手机购物的主要原因：便利性、激励措施

iCTR调研数据显示，支付及购买的便利性，以及优惠激励措施对于手机购物的发展具有很大的拉动作用。由此可以看到，一方面，目前用户对于手机支付便利性的体验较好，这也给电商企业一个启示，在推动其手机购物业务发展的时候，手机支付环节是关键所在，在保证手机支付安全性的同时，尽可能地简化操作流程，尽量规避手机操作不方便等因素的影响；另一方面，针对手机业务可以推出更多的优惠和激励措施，带动用户向手机端转移。我们观察到，目前很多电商企业在推手机客户端时，通过实施“首次手机下单返现金券”“用手机下单免运费的门槛更低”等政策来激励用户，对手机购物业务的发展起到了一定的推动作用。

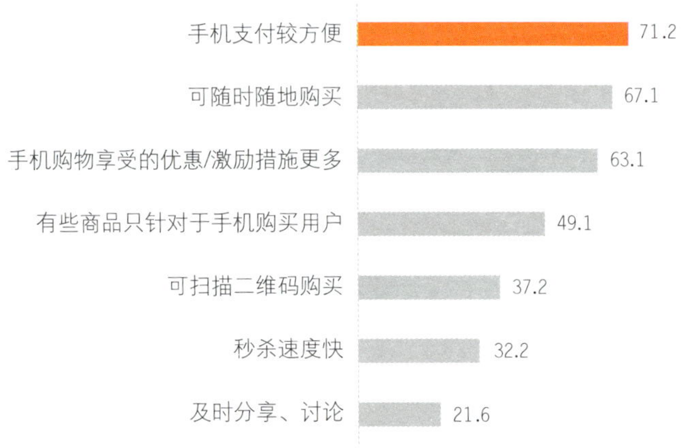

图31 用户使用手机购物的原因（%）

数据来源：iCTR@中国网购行为研究，2014.4（N=3408）

（三）使用手机购物遇到的问题：手机屏幕限制及基础设施问题

iCTR调研数据显示，“网速不好，打不开”“商品描述很难看全面”“信号不好”是用户使用手机购物时遇到的最主要的三个问题。这些问题主要集中在屏幕限制、网络基础设施方面。而在购物App体验方面，现阶段用户面临的问题比例相对低一些，但是，依然有31%的用户认为手机购物App存在“商品分类不清晰”的问题，所以电商企业在商品分类方面还须继续优化。除此之外，支付的安全性、二维码的安全性问题有待进一步解决。

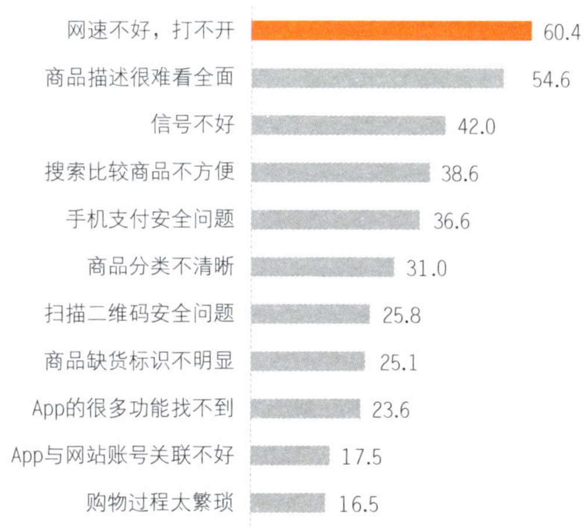

图32 用户使用手机购物遇到的问题（%）

数据来源：iCTR@中国网购行为研究，2014.4（N=3408）

总之，我们认为移动购物未来的发展前景巨大。主要原因在于，第一，基础设施将会越来越完善。4G网络的推出，Wi-Fi热点布局越来越密集，这都从一定程度上解决了手机上网网速慢的问题。在此条件下，手机购物随时随地的便利性也将得到更好的体现。第二，手机屏幕方面，大屏幕手机越来越多，很多用户也都倾向于选择购买大屏手机。如表8所示，55.7%的用户准备将来购买5英寸以上屏幕的手机，而现在只有24.8%的用户使用5英寸以上的手机。可见未来大屏幕手机的普及也将会改善手机购物的视觉体验。第三，随着技术的提高，手机支付的便利性、安全性也将进一步提升。第四，手机购物体验方面，现阶段用户对手机购物本身的问题比例较低，但是电商企业不能松懈，需要持续关注用户的需求，使手机购物的体验更加良好。所以，在未来一段时间，手机购物的优势还会继续保持，而基础设施等影响手机购物发展的瓶颈也会逐渐突破，手机购物的发展前景巨大。

表8 中国视频用户手机屏幕尺寸分布及预购情况

手机屏幕尺寸	现状（%）	预购（%）
3.0英寸及以下	8.8	1.4
3.1～4.0英寸	31.1	16.1
4.1～5.0英寸	37.6	28.3
5.1～5.5英寸	21.3	36.3
5.6英寸及以上	3.5	19.4
不清楚多大	3.0	6.1

数据来源：iCTR@四视同堂，2014.1（N=5000）

（四）垂直电商、区域电商有发展机会

中国网络购物市场上商品品类不断增多，涉及居民生活的衣、食、住、行、娱各个方面，中国网络购物市场的交易商品正从标准化程度高向非标准化个性化发展。iCTR调研数据显示，现阶段用户选择网络购物的原因中，除了便利性因素之外，“样式丰富”“总能找到所需商品”“实体店买不到，只有网上有”也是用户选择网络购物的重要因素。可见，在网络渠道中，商品品类

的丰富性可以满足用户的个性化需求，且随着用户网购深度的加深，未来用户的个性化需求也会越来越多。

在现阶段，对特定人群、特定需求的细分市场尚未饱和。在用户需求个性化趋势下，势必会出现一些垂直网站或者品牌商网站，尤其对于一些需要专业知识、客单价高的商品（如珠宝类），用户需要更加专业的服务，而这些服务是大平台类型的电商网站无法提供的。所以在此背景下，未来电商网站中，一些垂直网站依然具有发展机会。

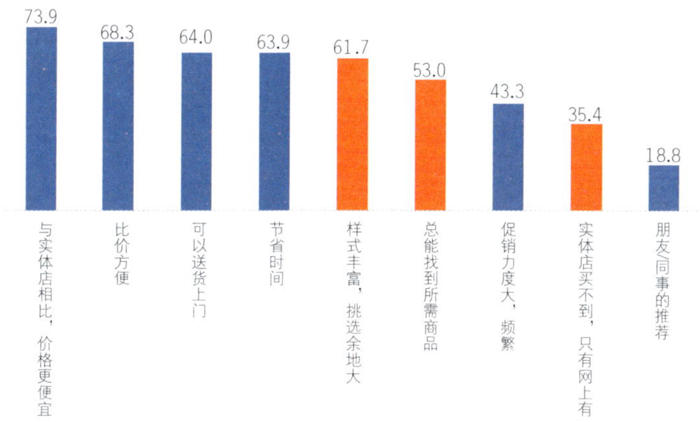

图33 用户网络购物的原因（%）

数据来源：iCTR@中国网购行为研究，2014.4（N=5000）

从地区分布来说，中国网络购物市场整体处于成长期，考虑到中国区域发展不平衡及城市、农村的二元经济结构，细分行业领域尚存在很多市场机会。中国广阔的领土及丰富的文化，使得不同区域的消费者，在文化习俗、消费偏好上均有不同程度的差异，中国电子商务二、三线城市及中西部的区域市场前景广阔。且用户对电商服务的要求也越来越高，以物流为例，如图17所示，二线城市对物流时长的期望越来越短，三、四线城市用户对物流的要求也会越来越高，这就给区域电商带来了很大的发展机会。

（五）用户更加注重商品品质及服务

在整个网络购物的流程中，网购用户会涉及网站、商品、支付、物流、售后等各方面的因素。而在现阶段，如图34所示，网站的信誉、商品的质量、支付的安全、配送的安全性是用户认为最为重要的因素。

第一，在网站因素（包括卖家/网站信誉、购物过程简化、网站/App设计美观、客户资料安全、客户服务）中，网购用户认为卖家/网站信誉、客户资料安全的重要程度最高，而购物过程简化、设计美观等因素都是次要因素。

第二，在商品因素（商品价格低廉、种类丰富、信息描述准确、商品质量、优惠活动）中，虽然价格依然是用户网购时比较关注的因素，但是其重要度远远低于商品的质量因素。

第三，在支付因素（支付方式种类多、支付过程简单、支付安全）中，支付安全性的重要程度最高，且在所有的网购因素中，支付安全性是用户认为重要程度最高的因素。

第四，在物流因素（送货速度、配送范围、配送时间可选择、配送安全性、运费低）中，配送安全性的重要程度最高。

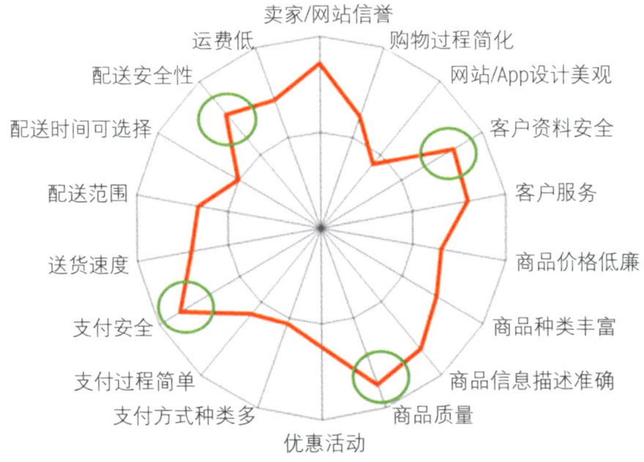

图34 用户对网购各因素的重要程度打分

数据来源：iCTR@中国网购行为研究，2014.4（N=5000）

由此可以看出，在现阶段，用户更加关注质量和安全。而随着中国网购市场的发展，用户不仅仅希望能够在网购市场买到价格低廉的商品，同时希望能够享受到更好的服务，买到高品质的商品，保证购物流程的安全性。所以电商网站以及传统企业在布局电商业务时，都需要从这些方面下功夫，满足用户的需求，才能在未来的市场发展中占有一席之地。

第四章
Chapter

中国城市居民生活形态趋势

04

4.1 中国城市居民生活形态趋势
——受众媒介接触、产品消费行为趋势洞察

当今中国市场正在经历一场深刻的变革，一方面，移动互联网迅速融入城市居民的日常生活，社交媒体的触角伸至各个角落，新旧媒体之间的交融竞合仍在继续；另一方面，传统媒体的竞争压力逐步增强，严峻的现状迫使传统媒体通过不断变革创新来突破困局。在这种动荡与革新中，中国城市居民在媒介接触以及产品消费方面又有着何种新趋势？

一、媒介接触：从分散走向聚合

从最早的报纸、广播、电视、杂志、电影等传统媒体形式，到现今的户外、互联网、移动互联网等新媒介形式，我们能够接触到的媒介种类在不断发展和丰富。以户外媒体为例，从电梯海报、楼宇液晶到公交车液晶、出租车液晶、地铁/轻轨液晶、地铁隧道闪屏广告、户外电子大屏等，琳琅满目，越来越引人注目。传播学者麦克卢汉曾经提出“媒介即人的延伸”，他认为，媒介是人的感觉能力的延伸或扩展。按照这种标准，互联网尤其是移动互联网的出现，更是将我们的能力无限延伸，让我们具有了“千里眼、顺风耳”的超能力。那么，在媒介种类及形式极大丰富的时代，人们选择接触的媒介种类是越来越多了，还是越来越少了呢？

诚然，媒介种类的增加为人们提供了更多选择，在媒介种类不断丰富的起步阶段，人们的接触行为是开放的，表现为复合受众数量的上升趋势。从图1中我们可以看到，日接触4种以上媒介的城市居民比例从2007到2011年一直在增长，而媒介使用更为活跃的80后、90后在接触比例和上升趋势上表现得更为明显。

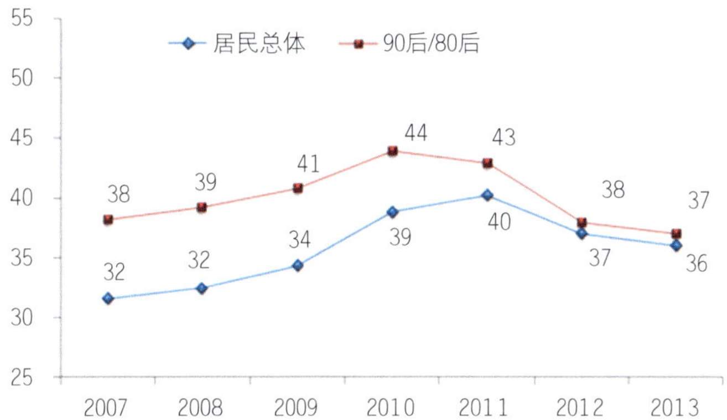

图1 电视、广播、报纸、杂志、互联网中每天至少接触4种的人群比例

数据来源：CNRS2007—2011.（1—12）（36个城市），2013.1—6（36个城市）Base：城市居民总体

然而，人们对于多种媒介的选择性接触行为并没有一直分散下去，而是在经历一段时间的分散后又开始出现了聚合的现象。日接触4种以上媒体的城市居民比例从2011年开始出现下滑，2011年比例为40%，至2013年时已经下滑到36%。同样，这样的拐点也出现在80后、90后的媒介接触上，甚至来得更早一年，2010年就开始出现了。2010年，日接触4种以上媒体的80后、90后的比例为44%，至2013年时减少到37%。

这种逆转趋势出现的原因，或许正源于移动互联网、社交媒体的迅猛发展。智能手机的普及、移动互联网的飞速发展缩小了区域间的“数字鸿沟”；另一方面，2012年的微博热潮、2013年的微信热潮，让城市居民表现出“毒品式”的媒介接触，玩手机、玩Pad上瘾，城市中各个角落充斥着大量“低头族”。CNRS显示，在100个城市居民中，每天有将近一半的人会活动在在线社交网站或软件上，而每10个在线社交的人群中就约有9个人是通过智能手机进行的。同时，中国互联网络信息中心显示，截至2013年12月，中国手机网民规模达到5亿，年增长率为19.1%，继续保持上网第一大终端的地位。网民中使用手机上网的人群比例由2012年底的74.5%提升至81.0%，远高于其他设备上网的网民比例。在移动互联网持续稳定发展的同时，以移动互联网为依托和平台的上网活动（包括视频、游戏、新闻搜索、网络购物、音乐等）迅速填充着人们的碎片化时间，大量分割了人们原本投放在其他媒介形式上的时间。

当人们的媒介接触越来越集中于移动互联网和社交媒体等少数媒介时，这对包括电视、广播等在内的其他媒体将产生何种影响呢？调查显示，人们使用社交媒体的第一大目的是获取新闻资讯（57.6%）。因此，对于传统媒体来讲，越是新闻资讯功能突出的媒体，受到的冲击自然越大。CNRS数据显示，报纸的日到达率从2011到2013的两年间下降了8.5个百分点，84%的城市居民表示社交媒体对于他们阅读报纸有影响，其中，41%的受众表示几乎不再阅读了。相比报纸，社交媒体对于电视的影响没那么大，但也不容忽视。从日到达率看，两年中下降了近7个百分点，从89.1%下降为82.2%。从观众的转移情况看，只用社交媒体不看电视的人群增幅平缓，但电视观众与社交媒体用户的重合度进一步上升，从31.7%增至34.1%。

社交媒体对于广播的影响不明显。近两年中，广播到达率略有下滑，但总体趋势平稳。其中主要得益于私家车、公交车、出租车三种移动收听的发展推动。在过去两年里，移动收听有2～3个百分点的增长幅度，从而最终带动整个广播收听听众规模的相对稳定。与报纸、电视、广播不同，户外媒体在移动、社交时代并未受到影响，反而出现逆势增长。总体看，从2011到2013年，户外的周到达率从92.3%上升至97%。从细分类型看，户外液晶电视屏和交通出行类广告分别上涨14.8%和21.3%。事实上，户外媒体在近两年所能影响到的人群范围有明显的扩大，这种现象主要得益于人群流动性的增强与城市交通的发达。中国的城市化进程还在加速，城市中的地铁、轻轨、公交线路也在不断扩建。每周乘坐公交车的人群从2011年的58.2%上升到2013年的64.8%，而每周都乘坐地铁、轻轨的人群从8%增长到16.9%，翻了一倍还多。此外，户外液晶媒体在各个公共场所终端也在增加。所有这些趋势，使得户外媒体，尤其是户外液晶屏媒体和交通类非液晶屏媒体都出现了大幅增长。

通过以上分析我们看到，当前，人们的媒介接触正在从分散转向聚合，从多种媒介朝移动的、社交性的媒体形式聚拢。

二、社交媒体：释放我们，更绑架了我们

人们将大量的时间和精力聚集在社交媒体上，社交媒体让我们上瘾、痴迷、欲罢不能，那么我们的生活是变得更幸福了，还是更沉重了？

2014年1月，我们对涉及60个城市高达10万样本量的城市居民进行分析，并对12221位实名注册用户进行了在线补充调查，结果发现，用户对社交媒体给生活带来的影响打了百分制中的73.4分。由此可知，中国的社交媒体用户普遍认为社交媒体让他们的生活更加美好。

社交媒体的使用给生活带来了很多便利和乐趣。社交媒体用户中67.2%的人认为，社交媒体能“调节心情，缓解了现实生活中的压力”；在“分享心情，展示自己”时，45.3%的人会选择使用微博，54.7%的人选择使用微信；48.3%的人认为“社交媒体让我的生活更加便捷和高效”；35.8%的人认为“社交媒体拓展了我的交际圈”；28.9%的人认为“社交媒体解决了我生活中遇到的很多困难”。除了获取信息、浏览生活资讯外，人们还可以利用社交媒体来购物、下载优惠券等。

不同级别的城市中，社交媒体用户的上网行为存在明显的差异。在一线城

市中，社交媒体用户通常喜欢在外出途中上网，网络对他们来说，就如同氧气一般，时刻不能分离；而网络购物是二线城市中社交媒体用户最经常的上网行为，网络对他们来说，如同工具，让生活更加便利了；对于三、四线城市的社交媒体用户来说，网络更多地被看作是社交和娱乐平台，三线城市社交媒体用户偏向观看视频，四线城市用户则偏向语音聊天。

尽管中国的社交媒体用户认为社交媒体给生活带来了更多正面影响，但我们也不能忽视社交媒体所带来的负面影响。对社交媒体的深度接触使得人们的深度阅读能力、思考能力、精神集中能力以及对现实生活的掌控感都在一步步降低。社交媒体加速人们远离纸质书籍，并在“晒幸福、秀生活”的同时泄露着个人的隐私。52.8%的人担心社交媒体使得“对纸质书籍的阅读少了”，39.1%的人表示担忧“个人信息安全，隐私缺乏保障”，30.8%的受访者认为社交媒体“降低现实中人际交往的质量”，26.2%的人则认为社交媒体的使用减少了“睡眠时间”。

对社交媒体的严重依赖导致用户普遍呈现出更加焦虑的状态，相比于城市居民总体，他们更认同“生活中总是有太多事情让我压力重重”，并且常常感到“过去一年紧张失眠”。正是在这种焦虑与亚健康的状态中，大多数社交媒体使用者沦为“瞎忙族”，他们感到“因为太忙，我对自己照顾不够”，同时“我几乎很少有时间来做一些真正对我重要的事情”。

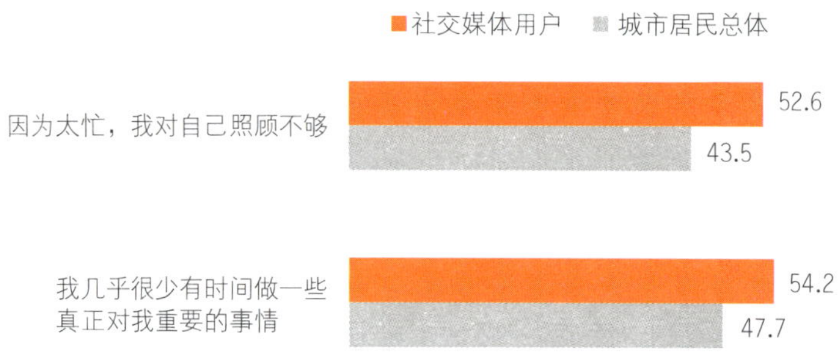

图2 社交媒体用户与城市居民总体的差异

数据来源：CTR-CNRS

由此可见，社交媒体对我们来说，正如一把双刃剑，释放人们感情的同时又将人们绑架得更紧。从人们接触媒介的目的和初衷来看，要释放不要绑架是一个必然诉求。因此，未来社交媒体应该朝着更加轻松、自由、安全的方向发展，让人们逐步摆脱这种被绑架的感觉。因而在未来，那些能够让用户由内而外感觉轻松、自由、安全的新媒介形式必将受到大家的追捧。

三、消费行为：感性驱动下的理性消费

信息环境瞬息万变，媒介接触逐渐从分散走向聚合，人们在为社交媒体所带来的便捷欣喜的同时也备感压抑与焦虑，在这样一个交织着各种矛盾的年代，人们的消费行为是否有新的变化？在流行与体验并存的潮流中，我们的消费是更理性了，还是更感性了？

“情感营销”是时下流行的营销理念，即借助情感包装、情感促销、情感广告、情感口碑、情感设计等策略来打动消费者。伴随着经济的发展，产品之间的功能差异在逐步缩小，消费者购买商品时所看重的不再仅限于商品本身的实用价值，而更多的是看重商品的内涵价值和精神理念，消费者寻求的是情感上的满足和心理上的认同。诸如“光棍节”“情人节”这种节日营销，耀眼的销售额背后多多少少有源自节日气氛所渲染的情感迸发，不知有多少人在这种气氛的感染下购买了不需要的商品，也无怪乎有人在消费后直呼后悔。在情感消费时代，人们消费驱动的背后有更多的感性因素夹杂其中，CNRS数据显示，2013年36.7%的城市居民认为“只要喜欢，不实用不需要的东西也会购买”，相比于2011年的34.7%，尽管幅度小，但仍然在上升。与此同时，认同“只要东西还能用，就不需要换新的”比例也在下降，从54.5%减至51.8%；而“我会在确定需要某种东西时才会逛街购物”的比例从47.5%下滑到44%。

然而尽管消费者消费欲望更加随性和“跟着感觉走”，但另一方面，消费者的消费过程却呈现出越来越理性的趋势，究其背后的原因可能有以下三项。

首先，多渠道信息搜集。随着互联网的成熟发展，让身处大数据时代的消费者对产品的知情权比以往任何时候都更加彻底。多渠道的信息搜集，使得消费者对商品越来越了如指掌。“我经常读各种资料或相关报道来更多了解我想要买的品牌”的比例从2011年的59.2%增加到2013年的62%。尤其是对于想要买的品牌，有近2/3的人会主动搜集相关的信息来支持他们的消费选择。

其次，更多地参考口碑评价。口碑不仅包括身边亲朋好友的推荐分享，也包括通过各类网站评论、社交媒体平台来了解需要的口碑评价。随着社交媒体的蔓延发展，信息的分享与评论成为常态，口碑对产品销售的影响也日益凸显，并逐渐演变为产品软实力的衡量标签。尤其在贵重物品和安全性、敏感性较高的产品消费中，口碑传播所起到的作用会更加突出。以护肤化妆品为例，口耳相传的推荐尤其重要。CNRS数据显示，口碑推荐对护肤化妆品选购的影响力已经超越产品价格。

选购护肤品的影响因素（%）

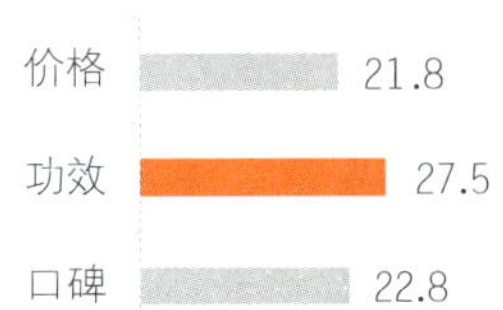

了解汽车信息的渠道（%）

	2011年	2013年
电视	36.0	29.7
口碑	6.7	22.9
报纸	23.5	16.9

图3 口碑传播的重要性

数据来源：CTR-CNRS（36个城市）2011—2013

除了护肤品外，口碑对于汽车的购买也发挥着越来越重要的影响力，从2011到2013年的两年间，通过口碑来了解汽车信息的比例从6.7%突升至22.9%。

再次，消费者更加精明，注重实惠。多途径实时比价的便捷让“俏包装”终不抵“真实惠”，消费者在购买决策过程中越发精明，越来越注重实惠。货比三家的已经不只是贤惠的家庭主妇，2013年，74.9%的人“通常购物时愿花时间和精力去货比三家”，相比2011年增加了6.5%。而花哨的包装并不能挽留住消费者，认同“有吸引力的包装会影响我的购买决策”的比例两年间下降了7.6%。

不同于以往，如今消费者的消费路径已经发生了显著的变化。从多渠道搜集信息、参考口碑评价权衡利弊，到通过各种途径比价最终实现购买，消费者的整个消费路径表现得比以前更谨慎和理性了。

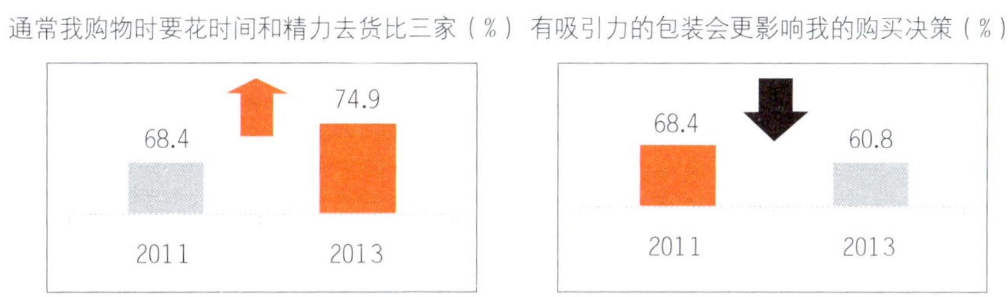

图4 消费者购买决策的变化

数据来源：CTR-CNRS（36个城市）2011—2013

通过以上分析我们发现，消费者的消费行为交织着感性与理性的斗争，消费者的购买动机和购买欲望越来越感性；但同时，消费者的购买过程和购买决策却越来越理性，即“感性驱动，理性消费”。

无论是媒介接触从分散走向聚合、社交媒体释放与绑架并存，还是感性驱动下的理性消费，市场变革正是在这看似矛盾的对立中去寻找微妙的平衡，而媒体接触和消费行为趋势也正是在这种“矛盾—突破—平衡”不断循环的困境中寻求发展，走向未来。

4.2 90后消费观念及消费行为研究

随着80后日益成为社会的主流力量，90后也正逐渐步入社会，进入大众的视野。CNRS数据显示，截至2013年，90后中接近六成的人已经工作，而在校学生仅为四成。具体来看，95前（即出生年份为1990—1994年）工作的比例超过七成；95后（即出生年份为1995—1999年）与之正好相反，八成为学生。90后是一个代际的统称，但进入社会工作的人群与还在读书的人群还是有明显的差别，特别是在收入和消费方面的差别非常显著。为此，本文在探讨90后的消费观念及消费行为时，将主要围绕全职工作者占比高的1995年之前出生的展开，文中所使用的90后数据也均为1995年之前出生的，而非90后整体。

从中国改革开放到今日与世界融为一体，几十年的时间里，不仅国民经济在蓬勃发展，国民的思想也在历经重重革新。而从60后、70后到90后的消费观念变迁的细枝末节中，我们正可以勾勒出这种观念上的大变迁。

一、90后消费观念

90后出生的时代正是中国新一轮改革开放趋向市场经济的时代，而90后成长和价值观形成的时代正是中国经济摆脱贫困、从小康快速走入中等富裕的时代，这个时代也是互联网急速发展、“地球村”形成的时代。正是成长环境的剧烈变化造就了90后一代观念的大变迁。

（一）90后消费观念之一：对“量入为出”Say No

“量入为出”一直以来是中国人谨守秉持的消费理念，这种消费理念深深地扎根于中国人的内心，已然成为中国人骨子里天经地义的理财观。某种程度上，这种谨慎的消费观所遥相呼应的正是中国人自古倡导的“节约”美德。然而，以90后为代表的新一代中国人，似乎正在无意识地挑战着这种牢固的传统精神。不同于70后、80后，90后对于“节省开支用于储蓄”的理财观非常陌生；同时，对“负债消费”的态度却更为开放，他们并不那么认同前辈们“只要东西还能用就不需要换新的”的持家观。CNRS显示，相比于不高的收入，90后的支出并不低。2013年，90后的个人月收入平均为3094元，而个人主要项目月支出（主要指服装、鞋、通信、护肤化妆品、上网）平均达853元，支出占收入比重达28%；与之相比，80后支出占收入的比重为19%，70后支出占收入的比重为17%。

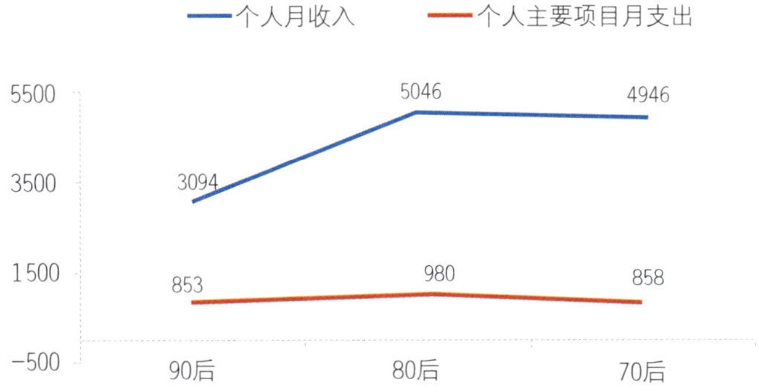

图1 70后、80后、90后收入与支出比较（元）

数据来源：CTR-CNRS2013

由此可见，不同于70后、80后，90后的消费观念更趋向开放和随性。这种观念的产生有其深层的社会和经济背景。20世纪90年代正值中国改革开放后，国民经济进入快速发展的阶段，人们的物质生活水平极大提高，而从物质匮乏年代走过来的一代人，显然不想再让子女有同样的生活经历，因而在经济条件允许的情况下，都尽力为90后的子女提供优裕的生活享受。这一现象同样可以在CNRS中得到论证，数据显示，70后对语句“只要质量好，无论价格是否昂贵，我都会为自己的孩子购买”的认同指数（Index[11]）达182，对“我非常关注周围人们为孩子购买的护理品的品牌与质量”认同指数也达到180。

（二）90后消费观念之二：品牌忠诚度下降 “花心”的90后

在如上所述随性开放的消费观念指引下，90后对品牌也保持着同样开放的心态，并且这种心态正在导致90后与父辈等前辈相比，品牌忠诚度明显下降。CNRS数据显示，90后对语句“喜欢的品牌我会一直坚持使用它”的倾向性指数为97，低于总体平均水平（100），更低于80后（106）；对“我更喜欢知名品牌”“高端品牌能提升个人形象”等语句的认同度也远远低于80后，仅维持在总体平均水平上。具体到产品消费上，我们以日常用品洗发水消费为例，无论是80后还是90后，海飞丝的渗透率均为最高，然而我们看到该品牌在80后中的品牌忠诚度为58%，但在90后中为54%。再以月支出金额较大的购鞋消费为例，受年轻人青睐的阿迪达斯品牌，80后对该品牌的忠诚度为77%，90后为73%。

---

11 Index:倾向性指标，基准值是100，如果该指标大于100，表示该人群相对总体而言，有更强的倾向性。

（三）90后消费观念之三：跟着感觉走 追逐个性的彰显

改革开放的成功不仅提高了国民的物质生活水平，同时也极大地开阔了国人的视野，多元文化的碰撞和融合冲击着国人固有的传统观念。而从小生活在这种多元文化交织语境下的90后，头脑中并没有太多条条框框的禁锢，东方精神所倡导的“重集体，轻个人”的传统观念逐渐被90后新一代所摒弃，取而代之的是西方文化中所积极歌颂的对个体生命的关怀和尊重，这种价值观自然也体现在90后生活的各个方面，包括消费观。

不同于70后、80后谨慎的消费观，90后高度认同自己“有不经过思考就花钱的倾向”，没有了谨慎的理财观的束缚，90后的消费观念自然趋向感性。42.2%的90后认同“只要喜欢，不实用不需要的东西我也会买”，这一比例高于80后和70后，这种感性消费其实正来源于90后群体对个性的释放与张扬。

（四）90后消费观念之四：青睐高科技 热衷网络媒体

高科技对于年轻人来说，总是存在着天然的吸引力，而对于追逐个性和时尚的90后，这份吸引力就更为炽热。CNRS数据显示，近六成的90后认为自己“喜欢跟上科技发展的潮流”。在手机消费方面，超过一半的90后认为自己“总是使用最新款的手机”，他们最新购买的手机平均价位为2340元，与80后最新购买手机的平均价位相差无几，但需要注意到的是，80后的月均收入比90后高出近2000元。然而90后这种“不惜重金”的购买热情还并不仅仅限于手机。

表1 80后与“95前”购买IT产品的比较

单位：元	95前	80后	差额
月平均收入	3094	5046	1952
最新手机购买价位	2340	2430	90
平板电脑预购价位	2748	2793	45
笔记本电脑预购价位	5319	5531	212

数据来源：CTR-CNRS2013

在媒体接触方面，90后对互联网尤其是移动互联网有着更高的接触率。其中，互联网在90后中的日到达率为91%，而在80后中为87%，在70后中为68%。移动互联网在90后中的日到达率为75%，在80后中为69%，在70后中为45%。与此同时，在手机上网方面的支出，90后的月均支出为86元，这一数值既高于总体平均水平（75元），也高于80后的平均水平（77元）。网络、移动互联网、社会化媒体已经成为90后信息资讯的第一来源。

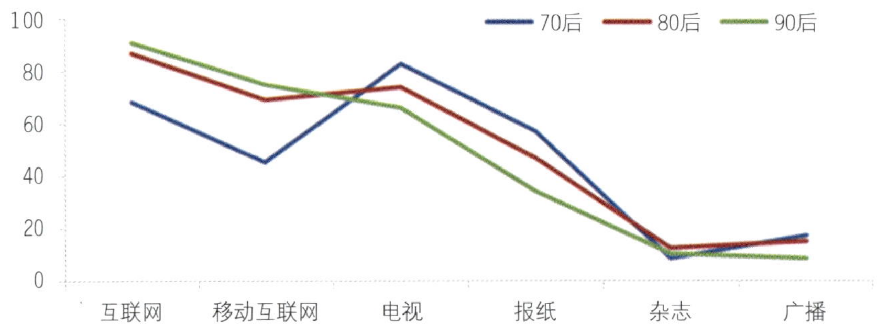

图2 70后、80后、90后媒体接触日到达率（%）

数据来源：CTR-cnrs2013

二、90后的日常消费

尽管90后正逐渐成长为社会主流消费群，但目前看来，他们的消费仍然主要集中在个人消费品上，对于大宗商品的消费仍在蓄势待发的酝酿中。因而本项研究中我们仅挑选少数消费品类进行阐述。

（一）90后日常消费之一：汽车购买需求上升

作为职场新人的90后，对汽车购买的需求也在显著增强。2011年，90后汽车预购率为15%；2013年，90后汽车预购率上升为19%。90后汽车预购率的上升一方面源于进入职场的90后人数增多；另一方面，随着物质生活水平的提高，越来越多的家庭为在校90后购车。值得注意的是，在购买汽车的原因中，14%的90后认为购车是成功的象征，而80后出于此原因购车的比例为12%。由此看来，在90后心中，汽车所具有的象征意义更加重要。因而，47.3%的90后在购车时“主要看汽车的外形”，高于80后的45.9%。此外，在选购汽车品牌上，国产轿车品牌位于90后预购首选，比例高达52.4%；其次为进口轿车，比例为15.3%。相比于80后青睐SUV轿车，90后似乎更加偏爱国产轿车和进口轿车。

（二）90后日常消费之二：奢侈品服饰消费潜力大

中国的奢侈品消费日渐走向大众，越来越多的年轻人成为奢侈品的购买者，90后自然也是顶级时尚服饰品牌消费中不可忽视的人群。2013年，16%的90后购买了包括阿玛尼、爱马仕等在内的顶级时尚服饰，这一数字已经非常接近70后购买奢侈品服饰的比例（18%）。而在未来一年，90后预购奢侈品服饰的比例达到23%。与此同时，90后每年通常在购买珠宝首饰方面的支出超过

3000元，这意味着90后全年收入的1/12将用于珠宝首饰的购买。

调查显示，90后年轻奢侈品购买者中，有接近六成是自己购买，而父母则是其购买奢侈品的主要资金支持者。这一现象的产生无疑源于独生代文化影响下，中国家庭对孩子的溺爱。

（三）90后日常消费之三：快消食品的购买主力军

CNRS数据显示，无论是巧克力、糖果、膨化食品，还是果汁、碳酸饮料，90后的消费比例都远高于其他代际人群。作为快消食品的购买主力军，90后并不那么关注食品是否健康，对语句“我关注食品的营养成分”的认同比例也低于总体平均水平；不仅如此，他们还更加愿意“尝试那些对身体不宜的食品”。与此同时，新鲜独特的食品却会引起他们的积极尝试，有七成的90后“喜欢尝试新鲜的食品或饮料”。由此可见，相比食品的健康，90后似乎更关注食品的味道。

90后对快餐的消费也极为显著。近八成的90后在过去一年里外出就餐，其中有七成至少每月外出就餐一次。这种现象的产生一方面源于生活节奏的加快，逐步迈向社会的90后还未完全适应独立生活；另一方面，数据显示，90后对于“在家烹饪”的热情并不高，相比在家烹饪，他们更青睐省时便捷的外出就餐。

不断变化的社会环境影响着人的观念革新，而本身处在成长期的90后，思想观念更是有着许多未知的改变和重塑，我们将会密切跟进90后成长的脚步，为您提供更多深刻有力的后续研究。

4.3 巴西世界杯网民行为分析

2014年6月13日，四年一度的世界杯在巴西开幕，一个月的比赛成了球迷们狂欢的重大节日。不仅仅是对于参加比赛的球队，对于各路媒体和品牌商们来说，世界杯也成了他们摩拳擦掌大干一场的竞争舞台。世界杯期间，球迷们的观赛行为如何？世界杯对于市场各方的影响如何？本文将进行详细的分析。

一、谁是世界杯的观赛主力

（一）六成网民观看过世界杯比赛

世界杯开赛十余天后，iCTR在线调研数据显示，63%的被访网民曾经看过世界杯比赛。而随着比赛的推进，观看世界杯比赛的网民比例还会增加。这主要是因为，有些网民会更加关注关键赛事。数据显示，有25%的被访网民将会只看关键赛事，仅有9%的被访网民打算对所有比赛一网打尽。所以，随着淘汰赛和决赛的到来，未来观看比赛的网民比例还会增加。

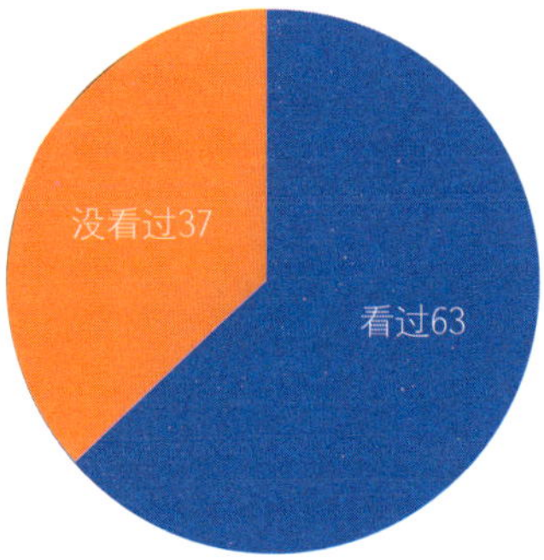

图1 被访网民看过世界杯比赛的比例（%）

数据来源：iCTR在线话题调研，2014.6（N=3016）

备注：该比例为开赛前十天的用户比例

（二）70后、80后是观赛主力

从年龄分布来看，70后、80后是此次世界杯的观看主力。iCTR调研数据显示，在观看2014年世界杯小组赛的被访网民中，有43%的受众为80后，占比最大；紧随其后的为70后，所占比重也达31%。除此之外，60后、90后用户群体的比例都在10%左右。可见，世界杯以70后、80后为观赛主力，但是在各年龄段中均有渗透，是一场全民关注的赛事。

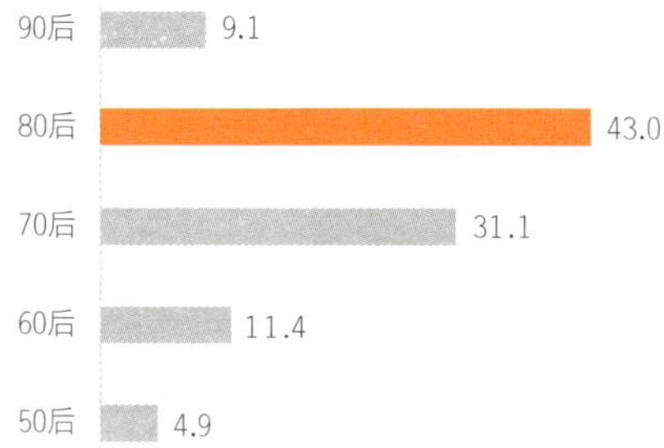

图2 看过世界杯比赛的被访网民的年龄分布（%）

数据来源：iCTR在线话题调研，2014.6（N=1894）

二、网民观看世界杯的渠道及方式

（一）看电视体验激情

从收看设备来看，电视是最主要的观赛屏幕，有63%的被访网民表示曾经观看过世界杯小组赛，而他们的观赛渠道主要以电视为主，电视的到达率为网络的两倍。iCTR调研数据显示，被访网民中有近五成通过电视观看比赛，26%的人通过网络观看比赛，其中有13%的受众则两个渠道都观看过。

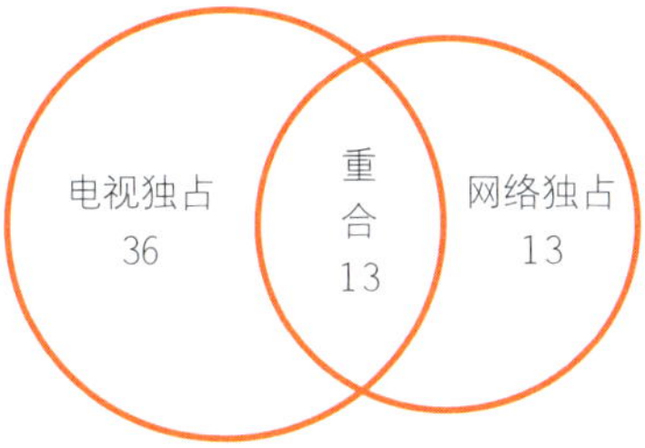

图3 被访网民观赛的渠道分布（%）

数据来源：iCTR在线话题调研，2014.6（N=3016）

在体育大赛事背景下，电视的版权、资源、经验、渠道等优势仍十分突出，在直播看球的刚需下，电视取胜毫无悬念。面对互联网视频网站的强势冲击，2014年以来，传统电视台纷纷采取控制版权的方式，从内容上卡住竞争对手的“咽喉”。拥有本次世界杯中国大陆地区独家转播权、点播权及分授权等权利的央视仅将网络转播权分销给了其旗下的CNTV。版权的限制及电视屏幕高清、顺畅的体验，决定了电视依然是被访网民观赛的主要设备。

（二）看直播体验激情

由于体育竞技比赛实时体验的吸引力更大，所以在观看世界杯相关赛事时，虽然要熬夜，但是观看直播比赛仍然是球迷的首选，因为有直播版权且同时兼有大屏、高清、顺畅、无卡顿等优质体验，电视成为被访网民看世界杯直播比赛的第一渠道，截至6月23日，在被访网民中有38%的受众到达率。除此之外，被访网民中有15%是通过各种网络终端观看直播比赛，另有15%则通过网络点播观看，网络渠道中，直播、点播的观看率一致。

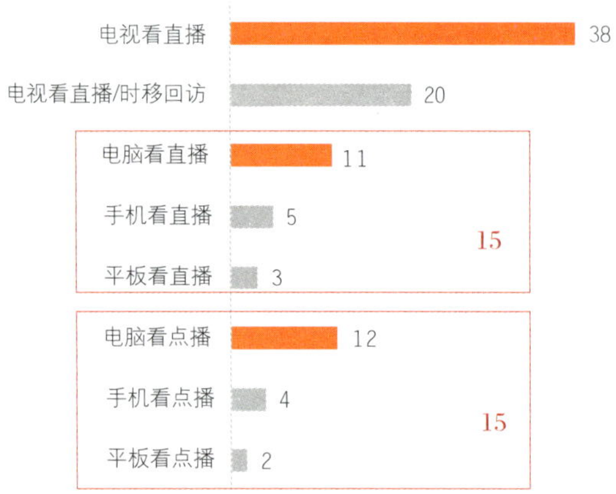

图4 被访网民观看世界杯比赛的方式（%）

数据来源：iCTR在线话题调研，2014.6（N=3016）

注：网络直播及点播的15%，为排重后的结果

（三）专题页方式获赞，成世界杯第一视频入口

用户通过网络观看世界杯比赛时，专题页成为用户的首要入口。我们观察到，CNTV及获得点播版权的8家视频网站均在赛前推出了世界杯专题页面，旨

在聚焦内容，方便用户获取资讯。而根据iCTR在线话题调查数据，专题页的方式也获得了被访网民的认可，在26%通过网络看世界杯比赛视频的受众中，88%的受众是通过专题页获取想看的视频内容的。

尽管如此，搜索引擎和视频导航网站的入口作用依然显著，分别有高达41%和25%的被访网民通过这两个入口去找寻关注的视频资源，而视频网站与搜索引擎间不同的股权关系及合作程度必将影响各大视频网站世界杯流量。此外，各种互动及社交平台也成为世界杯这一盛事的入口之一，虽然贡献的流量有限，但依然值得关注。

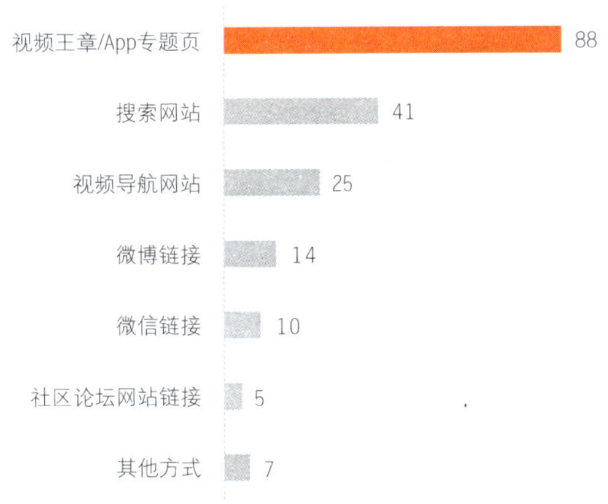

图5 被访网民网络获取世界杯比赛视频方式（%）

数据来源：iCTR在线话题调研，2014.6（N=784）

（四）关注比赛花费时长：两小时以内

在被访网民中，78%的受众每天都会关注世界杯比赛的相关信息，比例较高。其中，58%的被访网民每天关注世界杯比赛的时间在两个小时以内。iCTR调研数据显示，近四成用户关注比赛的时间在1个小时以内，由于时间较短，这部分用户更多地关注比赛资讯、集锦、比赛片段等。近两成用户关注比赛的时长在1～2个小时，另外，还有两成的用户每天花两个多小时的时间来关注比赛信息，这部分用户应该算是资深球迷。

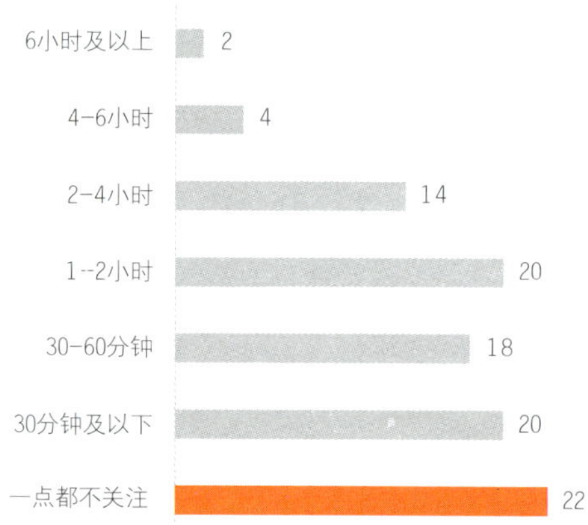

图6 被访网民平均每天关注世界杯时长（%）

数据来源：iCTR在线话题调研，2014.6（N=5975）

三、网民观赛诉求多元化

（一）信息获取诉求：综合门户为主要渠道

在目前众多的媒体类型中，综合门户成为被访网民获取世界杯比赛信息的主要渠道。iCTR调研数据显示，在球赛信息获取渠道排名中，综合门户位居榜首，43%的被访网民表示会在综合门户上了解世界杯的相关资讯信息；专业体育网站与视频网站分居二、三位，分别有25%和18%的受众将会从上面获取球赛信息。除此之外，超过10%的用户会从微信、微博来获取相关信息。总之，与传统媒体相比，互联网已经成为被访网民获取比赛信息的最主要渠道。

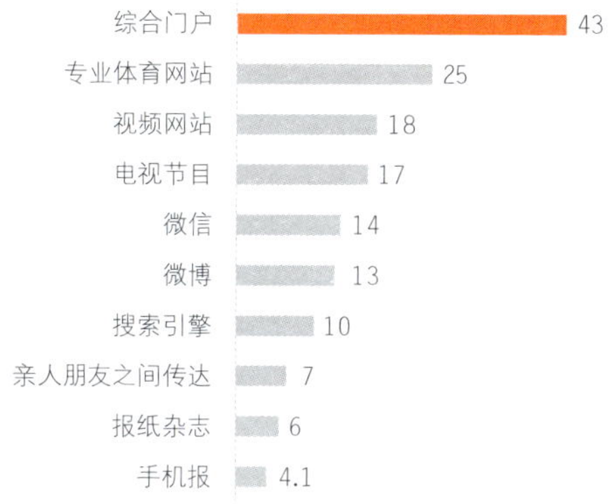

图7 被访网民球赛信息获取渠道Top10（%）

数据来源：iCTR在线调研，2014.5（N=4362）

（二）内容诉求：关键赛事关注度更高

由于世界杯比赛要持续一个月，且由于时差原因，直播赛事都是在凌晨时间，所以当比赛遇上工作和睡眠时，有些球迷就会放弃部分比赛，对关键赛事与强队参与比赛的关注度最高。iCTR调研数据显示，有25%的被访网民只看关键赛事，22%的被访网民计划只看有强队参与的比赛，而仅有9%的被访网民打算对所有比赛一网打尽。显然，只看关键赛事与强队参与比赛的网民球迷接近半数。

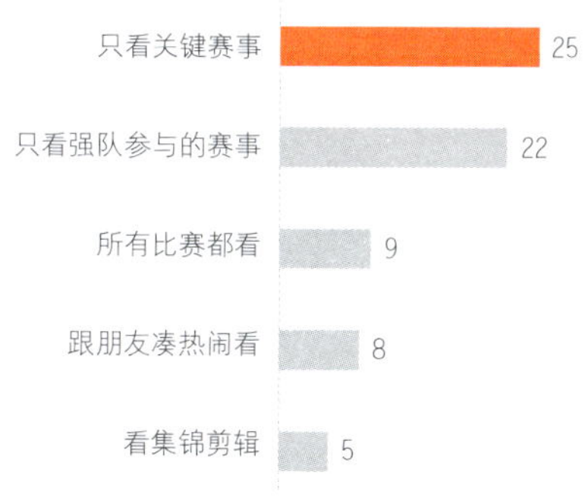

图8 被访网民观看比赛的态度（%）

数据来源：iCTR在线调研，2014.5（N=4362）

（三）互动诉求：获取话题很重要

在观看比赛的过程中，朋友之间的互动也是网友观看比赛的乐趣之一，世界杯由球迷盛宴变身为全民盛宴，最大吸引力在于其话题性，根据赛前iCTR对网民观看世界杯的调研，“关注热点，和朋友、同事有共同话题”超越“足球是最爱”，成了观赛的第一目的，24%的被访网民表示为和朋友、同事有共同话题是他们观看世界杯的最大动力。从收看球赛的目的来说，网民观赛不再因为单纯喜爱足球运动，获取共同话题、与身边的人能够进行互动讨论（例如和朋友、同事有共同话题，享受和朋友一起的时光等）显得更为重要。

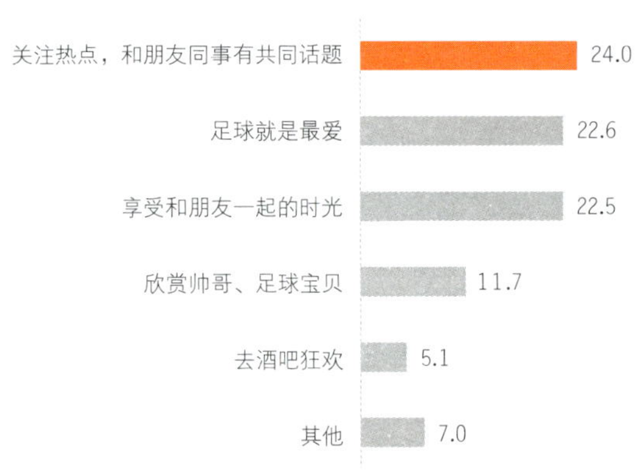

图9 网民观看世界杯比赛的动机（%）

数据来源：iCTR在线调研，2014.5（N=4362）

而如今观赛伴随行为的调研数据正印证了这一点，“与身边的人讨论”及“发微博或微信吐槽”等以交互为目的的社交行为成为主流；其次，对于真正的球迷来说，关注精彩赛事本身、挖掘赛事看点成为刚需，找相关评球点球等衍生节目观看或参与节目互动、搜索关键精彩片段回顾甚至把精彩赛事再看一遍等，都能帮助球迷延续精彩的赛事，获得更大满足。

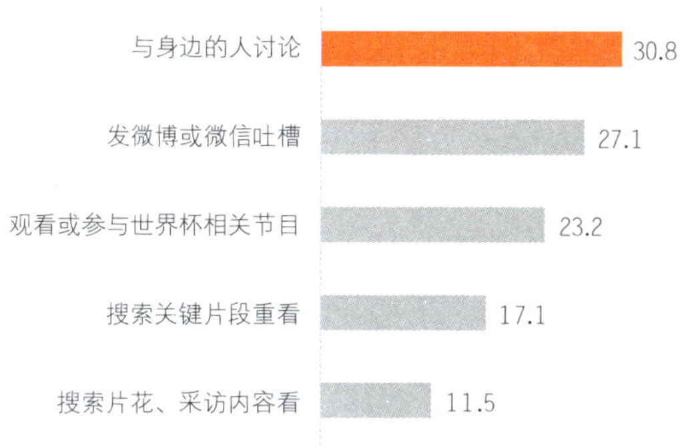

图10 被访网民世界杯观赛伴随行为（%）

数据来源：iCTR在线话题调研，2014.6（N=3016）

四、媒体、品牌的吸睛大战

（一）电视屏幕：体育节目首选屏幕

对于体育比赛而言，电视屏幕具有很大的优势，高清、无卡顿、大屏等因素使得用户选择电视屏幕观看体育赛事时，体验更好。iCTR@四视同堂调研数据显示，体育节目在各个屏幕中都备受青睐，但是在电视屏幕上的比例最高，远高于第二名PC屏幕11个百分点，具有绝对优势。

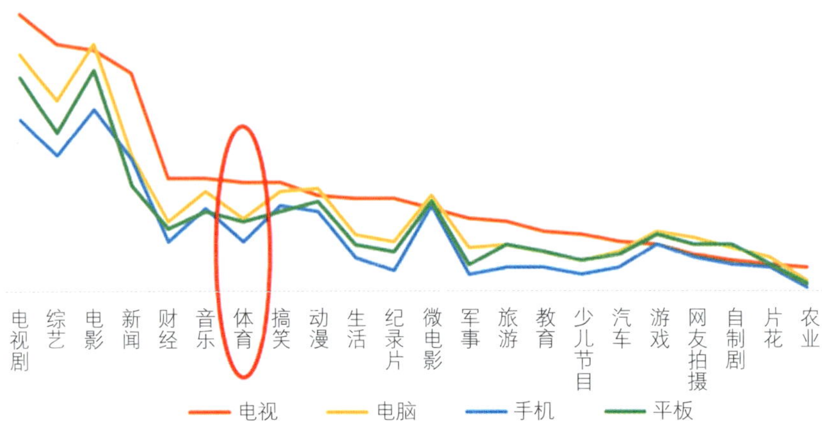

图11 网民不同终端收看节目类型分布

数据来源：iCTR@四视同堂，2014.1（N=5000）

而在世界杯这种重大赛事上，除了电视屏幕本身的优势外，在版权上，2014年的世界杯比赛也没有将直播权分销给除CNTV的其他视频网站，这也无疑成为抢夺用户的另一大优势。未来，我们也能看到，除了体育赛事外，对于一些热点节目，电视台也会充分利用版权这一优势资源，抵抗视频网站对用户的分流。

（二）视频网站：各出奇招，百花齐放

2014年巴西世界杯，对于视频网站来说，是机遇也是挑战。挑战在于，除CNTV外，它们2014年无一例外都没有直播权，只能赛后转播，这对于球迷是一件扫兴的事。机遇在于，巴西与中国有11个小时的时差，这意味着除了资深球迷，绝大部分不愿意半夜爬起来看球赛的人只能选择视频网站观看。在此情况下，各家视频网站也各出奇招，希望能够借助世界杯抢夺更多的用户资源。

首先，在网络端，拥有核心内容优势的CNTV资源优势突出，然而服务压

力也非常巨大，能否高质量满足海量受众的直播收看需求，考验着网站的整体运营服务能力。iCTR观察到，CNTV为此次赛事做出了相应的准备：推出了包括图文视频及比赛资讯等多方面内容的世界杯专题页，方便受众获取相关服务；针对VIP会员，CNTV进一步提供了包括技术加速、比赛数据实时呈现、实时回看及慢镜头功能、同屏多场比赛并发、精彩时刻标注等多项增值服务，力争为球迷带来升级的观赛体验。

其次，除了购买点播权外，面对如此规模球迷观众的网络观战期盼，各大视频服务商也在摩拳擦掌，纷纷准备各种特色栏目以吸引用户。iCTR观察，网络视频服务商积极布局，力求全、快、创新及互动，以弥补不能直播赛事带来的损失。

全：优酷、爱奇艺、乐视、PPTV以及集门户与视频双向资源于一体的搜狐、腾讯、新浪、网易及凤凰等均推出世界杯专题页，以实现图文视频并茂的快速信息反馈，满足球迷的信息获取需求。

快：各大视频网站及门户网站跨屏幕为受众带来最新资讯，特别是手机客户端的快速信息推送和更新，实现24小时无缝信息服务；同时，为尽快获得第一手资讯以弥补缺位直播赛事的遗憾，据企业公开信息，搜狐与腾讯均派工作人员驻扎巴西赛场，力争为球迷带来第一手新鲜资讯。

创新及互动：各家主流视频网站均推出了3个以上自制世界杯专题栏目，以明星、名嘴为特色的脱口秀、互动评球自制栏目、各种趣味竞猜节目，都为球迷观赛的同时带来更多话题互动讨论的乐趣，增加媒体受众的规模及黏性。

（三）品牌主：抓住营销好机会

世界杯是全民的狂欢运动，自然也吸引了品牌主的目光。那网民对比赛期间的广告关注度如何呢？iCTR调研数据显示，过半用户在比赛期间会关注广告，其中，近两成的用户在看比赛时，会“连同广告一起看”。而对于很多重要赛事，观看比赛的用户还会增加，用户的关注度会更高。从广告投放的时间点上来说，广告主们可在世界杯关注度最高的赛事播出期间加大广告投入。

对于广告主而言，他们应看到超过半数网民的关注所带来的商机。在形式上，除了传统的硬广之外，由于过半被访网民表示观看世界杯最大的乐趣就是能够与身边的人进行互动讨论，因此，品牌主们可以在世界杯期间利用自己的线上品牌平台，制造相关话题，吸引网民们进行互动讨论，提升品牌关注度。在媒体投放选择上，除了电视媒体，在选择网络媒体时，如图7所示，综合门户在世界杯期间更受网民们的关注。从这个意义上说，世界杯期间的广告投放不仅要加大对专业体育网站与视频网站的投放力度，更重要的是要抓住浏览综合门户网民们的眼球。

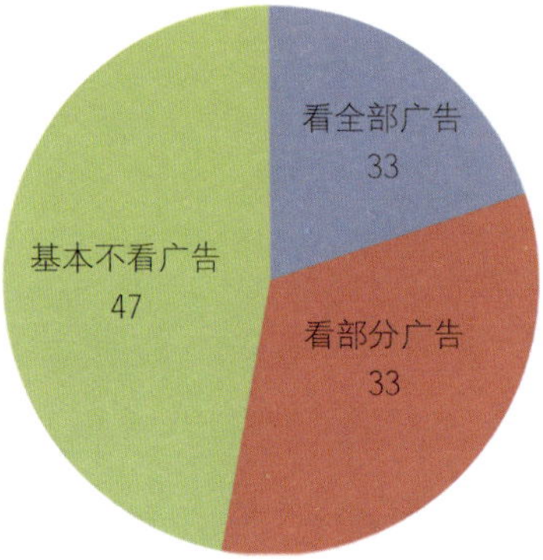

图12 被访网民观看世界杯比赛/节目时，观看广告的态度（%）

数据来源：iCTR在线话题调研，2014.6（N=5841）

巴西世界杯作为一个“吸睛”大热门，既是各国间足球水平的较量，也是一场品牌间的锋芒角逐赛。品牌主们需要精确定位目标受众，把握目标受众的偏好与动向，及时抓住热门话题并选择优质渠道进行广告投放，以取得这场眼球盛宴的营销胜利。

第五章 Chapter 05 中国新消费时代的营销趋势

5.1 双商业模式下品牌忠诚度与占有率关系研究

我们已进入网络时代、移动时代、终端时代，近几年电商风云突起，“互联网思维”成为最热门的词之一。有人说互联网思维是指大分销时代即将终结，互联网不仅仅被看作是一个渠道，更是一种商业模式，是C2B，是基于互联网、物联网、人联网的新商业模式。在这种背景下，传统企业要么有了严重的危机感，要么还浑然不觉。对于危机感强烈的企业来说，如何直面消费者，运用互联网思维进行转型成为应该思考的问题。

本文从消费者线下（实体店）、线上（指尖店）购物行为的角度，对比两个不同渠道下品牌忠诚度与品牌占有率之间关系的强弱，探讨互联网给品牌带来的影响、变化以及营销启示。尤其是对处于不同地位的品牌来说，如何做到线上、线下联动，或者如何针对不同的渠道进行差异化营销，都将在本文中进行详细阐述。

一、研究背景

（一）网购以不争的事实快速增长

1. 总体来看，网购渗透率近两年快速增长，并保持逐年上升趋势

更多的家庭或个人开始选择在网上购物。单从快速消费品品类来看，全国县级及以上城市2013年30%的家庭已经开始选择网购日常用品和食品，比2011

年的18%增长近1倍；北、上、广、深一线城市的日用品和食品网购渗透率2013年更是达到46%。（数据来源：Kantar Worldpanel China）

2. 移动互联网加速网购发展

除PC外，移动互联网的快速发展促进网购增长。智能手机已进入发展好时机的后期，全球手机出货量已经开始超过PC机，其中中国销量全球第一。

美国平均每部智能手机上网时间为58分钟，13%的电子商务销售来自移动。在中国，59%的网民曾经使用手机购过物。（数据来源：iCTR网购调研）

（二）虚拟店与实体店形成相互依存关系

一种新技术、新事物的出现总是因为人的能力获得一次新的延伸，从而总会带来信息或结果的变化，没有一种事物具有孤立的意义和存在，任何一种新事物只有在与其他事物的相互作用中，才能实现自己的意义和存在。[12]

表1 电商从实体渠道转入的销售额

	2011年	2012年	2013年
全国城市居民	18%	31%	38%
主要城市	27%	43%	44%
省会级/地级市	29%	30%	39%
县级市	0%	29%	30%

数据来源：Kantar Worldpanel China

12 《理解媒介——论人的延伸》，[加拿大]马歇尔·麦克卢汉著，何道宽译，译林出版社。

从快速消费品来看，电商渠道和实体店充分体现了这种相互作用关系。电商渠道一方面增加了品类新的销售机会，同时，也在分流实体店渠道。在主要城市，2013年44%的网上销售额来自实体渠道的转入。

（三）市场上出现一些言论，认为网购时代品牌不再重要，品牌忠诚度已死

《纽约客》杂志在2013年3月发表文章称，网络从两方面削弱和破坏了品牌忠诚度。[13]

第一个方面就是大量可以参考的现成用户评论和竞争数据。因为现在人们很容易发现单个产品是非常好还是垃圾，买家不再需要品牌作为质量的担保物。甚至有人持一种观点，认为品牌是客户为了信任而付出的额外高成本；对品牌商来说，对应的就是额外高利润。

互联网破坏品牌忠诚度的第二个方面就是它为把供应链外包到发展中国家提供了基础设施。结果，不管谁的品牌都已经让他们印象深刻，大多数产品都非常相似，如个人电脑。

究其原因，通常意义上对于买家来说，一个品牌可以作为质量和一贯性的担保物。如果你在过去对某一品牌产品的体验非常好，你会自然地认为你对同一品牌的另一产品也将会有良好的体验。但在互联网经济下，品牌作为质量预测物方面变得没有任何意义。

所以，该文章认为在互联网时代，品牌不再那么控制（如果有的话）忠诚度，这就使品牌宣传不那么可能增加利润，从而使作为一项营销宣传投资的品牌宣传不那么有效。

在如上背景之下，我们很想了解网购冲击下，消费者是否还能保有品牌忠诚

---

13 《互联网可能正在让品牌变得不重要》，载《纽约客》杂志，2013年3月。

度，虚拟渠道和实体渠道差异性如何、对销售影响如何、如何相互蚕食或协同。

由于数据的局限，目前国内外并没有相关课题的研究成果，唯一一篇研究文章的结论是：市场份额高的品牌网购忠诚度更高（即忠诚度高出线下实体店），然而，中小品牌和长尾品牌则反之。[14]我想这一结论在中国可能还不适用，后面的研究将会论证。

二、研究假设

笔者将传统零售渠道商业模式定义为“大分销时代”，大分销时代的店面称为“实体店bricks”；将虚拟电商渠道商业模式定义为“零分销时代”，零分销时代的店面称为“指尖店clicks”。它们各自的特点见下表。

表2 两种店面的能力差异对比[15]

	消费者购买目的	大分销时代 实体店	零分销时代 指尖店
直接差异	可接触到更多商品品种	商品种类多	商品种类更多
	可随时随地购物	受店面营业时间和店面位置限制	只要有网络连接的地方就可24小时购买
	降低有形交易成本	无运输成本	邮寄成本
	降低无形交易成本	货比三家消耗的时间成本，但可带来喜悦的快感	等待时间成本，在网络上不同店选择的成本

14 “A COMPARISON OF ONLINE AND OFFLINE CONSUMER BRAND LOYALTY，” Peter J. Danaher · saac W. Wilson · Robert A. Davis，*Marketing Science*，Vol. 22, No. 4, Fall 2003, pp. 461 - 476.

15 “Adding Bricks to Clicks: Predictingthe Patterns of Cross-ChannelElasticities Over Time，” Jill Avery, Thomas J. Steenburgh, John Deighton, & Mary Caravella, *Journal of Marketing,* Volume 76 （May 2012）, pp.96 - 111.

续表

	可向导购面对面咨询	有可能	不可能，只能通过与导购网聊
	购买信心	在购买之前可触摸感觉商品，减少购物风险 实体店本身降低了购买风险	无法触摸感觉商品，增加退货风险 对店家的怀疑性 通过网络搜索和比价，方便消费者判断商品间的差异性
体验差异	认知产品或品牌	实体店的功能相当于活广告，不断高频次提示消费者该品牌的存在	对现有客户通过外呼营销手段（如直邮、邮件、短信、电话等）提示知名度，对潜在客户通过集客营销手段（如搜索引擎广告）提示知名度
	体验愉悦的购物过程	丰富的、多种感觉的购物体验喜悦感 通过产品自身效用和购物过程进行品牌评价， 通过与售货员面对面交流影响购买决策	只能通过网上观看图片，品牌体验感弱 只能通过价格来获得对品牌的初始评价
	为方便购物与渠道建立起联系	通过与其他购物者交流，建立起共享购物体验	由于无面对面沟通，消费者和店面间的精神纽带弱 由于缺乏与其他购物者的分享沟通，降低了体验感 可与在线社区成员相互分享沟通

正如前面所述，我们认为两种商业模式不是孤立存在的，而是相辅相成的。但是，对于某些消费者来说，可能只选择从实体渠道购买日常用品和食品；某些消费者，则可能只选择虚拟渠道来购买；大部分消费者，则两种渠道均选择。那么，对于同一个品牌来说，企业应该如何针对不同的购买习惯进行

差异化营销，这是我们最好奇、最想探究和揭示的，因为目前还没有哪一篇文章进行过这样的研究对比。

我们将研究不同渠道消费者的忠诚度和占有率的关系强弱度，试图帮助企业获得一些差异化知识并形成营销指导。这种强弱关系假设会出现下列三种情况。

1. 实体店两者之间关系相关性强于指尖店，那么对企业的可能启示是：网购市场竞争过于激烈，在线商品种类过于丰富，导致消费者陷入产品选择的碎片化中，或者说消费者进入了无限选择的空间，企业的线上经营将比线下经营更需要思维创新，不能再依赖过去的经验和思维方式，企业须创造机会参与消费者决策过程。

2. 实体店两者之间关系相关性弱于指尖店，那么对企业的可能启示是：网购市场品牌重要性更强，品牌口碑影响力很强，须注重口碑建设和口碑分享。

3. 实体店两者之间关系相关性与指尖店相当，那么对企业的可能启示是：实体店与指尖店提供的商品和服务重叠性很强，指尖店肯定会对实体店造成蚕食。

对于这种强弱关系的研究可以针对某个品类、某个单品、某个具体品牌分别展开。在此文中，我们将主要针对品类中的重点品牌进行分析。

三、研究方法

（一）数据选择

选择全国4万个固定样本家庭户的购买行为数据，提取网购渗透率最高的个人护理产品（护肤品和面部清洁品）的前10品牌进行对比分析。这个数据库的优势是，消费者详细记录了从多种渠道购买的商品信息，包含超市、商场、便利店、赠送、电商等多种渠道，方便实体渠道与虚拟渠道进行充分对比分析。

品牌选择：每个品类会涉及几十或上百个品牌，我们将选取在实体店中品牌铺货率接近的10个品牌，以避免由于客观因素如品牌铺货率不同而导致的购买行为差异性。

（二）品牌占有率和品牌忠诚度计算方法

通常情况下，我们认为在快速消费品行业，品牌占有率的主要推动力是渗透率而不是忠诚度，但由于护肤品的情况有所特殊，因为购买频次较低，忠诚度的作用在一年内是被放大的。因此假设渗透率在一定市场环境下不变的话，在护肤品和面部清洁品行业，忠诚度是主要推动占有率的重要指标。

其次，我们认为保留一个消费者相对吸引新的消费者进入成本更低、忠诚消费者对品牌的利润率贡献更大，所以我们在计算品牌占有率的时候，是离不开品牌忠诚度的。

品牌占有率=品牌相对渗透率×品牌忠诚度×品牌相对指数

其中，品牌相对渗透率=品牌购买户数/品类总购买户数

品牌忠诚度=某家庭购买某品牌的数量/购买过该品牌的这个家庭购买同类总量

品牌相对指数=品牌户均购买量/所有品类户均购买量

（三）建　模

通过建立品牌忠诚度与市场占有率之间的回归模型，并进行回归方程检

验，确定理想的回归模型。

线性回归方程有11种常用模型，线性回归Linear、二次项回归Quadratic、复合回归Compound、增长回归Growth、对数回归Logarithmic、立方回归Cubic、S回归、Power回归、指数分布Exponential、逆回归Inverse、逻辑回归Logistic等，根据方程检验判断最适合的回归模型。

线性回归方程检验方法有3种：R2、F检验和T检验。

1. R2又称为方程的确定性系数（coefficient of determination）或拟合优度，表示方程中变量X对Y的解释程度。R2取值在0~1之间，越接近1，表明方程中X对Y的解释能力越强。

2. F检验是通过方差分析表输出的，通过显著性水平（significant level）检验回归方程的线性关系是否显著。一般来说，显著性水平在0.05以下，均有意义。

3. 当F检验通过时，意味着方程中至少有一个回归系数是显著的，但是并不一定所有的回归系数都是显著的，这就需要通过T检验来验证回归系数的显著性。同样地，T检验可以通过显著性水平或查表来确定。一般来说，显著性水平在0.05以下，均有意义。

表3 线性回归方程检验示例

指　标		显著性水平	意　义
R2		0.98	拟合优度，说明指标X解释了98%的Y的变化程度
F	265.9	0.001	回归方程的线性关系显著
T	17.9	0.001	回归方程的系数显著

（四）判断相关性强弱

无论是实体店还是指尖店，最后我们会以回归曲线的形式呈现，并呈现下列三种可能的曲线对比形态：

1. 若实体店曲线的斜线陡峭度高于指尖店，且实体店的R拟合优度和F线性关系值高出指尖店，说明实体店忠诚度和市场份额之间关系相关性强于指尖店两者关系；

2. 反之，说明实体店两者之间关系相关性弱于指尖店；

3. 若两者无论斜线陡峭度还是方程检验值均接近，说明实体店与指尖店两者之间关系相关性接近。

四、模型建立与论证

（一）数据选取

通过对消费者购物数据库的筛选，我们选取网购比例较高的两个品类产品进行研究，它们分别是护肤品、面部清洁品。

每个品类选取占有率较高的前10个品牌进行忠诚度和占有率的相关性研究。

（二）建　模

通过分析，我们发现排在前位与排在后面的品牌表现差异性较强，所以我们将分别对前3个和后6个品牌进行对比研究。其中缺失的1个品牌是安利，因为安利产品的销售渠道比较特殊（以传销为主），其忠诚度过高，与通常渠道的护肤品不具有可比性。

1. 前3品牌双渠道对比研究

总体来看，前3品牌在双渠道均表现出忠诚度对市场份额形成影响，即消费者忠诚度与市场份额形成一定的正相关关系，忠诚度越高，市场份额越高。其中，实体店相关性强于指尖店。

①前3品牌在实体店购买

通过回归分析来测算前3个品牌（合计6个品牌）占有率和忠诚度的回归模型为立方回归Cubic模型，回归方程为：

$$Y = -20.348 + 1.1456 \times t + 0.0 \times t^2 - 0.0002597 \times t^3$$

式中：Y表示市场份额，t表示忠诚度。

该回归方程F值的显著水平值为.038，所以自变量与因变量呈现较为明显的相关意义；拟合优度为0.886。

表4 实体店模型和参数估计

Dependent Variable：市场份额

	Model Summary			Parameter Estimates			
Equation	R Square	F	Sig.	Constant	b1	b2	b3
Linear	.090	.394	.564	3.118	.079		
Logarithmic	.148	.697	.451	−6.456	3.505		
Inverse	.206	1.041	.365	10.053	−135.512		
Quadratic	.853	8.696	.056	−31.825	2.165	−.029	
Cubic	.886	11.676	.038	−20.348	1.146	.000	−.0002597

续表

Compound	.051	.215	.667	3.713	1.010		
Power	.102	.453	.538	.913	.501		
S	.157	.744	.437	2.299	−20.389		
Growth	.051	.215	.667	1.312	.010		
Exponential	.051	.215	.667	3.713	.010		
Logistic	.051	.215	.667	.269	.990		

表5 实体店回归方程检验

指 标		显著性水平	意 义
R2		0.886	拟合优度，说明指标t解释了89%的Y的变化程度
F	11.676	0.038	回归方程的线性关系显著
T－b1	4.801	0.017	回归方程的系数显著
T－b3	−4.577	0.020	
T－常数	−3.720	0.034	

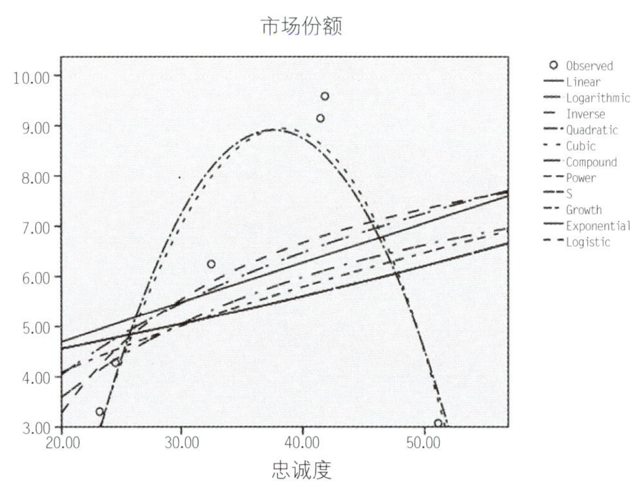

图1 护肤品和面部清洁品的忠诚度与市场份额11种回归曲线估计（实体店）

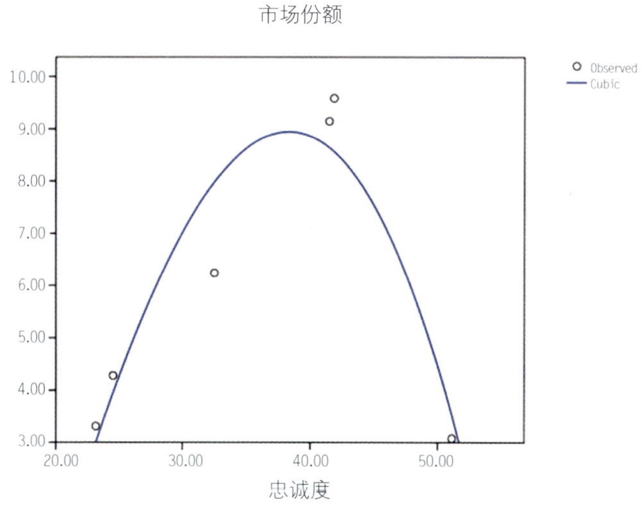

图2 护肤品和面部清洁品的忠诚度与市场份额立方回归曲线（实体店）

图2显示，护肤品和面部清洁品的忠诚度与市场份额的关系是，随着忠诚度的上升，市场份额提升，且呈现较高幅度的提升（斜线陡峭）。但是，42%是一个临界值，若忠诚度超过42%，市场份额呈现负相关，即随着忠诚度提升，市场份额反而减少。这说明排在前3位的护肤品和面部清洁品品牌的忠诚度若一家独大，则只会分得较小的一杯羹，只能定位于窄众市场。

表6 实体店忠诚度和市场份额实际值与预测值（具体品牌名称略）

品　类	品牌排序	忠诚度%	市场份额实际值%	市场份额预测值%
护肤品	1	41.85	9.59	8.58
	2	41.48	9.15	8.66
	3	51.12	3.08	3.55
面部清洁品	1	32.51	6.24	7.99
	2	24.56	4.28	3.95
	3	23.20	3.31	2.99

②前3品牌在指尖店购买

为了具有可对比性，我们在指尖店选取同样的这3个品牌（同样没有安利）来进行忠诚度和占有率的回归分析。通过回归分析来测算占有率和忠诚度的回归模型为S回归模型，回归方程为：

$$Y = e^{(2.394-32.209 \div t)}$$

式中：Y表示市场份额，t表示忠诚度。

该回归方程F值的显著水平值为.027，所以自变量与因变量呈现较为明显的相关意义；拟合优度为0.746。

表7 指尖店模型和参数估计

Dependent Variable：市场份额

	Model Summary			Parameter Estimates			
Equation	R Square	F	Sig.	Constant	b1	b2	b3
Linear	.228	1.181	.338	.518	.106		
Logarithmic	.341	2.074	.223	-5.376	2.744		
Inverse	.395	2.617	.181	5.662	-50.029		
Quadratic	.589	2.152	.263	-6.308	.757	-.013	
Cubic	.782	2.393	.308	6.168	-1.306	.084	-.001
Compound	.454	3.325	.142	.382	1.073		
Power	.643	7.215	.055	.009	1.765		
S	.746	11.757	.027	2.394	-32.209		
Growth	.454	3.325	.142	-.962	.070		
Exponential	.454	3.325	.142	.382	.070		
Logistic	.454	3.325	.142	2.617	.932		

表8 指尖店回归方程检验

指 标		显著性水平	意 义
R2		0.746	拟合优度，说明指标t解释了75%的Y的变化程度
F	11.757	0.027	回归方程的线性关系显著
T－b1	−3.436	0.026	回归方程的系数显著
T－常数	4.307	0.013	

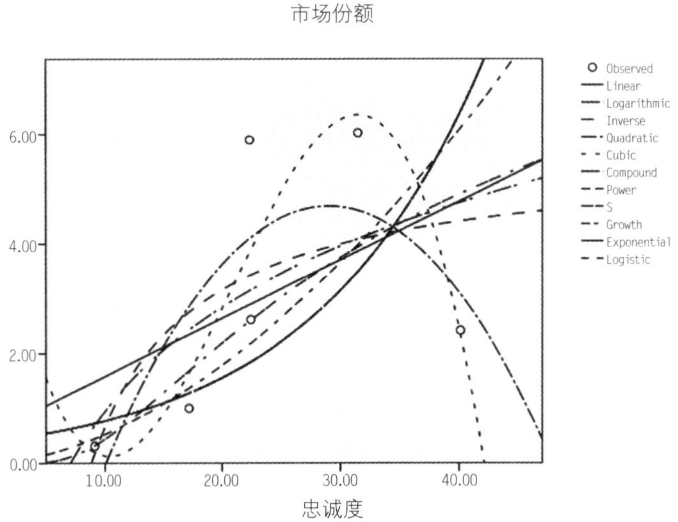

图3 护肤品和面部清洁品的忠诚度与市场份额11种回归曲线估计（指尖店）

图4显示，在指尖店，护肤品和面部清洁品的忠诚度与市场份额的关系是，随着忠诚度的上升，市场份额提升，而且提升幅度较大（斜线表现出一定的陡峭度）。每提升10%的忠诚度，市场占有率提升1个多点。

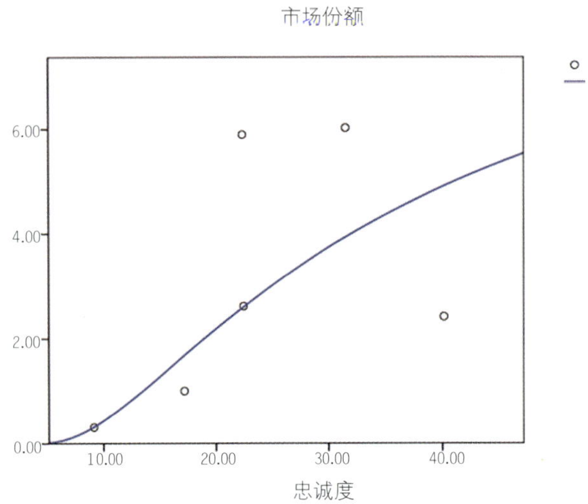

图4 护肤品和面部清洁品的忠诚度与市场份额回归曲线（指尖店）

表9 指尖店忠诚度和市场份额实际值与预测值（具体品牌名称略）

品　类	品牌排序	忠诚度%	市场份额实际值%	市场份额预测值%
护肤品	1	431.48	6.02	3.94
	2	22.31	5.89	2.59
	3	40.13	2.42	4.91
面部清洁品	1	22.42	2.62	2.60
	2	17.20	1.00	1.68
	3	9.12	0.31	0.32

③前3品牌在实体店与指尖店相关性强弱对比

从表10和图5可以看出，实体店忠诚度和市场份额两者之间关系强于指尖店两者之间关系（实体店的预测曲线斜角远远大于指尖店预测曲线斜角），说明实体店的品牌消费者黏性对市场份额影响更大；指尖店商品种类多，消费行为较为分散，消费者忠诚度对市场份额的影响略小，在线品牌市场份额占比分散。

表10 实体店、指尖店忠诚度和市场份额相关性对比

	实体店 显著性水平	指尖店 显著性水平	意 义
R2	.886	.746	实体店的拟合优度优于指尖店，实体店更能解释忠诚度对市场份额的影响
F	.038	.027	两者均有线性显著相关

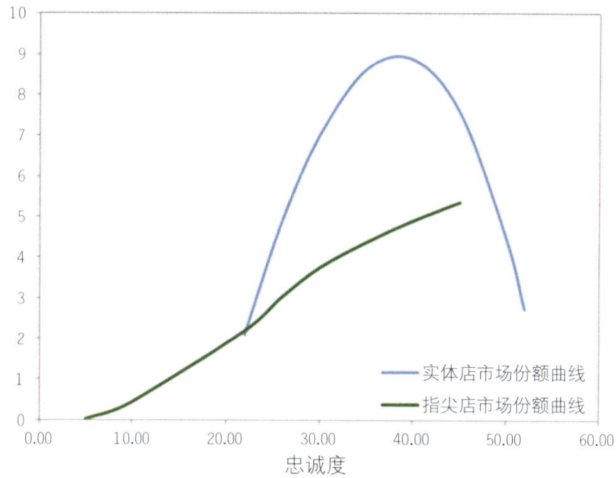

图5 护肤品和面部清洁品的忠诚度与市场份额回归曲线

2. 后6品牌双渠道对比研究

总体来看，后6个品牌在双渠道均表现出市场份额对忠诚度形成一定影响，即市场份额反向对忠诚度形成一定影响。其中，实体店两者相关性明显强于指尖店，实体店市场份额对品牌忠诚度的影响远高于指尖店。

①后6品牌在实体店购买

护肤品和面部清洁品后6品牌的忠诚度和占有率的回归模型为二次项回归Quadratic模型，回归方程为：

$$Y = 100.967 - 123.2115 \times t + 40.4927 \times t^2$$

式中：Y表示忠诚度，t表示市场份额。

该回归方程F值的显著水平值为.040，所以自变量与因变量呈现较为明显的相关意义；拟合优度为0.511，拟合优度较低。

下图说明：1.5%是实体店市场份额的一个拐点，即市场份额低于1.5%的品牌，份额越低，忠诚度反而越高；反之，高于1.5%的品牌，份额越高，忠诚度也越高。

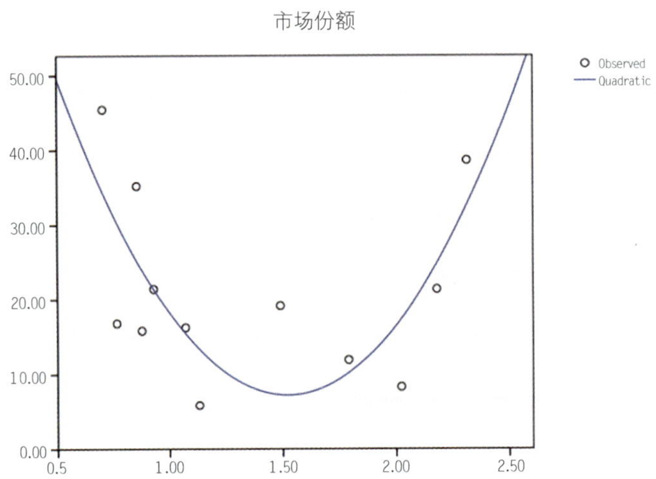

图6 护肤品和面部清洁品的市场份额与忠诚度回归曲线（实体店）

表11 实体店回归方程检验

指　标		显著性水平	意　义
R2		0.511	拟合优度，说明指标t解释了51%的Y的变化程度
F	4.709	0.040	回归方程的线性关系显著

续表

T－b1	−123.212	0.014	回归方程的系数显著
T－常数	40.493	0.015	

表12 实体店市场份额和忠诚度实际值与预测值（具体品牌名称略）

品 类	品牌排序	忠诚度%	市场份额实际值%	市场份额预测值%
护肤品	5	2.31	38.63	32.74
	6	2.02	8.34	17.39
	7	1.79	11.94	10.22
	8	1.13	5.85	13.38
	9	0.93	21.41	21.35
	10	0.86	35.21	25.13
面部清洁品	5	2.18	21.38	24.87
	6	1.49	19.17	7.28
	7	1.07	16.27	15.47
	8	0.88	15.84	23.98
	9	0.77	16.84	30.32
	10	0.71	45.46	34.20

②后6品牌在指尖店购买

护肤品和面部清洁品后6品牌的忠诚度和占有率的回归模型为S回归模型，回归方程为：

$$Y = e^{(3.022-0.109 \div t)}$$

式中：Y表示忠诚度，t表示市场份额。

该回归方程F值的显著水平值为.006，所以自变量与因变量呈现较为明显的相关意义；拟合优度为0.552。

图7显示，护肤品和面部清洁品的市场份额与忠诚度的关系是，随着市场份额的上升，尤其是达到0.2%以上的时候，忠诚度平缓提升，即忠诚度变化不大。品牌忠诚度在指尖店真的不再重要？

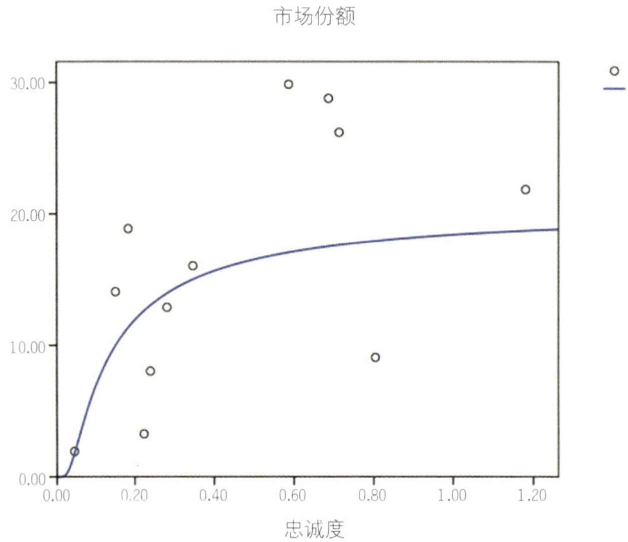

图7 护肤品和面部清洁品的市场份额与忠诚度回归曲线（指尖店）

表13 指尖店回归方程检验

指 标		显著性水平	意 义
R2		0.552	拟合优度，说明指标t解释了55%的Y的变化程度
F	12.327	0.006	回归方程的线性关系显著
T－b1	−0.109	0.006	回归方程的系数显著
T－常数	3.022	0.000	

表14 指尖店市场份额和忠诚度实际值与预测值（具体品牌名称略）

品　类	品牌排序	忠诚度%	市场份额实际值%	市场份额预测值%
护肤品	5	0.80	9.09	17.93
	6	0.71	26.19	17.63
	7	0.69	28.79	17.52
	8	0.35	16.04	15.00
	9	0.22	3.26	12.59
	10	0.04	1.92	1.77
面部清洁品	5	1.18	21.85	18.72
	6	0.59	29.86	17.05
	7	0.28	12.88	13.93
	8	0.24	8.04	13.02
	9	0.18	18.88	11.34
	10	0.15	14.07	9.97

3. 后6品牌实体店与指尖店相关性强弱对比

从表15和图8可以看出，后6个品牌在实体店市场份额和忠诚度两者之间关系强于指尖店两者之间关系（实体店的曲线斜角远远大于指尖店曲线斜角），说明实体店的品牌占比对消费者忠诚度影响更大，市场份额越高，消费者忠诚度越高；指尖店曲线平缓，说明后6品牌在指尖店随着市场份额的提升，消费者忠诚度变化不大。

表15 实体店、指尖店市场份额和忠诚度相关性对比

	实体店 显著性水平	指尖店 显著性水平	意 义
R	.511	.552	实体店的拟合优度略低于指尖店，指尖店更能解释市场份额对忠诚度的影响
F	.040	.006	两者均有线性显著相关，指尖店显著性更强

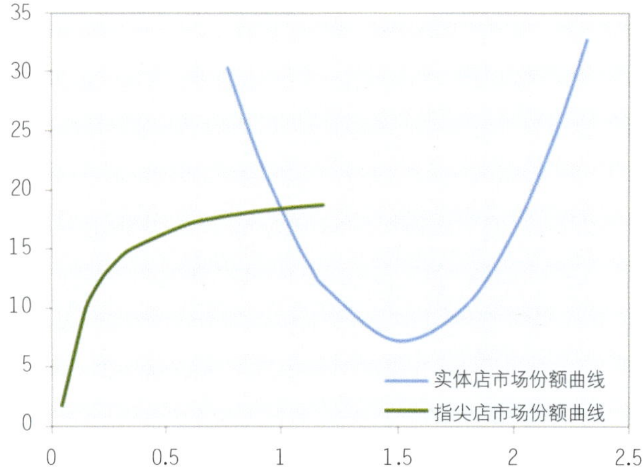

图8 护肤品和面部清洁品的市场份额与忠诚度回归曲线

五、对企业的启示

（一）结论与总结

通过前面的分析我们看到，对于我们提取的这两个品类（护肤品和面部清洁品）来说，实体店和指尖店消费者忠诚度和市场占有率之间有如下一些结论。

1．二者并不是在所有品牌间呈现同样的相关关系。通过模型多次试验，我们发现排在前3位的品牌和排在后6位的品牌呈现不同的相关性，须区别对待处于不同地位的品牌。

2．二者在实体店与指尖店的关系表现不同。相对来说，实体店二者相关性更强，曲线表现陡峭；指尖店曲线表现平缓。说明在实体店品牌忠诚度依旧很重要，而在指尖店，忠诚度在被弱化。尤其是在指尖店，后6个品牌的忠诚度，已经不与市场占有率形成很强的线性关系，反而市场占有率反过来会影响忠诚度。

这说明行业内除了TOP3品牌外，其他品牌在指尖店的忠诚度已经意义不大，更需要依赖各种活动提升在线占有率，才能形成销售提升。

3．在实体店，品牌忠诚度或市场占有率均呈现一个临界值或拐点，如TOP3品牌忠诚度的临界值为42%，后6个品牌市场占有率指标的临界值为1.5%。

①对于TOP3品牌来说，若企业在实体店想超越这个忠诚度值（42%）期望达到更高的消费者黏性，则只能通过对窄众或独特消费者的渗透来实现。若是大众定位，则不适合或较难实现。

②对于后6个品牌来说，若企业在实体店市场占有率低于1.5%，则占有率越低，忠诚度越高，说明窄众市场少部分人群的忠诚度很高；但占有率超过1.5%后，则占有率越高，忠诚度越高，这说明在实体店或者维持较低的占有率，保有那群专属人群，或者往上冲一冲市场份额，争取更高的占有率和忠诚度。

4．在指尖店，TOP3品牌和后6个品牌虽然曲线模型都是S模型，但两类处于不同地位的品牌表现不同。

①前3个品牌忠诚度对市场占有率影响较大，并形成正向影响，即随着忠诚度上升，会带动占有率明显上升。

②后6个品牌忠诚度与占有率虽然也呈现线性相关，但随着占有率的变化，忠诚度保持平缓，忠诚度几乎无太大变化。

（二）对企业营销活动的指导意义

1. 必须牢记，实体店和指尖店的营销模式是不同的。

2. 如果你是行业内的大品牌，如TOP3，则需要做好以下几点。

①在实体店一定要重视品牌忠诚度的建立，因为它关乎企业的地位和销售表现；但是不要盲目追求高忠诚度的建立，尤其目标消费者定位为普适性的时候，必须将忠诚度控制在一个恰当的范围之内，目前的临界值是42%，但你若想突破这个临界值，则要做好准备迎接销售额的下降，或者重新定位特殊目标消费人群。

②在指尖店也同样需要重视品牌忠诚度的维护，须考虑如何利用品牌形象对网购的光晕效应（halo effects）带动双渠道销售，即实体店和指尖店的营销活动须是同步的，应互为补充、互为影响的。而且在中国随着C2C向B2C的转移，大电商品牌垄断市场，大品牌的地位将增强，可操作的市场空间将会更大。

3. 如果你是行业内的二流品牌，如前10中的后6个品牌，则要做到如下两点。

①在实体店一定要重视品牌占有率的扩张，而不是维护消费者忠诚度，因为在实体店没有一席之地，说什么都枉费心思，想办法抢占地盘，提升销售表现；若市场份额不足1.5%，又没有过多的营销费用去扩张，那么安于现状、保持现状也不失为一个无为而治的方法。

②在指尖店建议不须做太多挣扎，即使努力提升占有率也留不住消费者的心。因为你面临的竞争对手实在太多，如果在实体店你尚不能成为领导品牌，在指尖店则更难，即使你做了再多的营销活动，依然不足以对消费者形成更强的黏性，很多消费者的消费行为过于分散化，你无法精确捕捉到消费者的心思和去向。若在这里采用传统的营销方法，必定会筋疲力尽而无所收获，传统的营销方法本质上是一种打扰式的营销，只看到消费者而看不到人，需要另辟蹊径，比如利用指尖店价格的敏感性等等。指尖店的营销活动可以不与实体店同步而且不须同步。

六、研究局限与不足

本研究由于是开创性研究，即没有过去相关研究经验的积累，所以存在很多不足。

1. 从数据看，由于数据局限，不能区分在线购物是来自PC还是移动端。前面我们讲过，移动端对网购的影响越来越大，移动终端会给我们的日常生活带来一个新的世界，这个新世界将会容许无数的破坏性创新。[16]

2. 由于时间的局限，我们只研究了两个网购渗透率较高的品类——护肤品和面部清洁品，没有对更多的产品品类展开研究，所以结论不带有普适性。

3. 对产品的研究是定义在大众定位基础上的，没有考虑到某些特殊定位的品牌，如网络上销售非常好的某些特殊效用的护肤品，其实它们在特定人群中的销售表现非常好，但并不适用于所有普通消费者，所以我们无法得到在特殊群体中更有意义的营销结论。

4. 数据只使用了2013年一年的数据，没有进行连续多年数据的分析预测。

16《决胜移动终端》，[美]查克·马丁，向坤译，浙江人民出版社。

5.2 广告主且变且精明

2013年，手机作为中国最大的互联网平台，其网民规模已达到5亿。同时，手机网民仍在以20%的年增长率不断壮大。显然，中国移动互联网的时代已经到来。更为关键的是，互联网的角色已经从简单的信息传递向生活服务转型，正如最新发布的《中国互联网发展统计报告》中所言，中国互联网发展正在从“数量”转换到“质量”，互联网与传统经济的关系和对人们生活形态的渗透在不断加深。

而受众媒介使用偏好的转变，无疑直接影响广告主的营销计划。除了“老三样”的传统媒体——电视、平面、电台可供广告主选择，互联网和户外媒体亦为广告主提供了更为多元的广告资源，诸如多屏户外终端媒体和实时竞价排名的网络广告，正是为了帮助广告主更准确地锁定城市移动人群和网民这两类目标受众。但是，选择的多样化同时也带来了决策难题——广告主究竟用何种营销方式才能实现效果的最大化。

过去，新的广告媒体出现往往会在一段时期内获得市场中敢于“吃螃蟹”的广告主的认可。然而，随着广告媒体形式的层出不穷，新广告形式出现的频率不断缩短，即使再大胆的广告主也无法在有限的预算内采取“遍地开花”的方式，一应俱全地投放组合广告。此外，受经济下行带来的经营压力，广告主对投放效率抱有更大的期待——让每一分广告费用都花得掷地有声，成为广告主们的首要目标。

一、信心回升预算不减，投放趋于谨慎

2012年中国GDP破8，昭示着中国经济进入缓速发展期。同时，中国传统广告市场增速也从两位数跌至一位数（2011年13%，2012年4.5%，2013年6.4%）。宏观经济表现差强人意的今天，企业对市场的态度成为市场判断的关键：企业对市场是否仍有信心？企业是否会在未来削减营销的预算？

CTR媒介智讯给出了一个较为乐观的答案。据其年度广告主调查数据显示，广告主对市场前景的信心在2012—2013年期间确有下滑，但自2014年起，广告主的市场信心指数开始有所回升。从企业2014年的营销预算计划便可初现端倪：认为今年（2014年）的预算会比去年增加的企业占比达到近三年最高，而认为会减少预算的企业占比则是近五年的最低点。因此，较之前两年而言，2014年市场整体的营销传播预算总额并不会有大幅减少。

然而，在相对稳定的市场规模下，企业并没有像过去一样表现出对新广告形式跃跃欲试的尝鲜心态。相反，企业在实际执行中对预算控制变得更为保守和谨慎。2013年实际的年度预算符合其年初计划的企业占比从43%（2012年）上升到52%，其中额外有追加预算（从38%下降到27%）和意外削减预算（维持18%不变）的企业均占比较低。

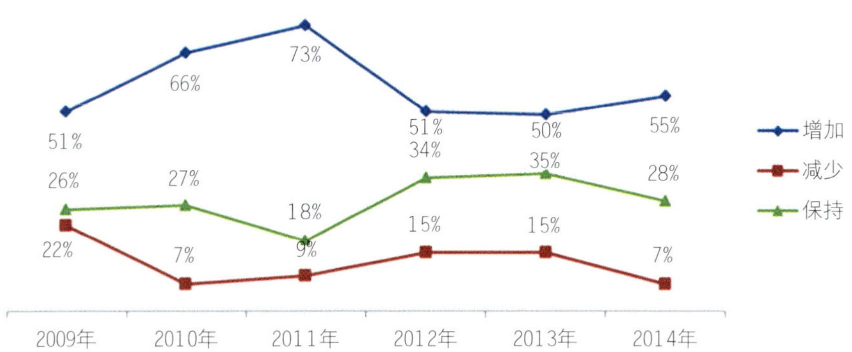

图1 企业营销预算费用预算的变化（%）

数据来源：央视市场研究广告主营销调研

二、营销工具选择从“求全”向“取精”转变

根据CTR年广告主调查，2010—2012年间，广告主选择的营销工具个数连年上升，而自2013年起，该趋势却呈现大幅逆转，使用8种和10种以上营销工具的广告主比例急剧下降，甚至低于2010年的水平。

究其缘由，首先是消费者媒介接触习惯的改变。据CTR中国城市居民调查显示，2011至2013年，日接触4种媒介以上的城市居民占比从40%下降至36%。伴随营销工具选择面的收窄，受众的媒介使用也逐渐向个别媒介集中，而这又进一步加深了广告主营销组合从“大而全”向“少而精”的转变。

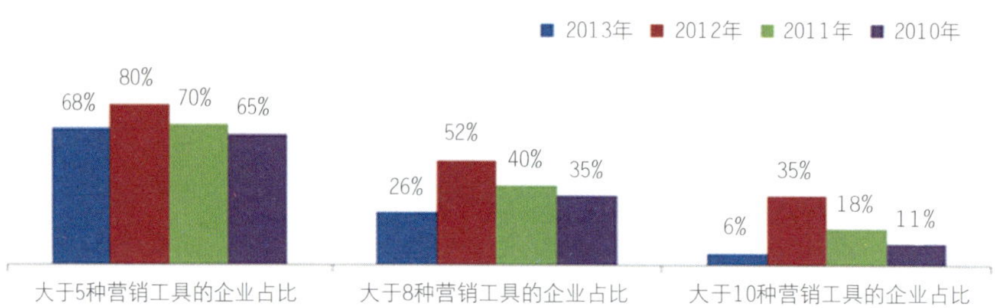

图2 实际选择营销工具分别大于5种、8种、10种的企业数目占比%

数据来源：央视市场研究2014年广告主营销调研

三、媒体与目标受众契合度成为选择核心

广告主的“精”不只体现在营销工具的选择上，也表现在对广告效果更“精益求精”的态度上。在“以量取胜”的过去，广告受众就像一个个靶子，被动地等待媒体上广告信息的“轰炸”。而广告主只要肯投放足够多的钱，就能命中足够多的靶子。然而，今天广告主已经认识到受众显然不是“坐以待毙”的靶子，仅仅接触到受众已无法满足当前广告主的营销预期。换句话说，

企业主力求触达的是被广告打动的受众、观念被影响的受众，最后会因此而改变消费行为的受众。

对于企业而言，实现广告目标受众向潜在消费受众转化才是企业的终极传播目标。CTR媒介智讯的广告主调研数据恰好印证了这一观点：广告主在选择媒介营销工具时，“媒体受众和目标的契合度”是排名第一的首要考虑因素，其次才是“成本性价比”“媒体质量指标（如到达率、收视率等）”“媒体服务与执行力”等其他因素。

四、兼顾传统，发展数字

尽管互联网大行其道，但以电视为代表的传统媒体，在规模化覆盖上仍具有显著优势。加之电视媒体的监测评估体系已较为成熟，因此选择电视营销不失为一种较为保险的方式。而以网络为代表的数字化媒体虽然在传播的精准度和销售的转化率上更为理想，但业界仍然面临尚无统一效果测评标准的问题。于是，精明的广告主在传统与数字媒体的平衡上，采取了较为暧昧的态度：对待传统媒体不抛弃，对待数字媒体不冲动。

总体来看，广告主一方面认同传统媒体的价值，继续将其作为主要的营销平台；另一方面，广告主对数字营销工具的兴趣与日俱增。在广告主2014年的媒介规划中，传统电视仍以84%的比例占据首位，互联网（PC端）以78%紧随其后。值得注意的是，61%的广告主表示会选择投放互联网移动终端广告，而这一比例在2012、2013年仅为35%、55%。

五、硬广空间吃紧，内容营销走俏

智能移动终端的流行，尤其是视频、音乐等对流量要求较大的服务激增，使受众多屏伴随使用现象越发普遍。受众的注意力一再分散，过分依赖时段硬广收入的电视媒体遭到严峻冲击。

而这直接体现在广告主的营销预算分配上。2014年34%的广告主表示广告费用中的硬广告占预算比例将会降低，而数字化营销和终端活动的营销费用比例将有所增加。可见广告主更趋向于新型且能够更直接转化销售的营销方式，特别是对于知名度已经较高的品牌，数字化营销和终端活动较硬广更容易刺激短期的销售。

表1 2014年预算分配构成的各部分比例变化（%）

预算分配构成	比例增加	比例降低	比例不变
数字化营销	66	4	21
终端场及活动推广费用	61	3	25
广告费用——软广（植入、冠名等）	45	13	34
广告费用——硬广	37	34	25
公关费用	34	7	40
中间商代理商的维系和推广费用	19	13	43
其他费用	16	9	31

数据来源：央视市场研究2014年广告主营销调研

同时，45%的企业表示会增加以内容为载体的软广告投放比例。这也说明，尽管硬广的资源有限，但只要媒体有优质的内容作为资本，仍能取得广告主的认可。

CTR媒介智讯《2014年主流上星频道植入广告监测与评估报告》显示，目前在强势电视频道中节目植入广告有着相当大的市场规模和容量。以2014年5月第一周为例，仅7天中，植入广告量排名TOP10的频道节目就分别有70～800分钟的植入曝光总时长，其中江西卫视的《传奇故事》、湖南卫视的《亲爱的加油》和《花儿与少年》等知名栏目，以及湖南卫视、央视8套这些黄金电视剧场中，都有较长时间的植入广告曝光。从企业来看，药品、家用电器、日化、饮料、食品等传统媒体支柱行业中的知名企业青睐植入式广告的合作形式。

表2 2014年5月1—7日主流上星频道植入广告监测：TOP10频道节目

排行	TOP10 频道节目	节目类型	曝光时长：秒
1	湖南卫视——《宫锁连城》	电视剧类	48285
2	江西1套——《格力空调传奇故事》	专题类	15891
3	中央8套——《小菊的秋天》	电视剧类	12527
4	山东卫视　　《樱桃红之袖珍妈妈》	电视剧类	8788
5	山东卫视——《颈复康药业道德与法治》	法治类	7983
6	湖南卫视——《天喔茶庄冰红茶亲爱的加油》	综艺类	6990
7	湖南卫视——《碧生源花儿与少年》	综艺类	5318
8	安徽卫视——《请摘星星给我》	电视剧类	5279
9	江苏卫视——《韩束白BB霜非诚勿扰》	综艺类	5155
10	浙江卫视——《双鹿电池我不是明星》	综艺类	4652

数据来源：CTR媒介智讯

表3 2014年5月1—7日主流上星频道植入广告监测：TOP10广告客户

排行	TOP10 广告客户	客户类型	曝光时长：秒
1	株洲千金药业股份有限公司	药品	58760
2	格力集团	家用电器	15901
3	广东拉芳集团	化妆品/浴室用品	15023

续表

4	山西亚宝药业集团股份有限公司	药品	14807
5	河北小洋人生物乳业集团有限公司	饮料	12142
6	上海天喔食品有限公司	饮料	10581
7	葵花药业集团有限公司	药品	8501
8	四川米老头食品工业有限公司	食品	7345
9	LG集团	家用电器	3592
10	广州明兴制药有限公司	药品	2748

数据来源：CTR媒介智讯

注：主流上星频道包括央视、一线卫视3个和二线卫视7个频道。

经CTR媒介智讯对大型节目的植入广告效果追踪评估发现，对于收视良好、内容植入合作形式丰富的大型栏目，企业在合作权益中“融入广告”部分所获得的广告效果甚至高于“宣传片”和“时段硬广”所带来的播出效果总和。因此，越来越多的广告主开始认可内容营销的效果，而这也无疑加剧了企业间对优质媒体内容资源的争夺。于是，今天的电视市场形成了“时冷时热”的现象：时段广告市场的增速放缓，而随节目实时播出的植入广告冠名合作价码不断水涨船高。

六、去中介化，广告代理公司或现危机

电视内容营销的根本前提在于媒体对自身平台的播出内容须有充分的控制力，从而实现媒体对节目内容和植入内容的整合。而这对媒体现有的节目制作、广告经营和客户服务机制无疑是一种挑战。

在内容营销的促使下，企业和媒体之间的关系越发紧密和直接——广告主越过中介直面媒体沟通合作权益的服务模式渐成主流。数据显示，2013年42%的广告主增加了直接向媒体购买广告的比例；相反，完全通过媒介代理公司或者直接向媒体的代理公司购买广告的比例逐渐降低。因此，对于广告代理公司来说，如果依旧停留在向企业提供纯广告资源的购买交易服务上，未来将难以满足广告主灵活多变的投放需求。随着营销观念的成熟和对媒体市场的了解，广告主的营销手段会越发娴熟，跳过代理公司也就更顺理成章了。

表4 2013年购买广告费用构成的比例变化（%）

购买广告的费用构成	比例增加	比例增加	比例不变
企业直接向媒体购买的广告	42	42	42
完全由媒介代理公司购买的广告	21	21	37
企业直接向媒体的代理公司购买的广告	18	18	46
其他费用	4	4	36

数据来源：CTR媒介智讯

今天，不论是后来居上的移动互联网，还是从广告投放形式到广告交易模式都在不断更新升级的传统互联网，无不彰显科技对广告市场难以估量的影响。与此同时，社会文化亦随之发生变迁，消费者的生活方式日新月异，人们的媒介接触习惯与日俱进。显然，在技术和文化的合力下，营销模式的更迭是大势所趋，但不变的是企业的营销目的——打破企业与消费者之间的信息不对称，不断拉近企业与消费者之间的距离。

未来，广告与内容、渠道、销售、公关的边界逐渐消解，媒体和广告代理公司将面临的挑战是在新受众、新媒体和新消费环境下如何实现广告主的营销预期，媒体和广告公司需要在创新与策略、品牌定位、商业模式、营销体系、终端销售等多方面满足广告主的新型需求。

5.3 巴西世界杯品牌营销研究

四年一度的世界杯席卷了2014年的夏天。小组赛上冷门迭爆，状况频出。西班牙成为世界杯历史上小组赛阶段最快被淘汰的上一届冠军；1/8决赛阶段，8场淘汰赛中有5场被拖入加时赛，其中两场更是通过点球大战决出胜负，这是世界杯自1976年来首次出现，更是设立小组赛制度以来首次淘汰赛出现同轮次5场加时赛。精彩的赛事让球迷看得酣畅淋漓。

球场上的比赛之外，还有一场盛大的比赛在紧张进行中。对于广告主来说，世界杯也是四年一次的营销良机，于是围绕世界杯展开的营销战也硝烟四起。

一、世界杯的营销魅力

众多广告主痴迷世界杯，自然是源于世界杯已成为全球的重大节日，在长达一个月的时间里成为举世瞩目的焦点。这是营销不可多得的机会。

（一）体育营销的跨界特性

体育营销是最具跨文化特性的营销特性。体育能跨越文化、信仰、种族等障碍，是一种全世界共同的交流语言。而且，体育所体现的公平、平等和无边界的文化，是很多广告主想要追求的品牌核心内涵。

世界杯更具影响力。相比其他体育赛事，世界杯的全球普及性更高，也更容易吸引到最大规模的观众。在中国，体育爱好者对足球的热情丝毫没有被表现低调的中国男足影响，CTR调查显示，在体育网民偏好的体育项目中，足球的选择率达七成。同时，世界杯不仅仅是体育盛事，也是大众狂欢的理由。

（二）世界杯是收视盛宴

世界杯的高收视率造就品牌传播高地。在世界杯期间，世界杯赛事和相关节目会直接带动播出平台收视的高歌猛进。2014年巴西世界杯，独揽直播权的中央电视台收视率有明显的上升，特别是集中了赛事直播的北京时间凌晨到上午，收视率涨幅更是惊人。

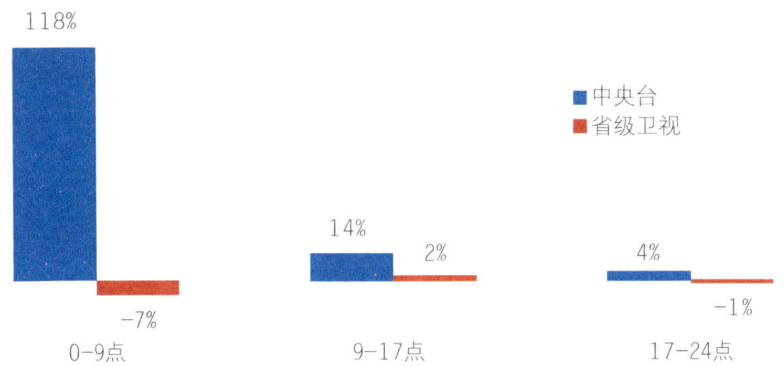

图1 2014年6月13—28日vs2014年5月收视率变化

数据来源：CSM71城市 4+

集中又互补的收视平台给广告主提供了多种组合。虽然央视5套独揽赛事直播占据了“天时”之利，但地方台的专业体育频道也是铆足了劲儿要争取“地利”与“人和”。北、上、广三地的体育频道在世界杯期间的收视率都有不同的增长。上海和广州本地体育频道在6月13—28日的收视率较5月分别增长了176%、205%，有明显的地域倾向。而北京观众更愿意收看央视5套，本地体育频道的收视率较前一个月仅微增8%。不同地域受众所形成的对不同地域电视媒体的使用习惯，为广告主的世界杯策略提供了按需组合的基础。

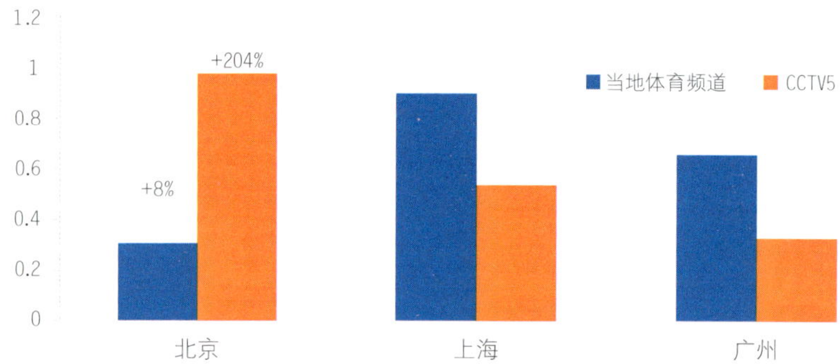

图2 2014年6月13—28日北、上、广的体育频道收视率及增幅（与2014年5月相比）

数据来源：CSM 4+

这场收视盛宴，对广告主来说，就像是一个聚宝盆。他们期待通过一个营销Campaign的投入，释放出源源不断的影响。CTR媒介智讯2014年度广告主调查显示，六成的被访者所在企业有针对巴西世界杯的营销活动，比例高于其他赛事。

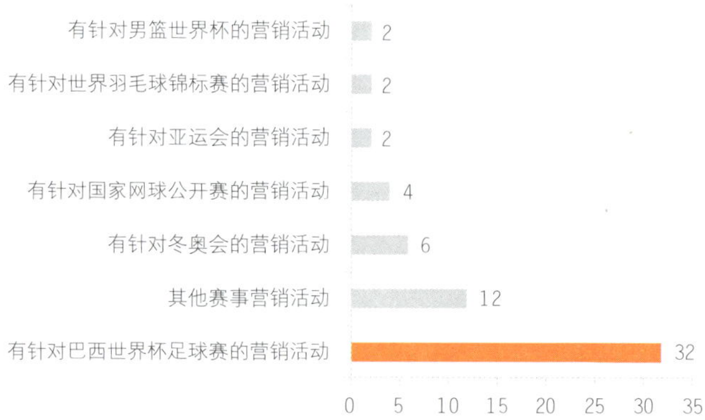

图3 2014年贵公司针对体育的营销活动（%）

数据来源：CTR媒介智讯广告主调查2014

二、2014年巴西世界杯的传播新形态

在2010年南非世界杯中，新媒体已经初登舞台展现身姿。时隔四年，媒体生态和格局的变化速度不断加快，2014年巴西世界杯成了检验这几年媒体成长的重要竞技场。

（一）多屏世界杯

在各种终端设备的推动下，多屏已然是最潮的媒介接触行为，世界杯的收视行为再次展现了这一点。CTR媒介智讯在本届世界杯开赛前，对受众的世界杯媒体接触行为进行了先期调查。

此次调查显示，在准备观看世界杯的观众中，近五成的被访者表示会选择电视直播；其次是计划通过网络终端回看，三种网络收看形式总计可达到三成；选择通过机顶盒回看预计比例为8.9%。值得一提的是通过微博图文直播观看，选择比例达到10.2%。

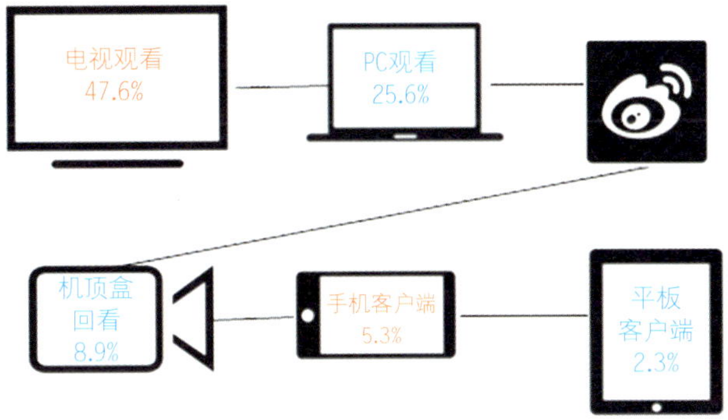

图4 2014年巴西世界杯收视平台选择预测

数据来源：CTR媒介智讯

（二）网络世界杯

尽管电视仍然是观战世界杯的最主要渠道，但是在资讯获取渠道的竞争中，互联网的地位逐渐强势。在CTR媒介智讯的世界杯连续研究中，通过互联网了解世界杯资讯的选择比例，在2006、2010、2014年三届世界杯中分别为9%、31%、57%。

与互联网资讯渠道地位的提升相对应，互联网的舆情也呈现高涨之势。五个主要的网络舆情传播渠道，在本次世界杯的传播过程中，有明显的差异。CTR媒介智讯的世界杯舆情研究发现，新闻网站、微博、视频网站是舆情曝光的主力媒体类型。其中新闻网站的曝光量水平稳定，视频网站因受赛事时间影响舆情量波动较大。新浪微博作为央视5套2014年世界杯社交媒体独家合作伙伴，是世界杯相关微博的重要来源。

世界杯的互动方式与科技应用走势一致：1998年世界杯，论坛成了热点；2002年世界杯，短信成为互动首选工具；2006年世界杯，博客大方上台；2010年世界杯，微博成为焦点；2014年世界杯，微信加入看球互动队伍。在CTR媒介智讯对世界杯收视行为的先期调查中，计划使用微信参与世界杯互动的比例高达30%。

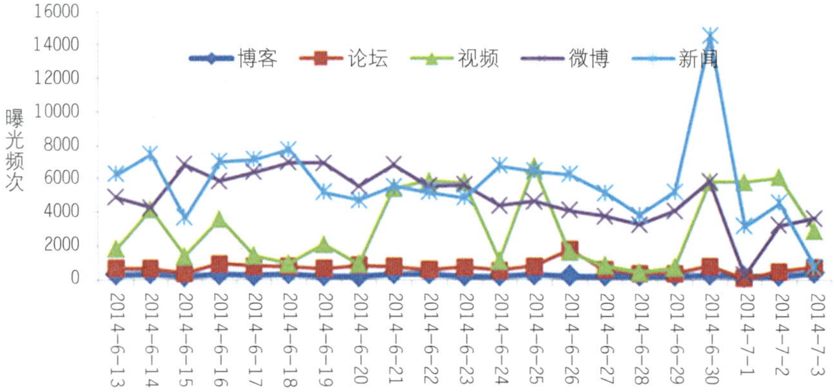

图5 2014年巴西世界杯不同网络媒体的舆情走势

数据来源：CTR媒介智讯

图6 近三届世界杯受众通过互联网获取资讯的选择比例

数据来源：CTR媒介智讯

（三）视频世界杯

世界杯是各大视频网站抢夺广告、导入流量、增强品牌价值的好机会，视频网站大佬们为本次世界杯都做足了功课。虽然没有了直播权，但是视频网站都或多或少地拿到了点播权、部分视频版权。同时，视频网站还准备了少则两档多则六七档的自制、UGC（用户生成内容）、PGC（专家生成内容）等不同类型的节目。

视频网站的世界杯原创节目，是2014年巴西世界杯传播的一大亮点。2010年视频网站的世界杯原创节目小试牛刀，效果不俗，甚至有反向输出给传统媒体的力作——《黄加李泡》。视频网站在四年当中又积累了相当的原创经验。于是乎，在本届世界杯期间，视频网站的原创节目掀起了新一轮浪潮。除了赛场上激烈的战况，球员场外生活等各种各样相关花边内容都成了视频网站的目标，抢明星、请大咖，各种脱口秀、真人秀、赛事资讯、明星访谈节目轮番上演。

毫不夸张地说，2014年可以被称为“视频世界杯元年”。

表1 视频网站世界杯原创节目点击量前十榜单（截至2014年7月8日）

节目名称	网　站	点击量（万次）
《大话世界杯》	优酷	10980
《巨星面对面》	腾讯	3556
《天下巨星》	腾讯	3353
《足球各种嘿》	优酷	2243
《晓松奇谈》	爱奇艺	2209
《黄・段子》	乐视	2136
《拍客世界杯》	优酷	1780
《32夜》	乐视	1615
《决胜里约》	乐视	1389
GIVE ME FIVE	乐视	1147

数据来源：根据各网站公开数据整理

三、2014年巴西世界杯的营销动向

广告主隔了四年才再次搭上世界杯的营销顺风车，在营销手法上可谓是各尽所能，当然也形成了有别于以往的营销格局。

（一）赞助商更趋低调

世界杯的官方赞助商在比赛期间的中国电视荧屏上历来比较低调，但是与上届相比，本届的赞助商身影则更少。

截至6月28日前16天的比赛中，在四大专业体育频道投放的官方赞助商，较2010年同期少了两个品牌。在亮相的6个赞助商中，只有麦当劳、百威、嘉实多

的投放频次有所增加。阿迪达斯虽然有梅西代言的广告大片，但投放力度较小，而且从广告的市场反应来看，也略逊于耐克《终极对决》的动画影片广告。

哈尔滨啤酒则是借由百威FIFA世界杯赞助商身份，成为中国唯一连续两届赞助世界杯的啤酒品牌，但是在时段广告投放上，哈尔滨啤酒先急后缓。在6月13日0~9点，哈尔滨啤酒是央视5套投放频次第4位的品牌，但截至6月28日则仅排在央视5套时段广告的第23位。

表2 2010年vs2014年世界杯前16天四大体育频道投放时段广告的官方赞助商

品　牌	2010年世界杯投放频次	2014年世界杯投放频次
麦当劳	923	1514
百威	659	1260
可口可乐	938	446
嘉实多	234	370
阿迪达斯	1831	333
哈尔滨啤酒	641	321
现代	755	—
VISA	682	—

数据来源：CTR媒介智讯

（二）非赞助商软硬结合热情高

据CTR媒介智讯的广告监测显示，6月13日到7月2日，央视5套全天时段广告共计49.5小时，日均2.5小时；植入广告总曝光97.7小时，日均4.9小时。与低调的赞助商相比，非赞助商品牌广告投得风生水起。硬广频次多，植入范围广，安能辨我是否赞助商？

表3 央视5套 TOP10厂商广告播出排名（6月13日—7月2日）

厂商	植入广告		时段广告	
	时长（分钟）	播出频次	时长（分钟）	播出频次
BP中国投资有限公司	1516	2506	39	248
东风日产乘用车公司	1134	2331	79	396
海尔集团	400	934	33	133
天津一汽丰田汽车有限公司	353	2020	97	401
中国联合网络通信有限公司	236	540	73	348
广东加多宝饮料食品有限公司	229	1409	21	115
阿迪达斯公司	211	1562	24	88
广东步步高电子工业有限公司	187	349	52	207
东风悦达起亚汽车有限公司	166	605	26	129
哈尔滨啤酒集团有限公司	151	540	34	128

数据来源：CTR媒介智讯

2014年世界杯期间，交通是央视5套广告投放的主要行业，其中参与投放（时段+植入）的有28家，东风日产表现活跃，时段广告累计播出79分钟，折合1.3小时；植入累计曝光19小时，2331次，投放量仅次于冠军嘉实多。植入主要集中在独家冠名播出的《豪门盛宴》。灵活使用21种形式最大地发挥了植入广告的魔力，角标、大屏幕、片头、口播这些曝光量较高的常规形式自不必说，车模、太阳伞、二维码、易拉宝、官方指定用车等新形式进一步得到开发，《超级守门王》中的互动游戏更是让东风日产获得的关注成倍提升。

中国联通在运营商的世界杯竞争中略胜一筹。中国移动以《豪门盛宴》和“4G”品牌植入为主，中国电信则以《看透世界杯》的时段广告为主。区别于竞争对手，中国联通携网络和终端宣传两个时段广告，主投在《我爱世界杯》节目中；植入广告方面，联通冠名了“沃4G联通现场”，该节目在《我爱世界杯》《体育新闻》和《体坛快讯》中都有播出，日均曝光12分钟，以角标和滚动字幕等植入形式展现，“沃4G”的品牌形象深入人心。

宝洁更是画出了世界杯擦边球营销的神来之笔，与《我爱世界杯》美女主持刘语熙合作营销事件“乌贼刘换装世界杯看球装备”，在微博等社交媒体上引起围观和诸多回复，互动量破万。随后，宝洁快速打通电商平台，将5款世界杯看球装备包括“乌贼刘同款T”在京东活动页面开售。

（三）汽车、啤酒品牌争抢世界杯

2014年世界杯上半程中，饮料是四大体育频道投放频次最多的行业。但是，在与2010年世界杯同期的行业投放频次对比中，交通、酒精类饮品则表现抢眼，在原有较高投放的基础上再次分别增加了28%、59%。

一汽丰田、东风日产稳守央视5套投放频次的前两席，其后还有上海大众、一汽大众奥迪等26个品牌，汽车品牌总数约占央视5套投放品牌数量的28%。凯迪拉克则领衔了广东体育频道、上海五星体育频道的汽车品牌投放。

啤酒品牌的投放竞争集中在央视5套、广东体育频道、上海五星体育频道，青岛、雪花、哈尔滨在这三个频道各有作为。百威作为世界杯赞助商，放弃央视5套，将主要精力集中在广东台。

表4 2014年世界杯行业投放频次（2014年6月13—28日）

行　业	2014年世界杯投放频次	与2010年世界杯同期对比
饮料	9332	-6%
交通	6661	28%

续表

酒精类饮品	5270	59%
娱乐及休闲	3148	-36%
食品	2500	376%

数据来源：CTR媒介智讯

表5 6月13—28日四大体育频道时段广告投放TOP10品牌

排名	央视5套	北京体育频道	广东体育频道	上海五星体育频道
1	一汽丰田	中国银行	王老吉	雪花
2	东风日产	麦当劳	乐百氏	东昌
3	阿里巴巴淘宝	可口可乐	百威	中国移动通信
4	嘉实多	同仁堂	加多宝	麦当劳
5	红牛	美汁源	红牛	百威
6	青岛啤酒	尼雅	珠江	肯德基
7	中国联通	康宝莱	麦当劳	天喔
8	雪花	肯德基	凯迪拉克	凯迪拉克
9	佳能	一汽	青岛啤酒	康师傅
10	上海大众	八喜	燕京	牛栏山
TOP10广告品牌投放次数占比	32%	46%	51%	30%

数据来源：CTR媒介智讯

（四）电商助力营销最后一公里

选择世界杯营销的广告主，虽然主要是想借力体育营销的精神光环，但如果能够直接促进销售，何乐而不为?

除了销售终端促销这种传统模式，电商也成为广告主促销的又一重要渠道。

青岛啤酒针对球迷的个性化需求进行“私人定制”，推出“足球罐”和“足球纪念铝瓶”两款新品，在其天猫旗舰店陆续推出“足球罐半价券十元购”“足球罐新品八折抢售”以及“足球罐第二箱半价抢售”等促销活动。据天猫囤货节数据显示，6月4日当天500毫升一罐的青岛啤酒以两箱12听的组合装售出约18800件的巨额销量。

而电商也以创新的形式帮助广告主跑完最后一公里。天猫在世界杯期间，针对部分重点城市高需求消费者提供“啤酒当日达”服务。球迷们可以坐在家中守着赛点，在当天第一场世界杯比赛开赛之前快递就能送到用户家中。另外，天猫还推出了国内首个对个人消费者实行冷链配送冰鲜啤酒送货上门服务，方便球迷在收货时可以立即开箱畅饮。

四、结　语

随着传播手段不断发展，网络视频、3D直播等高新技术的加入，促使媒体对世界杯的报道力度和深度快速提高，世界杯的影响力已经从最初的核心小众“长期专注型球迷”向更多的“一般欣赏型球迷”和“临时边缘型球迷”扩散。事实上，也正是后两类球迷队伍越来越庞大，引起了营销者越来越多的重视，才造就了世界杯宣传的魔力光环。

包括世界杯在内的体育营销，到底能够给广告主带来多少盈利，现在看来是比较难以估算的。农夫山泉、现代汽车曾经创造的世界杯营销神话，在越来越多的想要分得世界杯一杯羹的广告主的潮涌之下，恐怕是难以再现。

但是，随着传播形态的创新和更迭，广告主或许会在其中找到更多的营销新机遇，用更多的方式来玩转世界杯。

5.4 电视满意度入户调查栏目提示卡阅读习惯研究
——栏目提示卡位置与栏目样本量关系研究

入户的电视栏目满意度调查，需通过栏目提示卡来让被访者识别是否近期看过某栏目，并进而进行一系列满意度打分。栏目可以收集到多少样本的数据，对数据质量有着直接的影响。实践过程中，发现栏目提示卡位置的不同会对栏目样本量产生影响，从而影响到数据的代表性。美国JAKOB NIELSEN在2006年发现网页阅读模型呈现“F”型，如今已被人们广为接受，而日常人们纸质阅读习惯对问卷调查的影响较少有系统性研究。本文试图通过多次数据的积累，找到栏目提示卡位置与样本量的相互关系，以便控制不同位置给栏目数据带来的影响。

一、问题的提出

项目组多年以来一直承担国内诸多电视台的栏目满意度研究，满意度数据采集采用入户问卷调查方式进行，在调查中需将栏目名称或LOGO摆放在提示卡上向被访者出示，询问观众是否收看过这个栏目，进而进行一系列的满意度评价，调查一般按季度执行，一年四次。因栏目数量众多，栏目提示卡需要设计多页在不同位置摆放，季度间由于栏目更迭，也需对提示卡位置进行一定的调整。我们逐步发现，由于被访者阅读注意力不同、受访耐心有限，栏目在提示卡上放置的位置通常会对后期的样本量有着直接的影响，从而会影响到数据的代表性。特别是对于那些收视率较小的栏目，有时调整提示卡的位置会导致样本量发生较大变化，从而加剧调查误差的产生。

本文试图通过各电视台连续的观众满意度入户调查数据，对栏目样本量与提示卡位置关系进行总结与分析，以期找到栏目提示卡位置与样本量大小的关系，总结出被访者对分块栏目提示卡的视觉阅读规律，从而在调查中控制由于提示卡位置变动带来的样本量的异动，提高调查的精度与稳定性。

追溯人们阅读纸质材料的研究经验，国外最早可追溯到19世纪末，国内在这块的研究最早开始于20世纪30年代。这些研究多是在实验基础上完成数据收集过程，并加以分析研究。本文在前人研究基础上，针对问卷调查过程中处于放松状态、未受实验训练的受访者，重点就其分块栏目提示卡的阅读习惯进行研究。重点关注的问题有二：（1）分块的栏目提示卡哪些区域被受访者注意的概率或认真程度更高？哪些区域更不易被注意到？（2）对于多页的提示卡，受访者观看每页的认真程度是否发生明显变化，提示卡最理想应设计多少页？基于对以上问题的解答，我们希望得到一张栏目提示卡哪些区域是视觉注意力强的区域，哪些是薄弱的？栏日提示卡设计最多多少页合适？从而在日后的调查实践中，对这些不同视觉注意力的区域加以利用与控制，以提高调查的效率与精度。

二、数据收集过程简介及研究对象界定

本研究选用几家卫星频道从2011年第二季度到2014年第二季度12个季度，每季度4个3000样本全国满意度调查数据，平均每次调查栏目100个左右。调查时，这100个栏目的名称与LOGO栏目会放于A4纸大小的栏目提示卡上让被访

者回答是否近期看过，对回答收看过的被访者进行之后的满意度评价，这些人也即成为此栏目的样本。栏目提示卡一般一页可最多摆放4列8行，32个栏目；又由于栏目一般分为7大类来调查，栏目提示卡也分类型分页设计，实际在一次调查中共需6~7页栏目提示卡。以中央台某次调查为例，栏目提示卡如下图1所示：

栏目提示卡（2011 年第三季度） A卡 娱乐类

快乐戏园		风华国乐		百年歌声		名段欣赏	
365	CCTV-11	355	CCTV-音乐	343	CCTV-音乐	348	CCTV-11
音乐人生		经典		中国音乐电视		跟我学	
353	CCTV-音乐	352	CCTV-音乐	356	CCTV-音乐	345	CCTV-11
正大综艺		国际艺苑		CCTV音乐厅		欢乐英雄	
304	CCTV-1	308	CCTV-1	357	CCTV-音乐	306	CCTV-3
中华情		空中剧院		巅峰音乐汇		曲苑杂坛	
361	CCTV-4	335	CCTV-11	318	CCTV-3	311	CCTV-3
精彩音乐汇		梨园闯关我挂帅		动物狂欢节		军营大舞台	
331	CCTV-音乐	363	CCTV-11	359	CCTV-3	368	CCTV-7
过把瘾		青春戏苑		中国京剧音配像精萃		谁是终极英雄	
336	CCTV-11	333	CCTV-11	339	CCTV-11	367	CCTV-7
军旅文化·大视野		歌声与微笑		影视俱乐部		影视同期声	
364	CCTV-7	369	CCTV-音乐	342	CCTV-8	341	CCTV-8
影视留声机		民歌·中国		精彩回放		快乐琴童	
344	CCTV-音乐	354	CCTV-音乐	351	CCTV-11	370	CCTV-音乐

图1 栏目提示卡样式

总结这48次3000样本的调查，提示卡上的位置（包括提示卡所在页码与位置）和各位置所获取的栏目样本量，共获得了4348条示卡位置与样本量的关系数据，考虑到栏目的样本量除跟提示卡位置相关外，与栏目类型、所在频道、收视率等均存在一定的关系，我们也将栏目的这些信息统一采集起来，其中收视率数据来自CSM全国测量仪，取其在调查季度前一个季度的平均收视率。以下的分析根据这些数据展开。

三、研究方法及框架

在研究过程中，我们首先需要确定栏目提示卡的视觉区域，即将一张传统A4纸大小的栏目提示卡从视觉注意力的角度应合理科学地区分为几大区域？由于各次调查的栏目提示卡在不同页32个位置上出现的栏目数不完全相同，甚至有个别位置栏目出现的次数少于10。针对提示卡每个具体栏目位置进行分析会带来较大误差；而根据人们快速阅读习惯，注视区域不会局限在页面很小的位置，而是采用扫视阅读模式，一次会注视较大块区域[17]。因此本文决定先对栏目提示卡进行视觉区域划分，其次再分析栏目提示卡不同视觉区域栏目所获得的样本量是否存在明显差异，具体差异情况如何。之后再结合栏目提示卡所在的页码，分析页码的前后顺序对于栏目样本量的影响。同时考察不同收视率水平的栏目对于位置移动带来的样本量的变化是否存在不同。

17 隋雪、李立洁，眼球运动研究概况【J】，辽宁师范大学学报(社会科学版)，2003（1）。

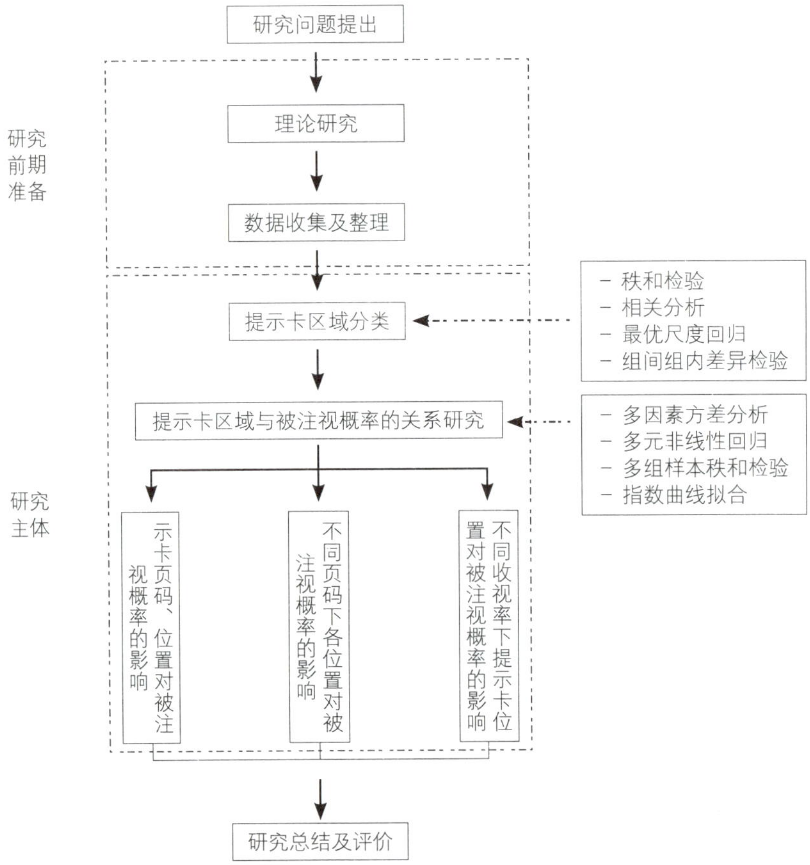

图2 本文研究框架

四、栏目提示卡视觉区域划分

1. 栏目提示卡视觉区域划分理论

2006年4月，美国著名网站设计工程师JAKOB NIELSEN发表的《眼睛轨迹的研究》报告显示：人们阅读网页通常呈现字母“F”型的模式（如

图3）[18]。该报告还指出，人们阅读网页的模式与在学校里养成的读书模式差异很大。早在1976年，苏联医学科学院心理学研究所的研究者发现，经过三个月的快速阅读法学习后的速读者，眼动模式呈现为沿着中间假想的中轴自上而下移动，没有明显的左右摆动；而一般的阅读者眼动模式主要表现为从左往右逐行移动[19]。我们可以假定位于左上方的栏目提示卡更易被受访者注意到，而位于右下方的栏目提示卡最不易被受访者注意到，但位于中间区域靠上或靠下，靠左或靠右的位置在被访者的注意上是否存在差异，我们无法靠经验直观获知。

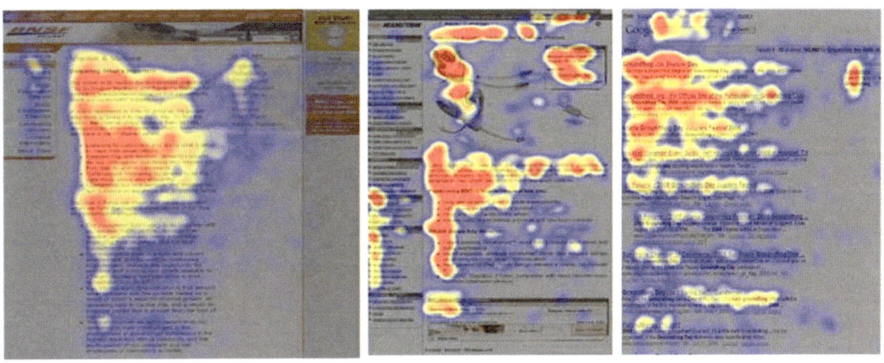

（a）　（b）　（c）

图3 人们浏览网页时的“F”型眼动热区图

注：（a）一般的说明网页，（b）电子商务网页，（c）Google搜索结果页。

我们将这48次3000样本调查的栏目提示卡位置与每个位置所获栏目样本量进行了总结，做了如下散点图，因栏目提示卡在分配位置时，采用的是完全随机的分配法，因此可以据此做一些初始的划分。从图中可大致看出，提示卡左

18 JAKOB NIELSEN, F-Shaped Pattern For Reading Web Content, http://www.nngroup.com/articles/f-shaped-pattern-reading-web-content/.

19 阎国利、白学军，快速阅读的眼动研究【J】，天津师大学报，1997（4）。

上角被提及的次数更多，从上至下基本分为上、中、下三个层级，但是具体从哪一行开始为中、哪一行开始为下，无法通过肉眼观察来识别，但可看出图中前两行差异不大，后两行的差异也不大，因此划分上、中、下三大块主要在第3行、第6行这两处进行切割。

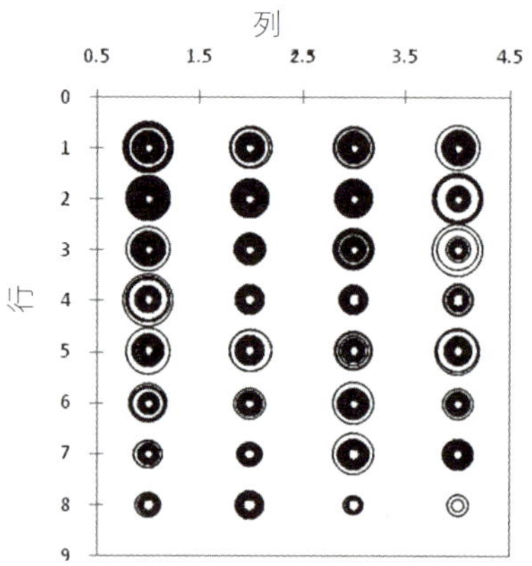

图4 栏目提示卡各区域样本量散点图

注：图中圈越大表示样本量越多，圈数越多表示该位置栏目被调查的次数越多。

根据第3行和第6行划分区域的不同，可形成如图5的以下四种行的划分法：（1）第1–2行为上、第3–5行为中、第6–8行为下；（2）第1–3行为上、第4–6行为中、第7–8行为下；（3）第1–2行为上、第3–6行为中、第7–8行为下；（4）第1–3行为上、第4–5行为中、第6–8行为下。再结合左右两列采取中分的方法，栏目提示卡被分为如下图4种视觉区域，在此基础上，本文为了更加准确划分提示卡，设计另外两种均匀划分提示卡的方法与上述三种划分进行对比（如图5）。第一种是将行均分为四块（即第1–2行为上、第3–4行为中上、第5–6行为中下、第7–8行为下），列均分为左右两块，整个提示卡共分为八块；第二种是将行均分为两块（即第1–4行为上、第5–8行为下），列均分为左右两块，提示卡分为四大块。接下来通过数据分析方法选出最佳划分方法。

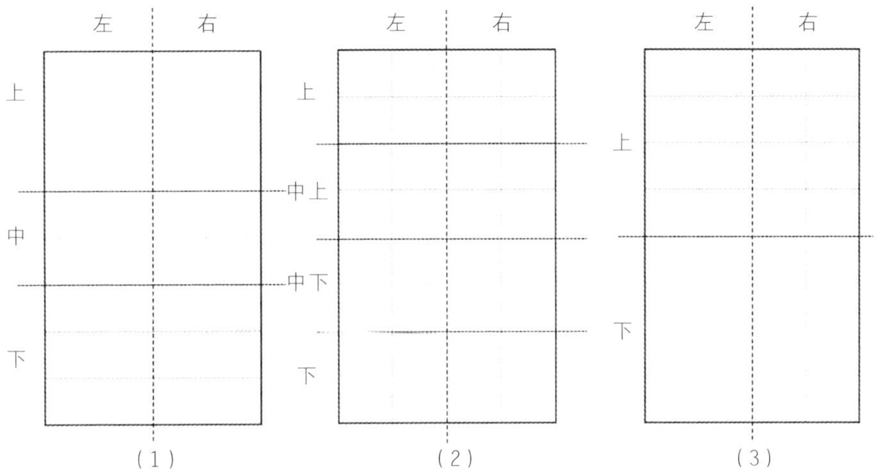

图5 栏目提示卡四种理论划分方法和两种对照划分方法

2. 栏目提示卡视觉区域划分的确定

研究根据栏目提示卡每块之间栏目样本量差异尽量大，每块内栏目样本量总差异及其他因素导致的样本量差异尽量小的原则来确定栏目提示卡最佳的视觉区域划分法。其中，每块之间栏目样本量差异通过两个系数来衡量：（1）每种划分方法对栏目样本量的卡方值，通过多组样本秩和检验得到，卡方值越大，表示每块之间的栏目样本量相对于每块内栏目样本量的差异更大；（2）每种划分方法对样本量的偏回归系数，即排除对栏目样本量的干扰因素后，每种区域划分方法对栏目样本量的影响大小。每块内栏目样本量由于需要考虑到不同块之间的栏目数不同，用离差平方和来衡量栏目间样本量的差异不妥，因此本文采用标准差来衡量每块内栏目样本量之间的差异。

原始数据中，除提示卡位置因素可能对栏目样本量存在影响外，可能存在影响的因素还有：栏目上季度收视率、栏目所在提示卡页码、调查时间、栏目所属频道、栏目所属类型、栏目类别（大众或小众）共6个变量，在计算偏回归系数时，需要剔除这6个变量的影响，再计算提示卡位置因素对栏目样本量的影响。

由于栏目样本量数据不符合正态分布，在此通过非参数检验方法中的秩和检验法来计算不同划分方法对栏目样本量的差异影响。对栏目样本量存在可能影响的因素中有定距、定序变量，也有定类变量，因此通过最优尺度回归分析来剔除这些因素的影响，计算不同划分方法对样本量的影响。通过SPSS20.0计算得到如下结果：

表1 提示卡区域六种划分方法的组间差异程度

	提示卡六种区域划分方法					
	（1）	（2）	（3）	（4）	（5）	（6）
卡方值	37.689***	23.524***	33.237***	28.673***	43.507***	30.659***
偏回归系数	-0.009	-0.024***	-0.018*	-0.015	-0.016	-0.017

注：*p<0.05,**p<0.01,***p<0.001。下同。

表2 提示卡区域六种划分方法的组内差异程度

	提示卡六种区域划分方法					
	（1）	（2）	（3）	（4）	（5）	（6）
上左	456.222	424.764	456.222	424.764	456.222	419.192
上右	363.415	357.843	363.415	357.843	363.415	336.996
中上左	——	——	——	——	357.164	——
中上右	——	——	——	——	284.574	——
中下左	——	——	——	——	362.381	——
中下右	——	——	——	——	339.626	——
中左	361.124	379.001	358.976	362.348	——	——
中右	306.304	291.979	307.530	304.271	——	——
下左	303.953	260.733	260.733	303.953	260.733	333.000
下右	342.438	375.833	375.833	342.438	375.833	348.746
均值	355.576	348.359	353.785	349.270	349.994	359.483

从表1结果可知，六种划分方法秩和检验结果都显示存在显著性差异，说明六种划分方法得到的提示卡各大块间的栏目样本量均存在显著差异，且第五种划分方法各大块间差异程度最大，第二种划分方法最小。从偏回归系数来看，剔除其他干扰因素后，六种划分方法中只有第二种和第三种划分方法对栏目样本量存在显著影响，说明只有这两种划分方法产生的提示卡各大块间栏目样本量存在较明显的差异，并且第二种划分方法（ $\beta\_2=-0.024$，$p<0.05$ ）导致的各大块间差异更大（ $\beta\_3=-0.018$，$p<0.05$ ）。从六种划分方法的组间差异结果来看，第二种划分方法得到的栏目样本量间的差异最大（偏回归系数结果），而其他因素对栏目样本量间的差异最小（卡方值结果），因此可以认为第二种划分方法最优。

再从六种划分方法的组内差异结果来看，第二种（348.359）、第四种（349.270）和第五种（349.994）划分方法得到的各块内部栏目样本量的差异程度相对最小，标准差都低于350。结合组间差异结果可知，第二种划分方法最好。

五、栏目提示卡位置与栏目样本量的关系研究

按照提示卡第二种最优的视觉区域划分方法，将一张提示卡分为第1–3行、第1–2列为上左，第1–3行、第3–4列为上右，第4–6行、第1–2列为中左，第4–6行、第3–4列为中右，第7–8行、第1–2列为下左，第7–8行、第3–4列为下右，共六大块。接下来将具体比较这6大块区域间栏目样本量的差异情况。

1. 提示卡页码、位置对栏目样本量的影响

根据实际调查经验，我们可以大致了解到随着问卷调查时间越来越长，受访者会变得越来越失去耐心，而导致回答越来越不认真。同样，随着栏目提示

卡的页码的增加，受访者回答的态度也会受到影响，从不同页码的栏目样本量散点图可基本看出，从提示卡第1页到第7页，栏目样本量呈现逐渐降低的趋势，尤其是从第4页开始，栏目样本量发生明显下降。但是这种下降是因为提示卡页码因素导致的，还是包括其他因素共同导致的，需要接下来通过数据分析来回答。

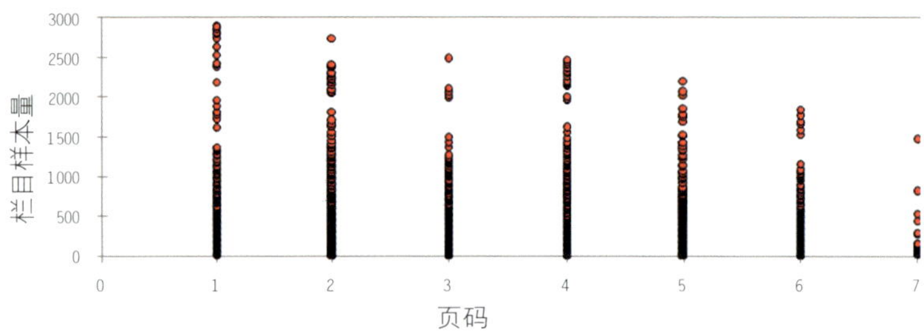

图6 不同页码中的栏目样本量散点图

通过在上部分的最优尺度回归分析可知，栏目上季度收视率、栏目所在提示卡页码、调查时间、栏目所属频道、栏目所属类型、栏目类别（大众或小众）共6个变量都对栏目样本量存在显著影响，线性关系解释率共达到61.8%，虽大于60%，但仍较小，因此考虑这些变量对样本量可能存在非线性的影响。通过多因素方差分析发现这6个变量对栏目样本量的主效应外，的确还存在一些交互效应。

以栏目样本量为因变量，栏目上季度收视率、栏目所在提示卡种类、栏目所在提示卡页码、调查时间、栏目所属频道、栏目所属类型、栏目类别（大众或小众）和提示卡位置，以及各变量间交互项作为自变量，建立多元非线性回归模型，通过逐步回归法进行模型拟合。将定类变量转换成虚拟变量放入模型，其中栏目所属频道以某卫星频道为对照组、栏目所属类型以娱乐类为对照组、栏目类别以小众栏目为对照组、提示卡位置以下右位置为对照组。

模型检验结果显示：只有提示卡页面位置与页码、调查时间/所属频道/栏目类型/收视率、调查时间/所属频道/栏目类型/栏目类别/收视率、提示卡位置/所属频道/栏目类型/收视率、调查时间/所属频道/栏目类型/栏目类别/上季度收视率、所属频道/栏目类型/栏目类别/收视率、提示卡位置/栏目类别/页码，共6个交互项对因变量存在显著的影响（$p<0.05$）（见表3模型1）。

由于交互作用较为复杂，特别是多个变量的交互作用，而且页码的线性作用在实际调查中更容易掌握和操作。因此本文在此只考虑页码对栏目样本量的线性关系，不考虑页码与其他变量间交互作用对栏目样本量的影响。在模型1基础上剔除掉所有与页码的交互项再建立模型，得到的结果显示：

在0.05显著性水平下，模型拟合优度各项指标都表现较好。除各变量主效应外，在模型1中的交互项仍存在显著影响（$p<0.05$）。剔除其他因素对栏目样本量的影响后，页码对其存在显著的负影响（$\beta\_2=-5.246$，$p<0.05$），即随着提示卡页码不断增加，栏目样本量会呈现逐渐降低的趋势，这与我们的预期和常识相一致。平均来看，剔除掉其他因素的干扰，在3000样本的调查下，栏目提示卡每多加一页，栏目样本量降低5人。可以认为，当某栏目从提示卡的第1页被调整到第7页，平均将导致损失30个人注意到此栏目，这个数对于那些收视率较高的大众来说可能较小，但是对于那些每季度样本量总数在200人左右的栏目来说，这种无意的位置调换可能会带来致命的影响，导致栏目样本量骤减。

表3 多元非线性逐步回归检验结果

	模型1（完整模型）			模型2（剔除与页码变量的交互项）		
	非标准化系数	标准误	标准系数	非标准化系数	标准误	标准系数
常数	117.542***	11.414		97.784***	14.971	
栏目类别（大众栏目）	303.830***	14.603	.376	272.981***	21.361	.338
上季度收视率	331.726***	11.621	.406	331.747***	11.718	.406
栏目类型（少儿类）	−768.170***	133.383	−.596	−763.420***	137.035	−.593
栏目类型（法制类）	283.203***	15.486	.185	284.215***	17.119	.185
所属频道（频道1）	198.975***	18.955	.122	198.299***	21.542	.121
栏目类型（新闻类）	280.763***	21.509	.207	288.110***	23.962	.213
所属频道（频道4）	−137.771***	13.153	−.108	−138.606***	14.943	−.109
所属频道（频道13）	−165.701***	28.184	−.092	−169.750***	31.632	−.094
所属频道（频道11）	−73.395***	12.306	−.061	−72.028***	13.874	−.060
栏目类型（财经类）	42.961**	14.788	.031	41.368**	16.821	.029
所属频道（频道7）	−47.548***	12.580	−.038	−48.063***	14.278	−.038
所属频道（频道14）	563.973***	134.466	.436	556.009***	138.516	.430
提示卡位置*页码	−8.627***	2.208	−.150	——	——	——
调查时间*所属频道*栏目类型*上季度收视率	−1.119***	.160	−.249	−1.054***	.232	−.235
调查时间*所属频道*栏目类型*栏目类别*收视率	.840***	.123	.281	.789***	3.798	.264
提示卡位置*所属频道*栏目类型*上季度收视率	2.173***	.323	.132	——	——	——
所属频道*栏目类型*栏目类别*上季度收视率	−5.416***	.883	−.197	−5.193***	.178	−.189
提示卡位置*栏目类别*页码	3.518**	1.221	.114	——	——	——
提示卡位置（上左）	30.036**	9.917	.037	67.683***	14.192	.084
提示卡位置（中左）	23.028*	9.939	.023	43.826***	12.809	.044
提示卡位置（上右）	——	——	——	34.177**	12.718	.041
页码	——	——	——	−5.246*	2.235	−.023
模型拟合优度检验	F=352.364*** AD.R2=0.625 DW=0.839			F=351.284*** AD.R2=0.624 DW=0.832		

另外，从结果可知提示卡不同位置对栏目样本量的影响作用要明显大于页码，提示卡位置的标准化系数均在0.04以上，而页码的标准化系数只有0.023，可知相对于页码对栏目样本量的影响，提示卡位置对栏目样本量的影响更大。其中，在3000样本的调查下，上左位置与下右位置栏目样本量相差最大，平均相差68个人；其次是中左和上右位置，栏目样本量明显高于下右位置45个人。总体来看，提示卡被分为左上和右下两个对角，其中页面左上角三个区域（上左、上右、中左）的栏目样本量没有明显差异，页面右下角三个区域（中右、下左和下右）也不存在显著的差异（p>0.05），提示卡左上角的栏目样本量平均要比右下角高34~68个人（如图7），即多1%~2%的样本量。

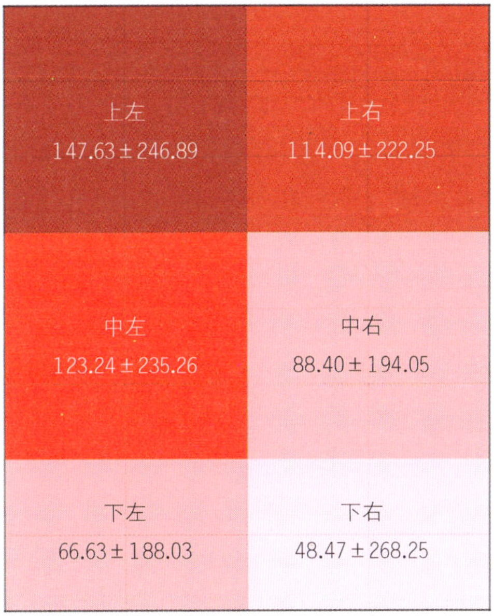

图7 提示卡页面不同位置栏目被注视热图（均值±标准差）

通过上述模型检验结果可得到栏目样本量的完整模型为：

栏目样本量（预测）=117.542+331.726*上季度收视率+303.830*栏目类别

（大众栏目）−768.170★栏目类型（少儿类）+283.203★栏目类型（法制类）+198.975★所属频道（频道1）+280.763★栏目类型（新闻类）−137.771★频道（频道4）−165.701★所属频道（频道13）+42.961★栏目类型（财经类）−73.395★所属频道（频道11）−47.548★所属频道（CCTV−7军事农业）+563.973★所属频道（频道14）−8.627★提示卡位置★页码−1.119★调查时间与所属频道与栏目类型与上季度收视率+2.173★提示卡位置★所属频道★栏目类型★上季度收视率+0.840★调查时间★所属频道★栏目类型★栏目类别★上季度收视率−5.416★所属频道★栏目类型★栏目类别★上季度收视率+3.518★提示卡位置★栏目类别★页码+30.036★提示卡位置（上左）+23.028★提示卡位置（中左）

2. 不同页码中，提示卡位置对栏目样本量的影响

上面得到的提示卡各位置栏目样本量的比较，是在不区分页码的前提进行的。由于通过上面分析知道，页码对栏目样本量是存在显著影响的，并且多因素方差分析也显示页码与提示卡位置存在显著的交互作用。因此，需要针对提示卡具体页面来分析不同位置间栏目样本量的差异。

此部分只分析提示卡页码与提示卡位置两个因素对栏目样本量的影响，因此需要剔除其他对栏目样本量的影响作用，对栏目样本量进行修正，再来分析不同提示卡具体页面下，不同位置的栏目样本量间的差异。栏目样本量修正值即通过栏目样本量真实值减去完整模型中各因素对栏目样本量的影响作用得到，具体公式为：

栏目样本量（修正值1）=栏目样本量（真实值）−（331.726★上季度收视率+303.830★栏目类别（大众栏目）−768.170★栏目类型（少儿类）+283.203★栏目类型（法制类）+198.975★所属频道（频道1）+280.763★栏目类型（新闻类）−137.771★所属频道（频道4）−165.701★所属频道（频道13）+42.961★栏目类型（财经类）−73.395★所属频道（频道11）−47.548★所属频道（频道7）+563.973★所属频道（频道14）−1.119★调查时间与所属频道与栏目类型与

上季度收视率+0.840*调查时间*所属频道*栏目类型*栏目类别*上季度收视率−5.416*所属频道*栏目类型*栏目类别*上季度收视率）

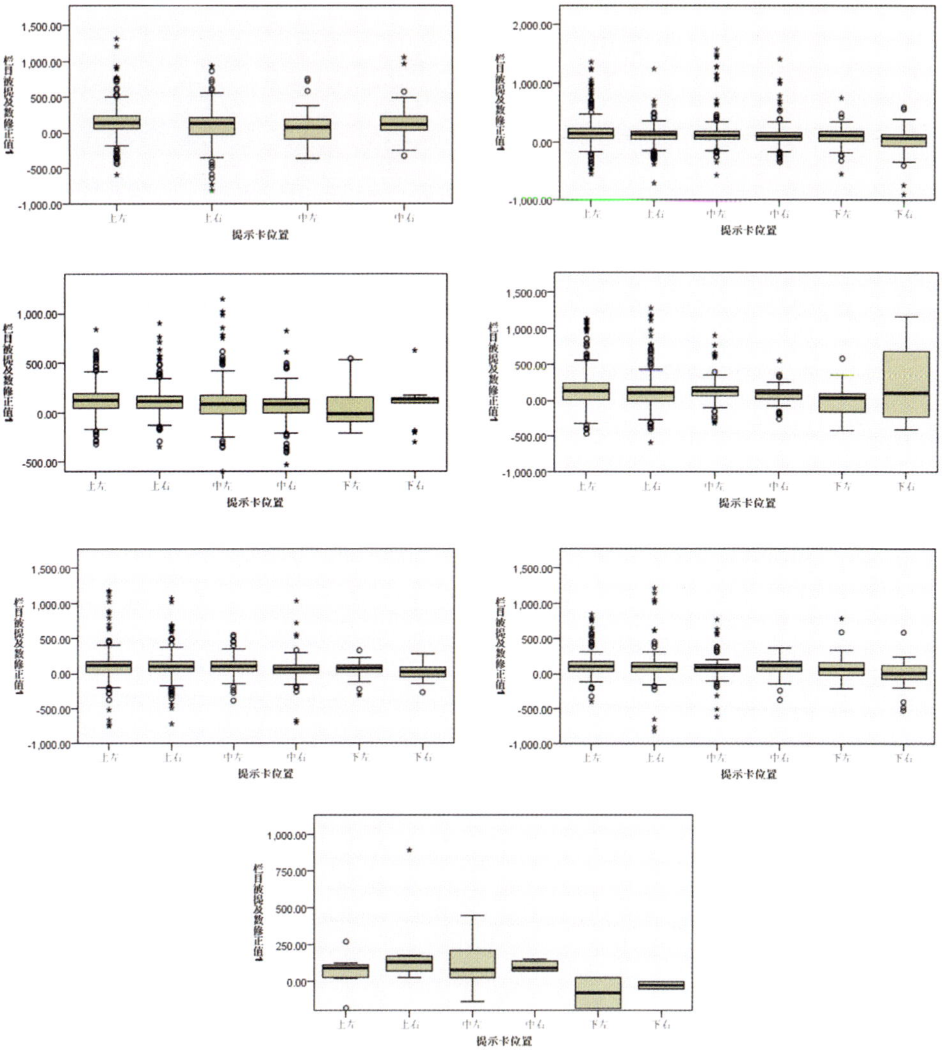

图8 不同页码提示卡不同位置的栏目样本量分布图
（从上至下、从左至右分别为第1页到第7页）

不同页码检验结果显示：第1页各位置的栏目样本量之间差异并不太明显，只有上左位置比中左位置高出约80个样本。从第2页开始，提示卡左上角优势变得非常明显，上左位置的栏目样本量明显大于中间和下右位置的栏目，这种左上角优势一直延续到第5页，到了第6页开始，提示卡所有位置的栏目样本量都在减小，并且各位置之间的领先优势基本不存在了。可见，受访者在读提示卡时，第1页时最认真；从第2页开始到第5页，受访者只会认真看下提示卡左上角，而匆匆浏览提示卡右下角部位；到了第6页和第7页，受访者更加失去耐心，对提示卡所有位置都只是大致浏览。

表4 提示卡各页码不同位置的栏目样本量差异检验

页码	上左	上右	中左	中右	下左	下右	卡方值	多重比较（p<0.05）
1	158.87	109.66	79.43	160.98	——	——	9.577*	上左>中左
2	176.08	102.17	166.23	107.66	99.13	28.10	27.521***	上左>上右、中左、中右、下右
3	131.53	119.39	118.96	54.05	42.36	86.96	28.399***	上左>中左、中右、下左，上右>中右
4	171.24	125.53	135.19	86.06	14.13	252.20	13.185*	上左、中左>下左
5	118.11	113.34	99.99	63.81	54.53	23.97	27.419***	上右、上左、中左>中右、下右
6	129.53	112.47	92.91	105.37	88.37	-9.90	10.922	——
7	70.97	178.77	110.84	101.97	-77.74	-25.60	9.871	——

注：a.由于提示卡受栏目类型的影响，提示卡第1页在设计上一直不超过5行，因此没有下左和下右数据。b.表中多重比较只保留存在显著性的结果（p<0.05）。

除上述现象外，从表4和图8还可以大致看出，提示卡第1、2、3、4页，左上角的优势非常明显，在第1、2页，左上角比右下角的栏目样本量平均高70-150；第4页，对角的差距达到120-157。

3. 不同收视率栏目，提示卡位置对栏目样本量的影响

由于栏目收视率相差较大，不同栏目在提示卡位置的变动导致的样本量变化可能存在较大区别，因此该部分重点分析不同收视率栏目，在提示卡不同页码不同位置上，样本量如何变化。同上，需要对原始栏目样本量进行修正，在完整模型基础上，剔除收视率、提示卡页码、提示卡位置三个因素以外的其他干扰因素的影响，修正公式为：

栏目样本量（修正值2）=栏目样本量（真实值）-（303.830★栏目类别（大众栏目）-768.170★栏目类型（少儿类）+283.203★栏目类型（法制类）+198.975★所属频道（频道1）+280.763★栏目类型（新闻类）-137.771★所属频道（频道4）-165.701★所属频道（频道13）+42.961★栏目类型（财经类）-73.395★所属频道（频道11）-47.548★所属频道（频道7）+563.973★所属频道（频道14））

根据栏目的收视率数据分布特征，将收视率分为(0,0.15%)、[0.15%,0.5%)、[0.5%,1%)、[1%,+∞)共4段，分别研究不同收视率栏目在提示卡不同位置样本量的差异情况。由于收视率在0.5%以上的栏目数较少的原因，因此该部分不再细分具体页码，只考虑不同收视率栏目在不同位置的样本量是否存在差异。

表5 不同收视率栏目在提示卡不同位置样本量的差异检验

收视率分段	上左	上右	中左	中右	下左	下右	卡方值	多重比较（p<0.05）
(0,0.15)	148.58	128.39	148.21	130.97	116.50	97.07	10.855*	上左、中左>下右
[0.15,0.5)	189.08	191.43	193.89	141.46	219.87	252.65	12.486*	上左、上右>中右
[0.5,1)	295.96	254.08	244.04	265.52	213.71	102.81	5.585	——
[1,+∞)	880.95	766.52	850.17	946.15	474.18	621.87	2.300	——

检验结果显示，提示卡位置主要是收视率在0.5%以下的栏目样本量存在较明显的影响（$p<0.05$），而对于那些收视率在0.5%以上的栏目影响基本不存在。其中，对于收视率在0~0.15%的栏目来说，从提示卡上左、中左的位置移到下右位置，会带来30–50份样本的损失，即1%~1.7%的总样本；对于收视率在0.15%~0.5%的栏目，从提示卡最上面位置移到中右位置，栏目样本量会明显降低1.7%的总样本。

4. 栏目与左上角位置距离和栏目被提及率的关系研究

通过前面研究结果已得知，一份均匀分布的栏目提示卡在前5页上存在明显的左上角优势，但这是基于对提示卡进行视觉区域划分后的结论，本文认为栏目所在示卡位置与最容易被注意到的示卡上左第一个位置的二维距离，与栏目被注意到的概率可能也存在某种关系，以下进行进一步的验证。

首先将所有栏目样本量除以每种提示卡每次被调查总数（3000人）得到被提及率，散点图显示随着与左上角位置离的越来越远，被提及率越来越低。在理论上依据Hidalgo已证明一群具有不同一阶矩的泊松个体聚集在一起可以产生群体水平上的幂律分布[20]。因此本文建立指数函数来拟合与左上角第一个位置距离、栏目样本量两者的关系：

$$Y=\alpha \cdot e^{(bx+c)}+\beta \cdot e^{(dx+f)} \quad (1)$$

其中，Y为栏目被提及率，x为栏目自身位置与左上角第一个位置的二维距离。考虑到栏目收视率对栏目被提及率存在非常显著的影响，将收视率变量也加入到模型中：

$$Y=\alpha \cdot e^{(bx+c)}+\beta \cdot e^{(dx+f)}+g \cdot z \quad (2)$$

其中，z为栏目上季度收视率，模型拟合中，只针对前5页位置对栏目样本

---

20 C. A. Hidalgo, Conditions for theemergence of scaling in the inter-event time of uncorrelated and seasonalsystems, Physica A 369 (2006) 877.

量存在显著影响的数据，并且剔除2个标准差以外的异常值。最终通过数据非线性拟合得到最终模型结果：

Y=–0.01 · e^(–9.867x–1.382)+0.368 · e^(–0.563x+0.205)–0.001 · z（3）

检验结果显示，两个变量的解释力共达34.3%，比两者线性解释力22.5%高11.8%。可见，随着与左上角位置逐渐偏远，栏目被提及率下降的速度呈现出越来越慢，而并不是均匀下降的趋势（线性下降趋势），从图9中也可以看出这种下降趋势。这种现象多半与人们的长期养成的阅读习惯有关。

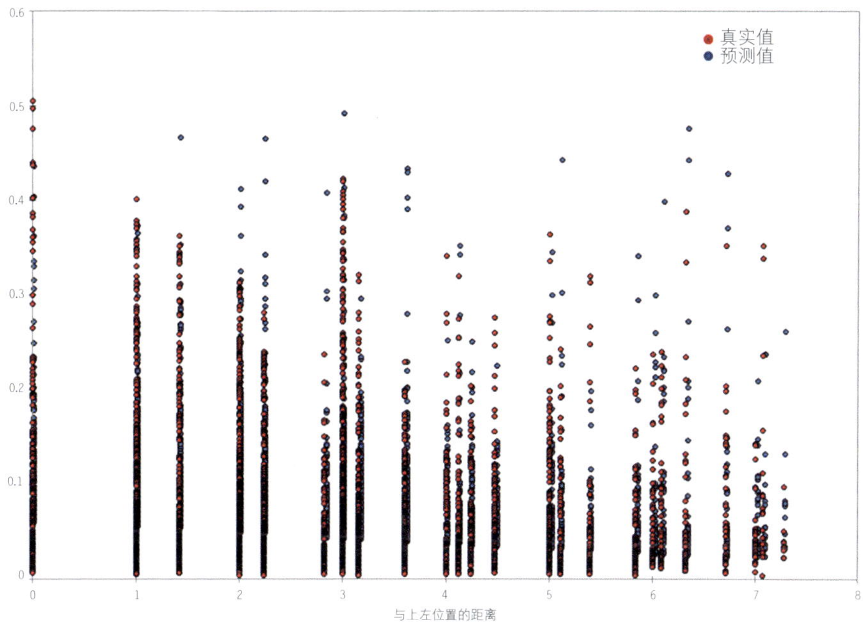

图9 提示卡与左上位置距离和栏目被提及率的散点图及预测值

六、研究总结及评价

通过对受访者阅读问卷提示卡位置习惯的研究，本研究主要得到如下几点结论：

1. 根据受访者阅读习惯，一张提示卡可分为6大区域。一张被均匀划分多个小块的问卷提示卡，根据受访者的阅读习惯和注视特征，可将提示卡分为6大区域。其中左右各分为一半，前3/8的页面为上部分，中间3/8部分为中间部分，最后1/4部分为下部分。可见人们在调查过程中，阅读路径并不是在整张页面上均匀从上往下看的。

2. 一次调查问卷的提示卡最好设计在5页以内。提示卡每平均增加1页，则损失5人被注意到（3000样本的调查）。对于平均每次调查只有200人看到的小众栏目，每页将会损失2.5%的几率被看到。另外，研究发现在提示卡前5页，受访者会稍微认真阅读左上角，而从第6页开始，受访者对每个区域都匆匆看过，但是，相对于页码对样本量的影响作用，每页位置的影响作用更大。

3. 受人们阅读习惯的影响，提示卡左上角存在明显优势。总体来看，在一次3000人的调查中，提示卡左上角（上左、上右、中左）三个区域平均要比右下角（中右、下左、下右）三个区域多受到34–68人，即被看到的概率要高1%~2.3%。而具体从每页提示卡来看，前1–4页左右，左上角优势上升到2.3%~5.23%。

4. 收视率低的栏目受到提示卡位置影响更大。通过对比不同收视率栏目在提示卡不同位置的样本量，发现收视率在0.5%以上的栏目受位置的影响并不明显，主要是收视率在0.5%以下的栏目。其中，对于收视率在0到0.15%的栏目，提示卡左上角比右下角多30–50人；对于收视率在0.15%到0.5%的栏目，左上角的优势增加到50人以上。

5. 提示卡位置与栏目样本量之间更可能存在指数级非线性关系。随着与左上角位置越来越远，栏目被提及率呈现越来越慢的下降趋势。通过模型拟合结果发现，对与左上角距离跟栏目提及率之间建立指数模型，解释力度明显大于线性模型。

针对上述几点结论，在以后的电视满意度调查或类似的调查中，需要注意以下几点：

1. 栏目提示卡或同类项目的提示卡，页数不要过多，最好控制在5页以内。

2. 对于连续性的电视满意度调查，当提示卡需要更换栏目位置或被调查对象位置时，最好在相同视觉注意区域调整，尽量避免视觉注意力强的区域与弱的区域之间的调整，或者从提示卡前2页移动到后2页，这些都将使样本量发生很大波动，从而影响调查数据的可靠性与代表性。特别是对于收视率较小的栏目，对这种位移更加敏感。

3. 根据研究需要，对于那些收视率较小需要收集更多样本的栏目，可尽量放于视觉注意力强的区域，如前两页左上角。

4. 根据人们从上到下、从左至右的阅读习惯，提示卡在右下部分，尤其是最底下1/4部分，可以使用鲜艳颜色、着重号等醒目方式增加被注意到的概率。在访问过程中，访问员也需对右下角的栏目进行重点询问，以避免右下角视觉薄弱区域带来的影响。

本研究的优势之处在于针对在格式上基本统一的问卷提示卡进行了长时期的连续性调查，收集到提示卡各个位置的数据。并且在大多数位置上都做了相同栏目和不同栏目的重复调查，增加数据的可靠性，此研究结论除对于电视台连续的栏目满意度调查有借鉴价值外，对于多品牌或多品类或多产品的调查亦可借鉴。不足之处也体现在数据上：由于受每次评价栏目个数的限制，提示卡并不能每页都摆放完整，这样则导致提示卡最下面一行的调查次数相对较少。本文所得到的结论还将在实践中进行进一步的检验。

后　记

《中国消费与传媒市场趋势2013》出版后，得到众多读者和业界的好评，出版社再次加印之后才满足了市场的需要。同时，2013版中两篇论文获得了第十二届“中国市场研究‘宝洁’论文奖”专业组的一等奖和优秀奖。这都极大鼓舞了我们编写出版2014版的信心。

得益于第一部书出版的经验和教训，2014年年初，我们就开始了《中国消费与传媒市场趋势2014》的策划和准备。各个部门的研究人员以极高的热情投入研究报告和论文的撰写之中，文章的水平也有明显提高。这对我后期的编纂和修改提供了极大的方便。

在这本书的编写过程中，我们强调了将CTR的最新研究成果奉献出来，特别是在互联网、移动网络、网购迅速发展中对消费市场和传媒市场带来巨大变化的研究。因此，我们看到这本著作中，对互联网、移动网络、网购等新趋势的研究占了相当大的比重。可以说，这本著作的问世表明了CTR正在顺应市场变化，从一个传统的市场研究公司转变为新型的研究公司。作为一个多年从事经济、营销、传媒研究，在CTR工作近十年的研究者来说，这是最感欣慰的事情。

感谢公司领导和各研究部门及市场部的大力支持，感谢整合营销部总经理刘会召对全书内容和结构的指导，同时要特别感谢全体作者的辛勤研究和写作。参加本书写作的人员（以姓氏拼音为序）是：曹晰睿、陈烨、陈子莹、方敏、韩璐、胡春雷、黄磊、贾立英、贾斯汀(Justin Cook)、金兴、鞠进红、李聪、李化雪、林政仪、刘航、毛继萍、钱兵、宋丽敏、孙崇慧、王璇、王云、吴俊玲、薛原、杨可、姚林、易安静、张镝、祖延菊。

姚 林

2014年7月

图书在版编目（CIP）数据

中国消费与传媒市场趋势. 2014-2015 / 陈若愚等编. — 北京：中信出版社, 2014.9

ISBN 978-7-5086-4765-4

Ⅰ. ①中… Ⅱ. ①陈… Ⅲ. ①消费市场－市场调查－中国－2014②传播媒介－市场调查－中国－2014 Ⅳ. ①F723.58②G219.2

中国版本图书馆CIP数据核字(2014)第198134号

中国消费与传媒市场趋势. 2014-2015

著　　者：陈若愚　田涛

策划推广：中信出版社（China CITIC Press）

出版发行：中信出版集团股份有限公司

（北京市朝阳区惠新东街甲4号富盛大厦2座　邮编100029）

（CITIC Publishing Group）

承 印 者：北京盛通印刷股份有限公司

开　　本：787mm × 1092mm　1/16

字　　数：330千字

印　　张：23.5

京权图字：01-2013-7145

书　　号：ISBN 978-7-5086-4765-4/F.3243

定　　价：68.00元

版　　次：2014年9月第1版

印　　次：2014年9月第1次印刷

广告经营许可证：京朝工商广字第8087号